凡俗による宏《わん》智《し》拈《ねん》古《こ》全評釈

蔭木 英雄

大法輪閣

まえがき

凡俗《わたし》の全評釈の小著も、二〇〇二年の『良寛詩全評釈』（春秋社）を皮切りに、『良寛さんの法華転・法華讃』（考古堂）、『凡俗がよむ道元偈頌全評釈』（大蔵出版）、『凡俗がよむ大智偈頌全評釈』（私家版）、『凡俗による如浄禅師語録全評釈』（大法輪閣）と書き継いで、今回は『宏智拈古百則《わんしねんこ》』をとり上げました。理由は黙照禅を首唱した宏智正覚《わんししょうがく》の、『宏智禅師広録』は九巻の大冊なので敬遠し、『宏智頌古《じゅこ》』は『従容録《しょうようろく》』でよく読まれていますので、『広録』第三巻所収の『宏智拈古百則』を心（身、深、真、信）読しました。

朝食後、午前八時ごろから読み始め、よい天候の日には十一時に近くの里山（源平の古戦場の一の谷連山）に登ります。終戦後、胸廓成形手術によって片肺になった体は、息切れして、喘《あえ》ぐ頭上はビッグバン以来膨張し続ける大宇宙（三千大千世界）が広がり、脚下にはトカゲや蟻など生きとし生ける物が山道をよぎります。つい、「トカゲに仏性有りや、無しや」と考えたりします。みな大自然の摂理（＝因縁の 理《ことわり》 ＝法身仏）のままに生き死にしています。

ありのままの真理に随っている筈なのに、その法身仏を参究したくて、語句を穿鑿《せんさく》しているのが凡俗《わたし》の時々刻々の日常なのです。その愚かな呻吟《しんぎん》がこの全評釈シリーズで、それは終ることのない円環の運動のようです。その円環運動の中で、ふと、「ああ、そうだったのか」と目覚《めざ》める時があります。それは長続きしない境地ですが、たぶんその時は瞬間、的に菩薩になっているのでしょう。凡俗即菩薩なのでしょう。しかし、亡き酒井《さかい》得元《とくげん》老師は〝真実は私たちが作為（例えば、語録の全評釈）によって、入り得るような特殊な状態ではない〟と誡《いまし》めておられます。〝瞬間的な菩薩〟というのも、凡俗の空華に過ぎなかったのです……。尻《しり》すぼみの「まえがき」になってしまいました。読者諸兄姉のご叱正を願うこと切です。

目次

装幀…細谷 清何（無・何・有）

宏智拈古全評釈

蔭木英雄 評釈

天童山景徳寺（天童寺）仏殿

凡例

●本書は、『大正新脩大蔵経』第四十八巻所収の、№二〇〇一『宏智禅師広録』巻第三『真州長蘆覚和尚拈古』（通称『宏智拈古百則』）の原漢文、書き下し文、語注（用例を重視）、口語訳を記し、⇩《評言》印の評言・感想を付した。なお、適宜読み仮名ルビをつけた。
●巻末に、後序、行業記、上堂法語（『五灯会元』より摘記）を付した。
●語注及び口語訳に用いた書物の、略記号は
　『景』　『景徳伝灯録』（台北市真善美出版社）
　『洞』　拙著『凡俗による洞山語録全評釈』（私家版）
　『碧』　『碧巌録』（山田無文『碧巌録全提唱』禅文化研究所）
　『永』　『永平広録』（鏡島元隆校註『道元禅師全集』春秋社）
　『正』　『正法眼蔵』（玉城康四郎『現代語訳正法眼蔵』大蔵出版）
　『五』　『五灯会元・五灯会元続略』（今枝愛真監修、琳琅閣書店）
　　右のほかはフルネームの書名
●語注の用例文には、適宜傍点を施し、一部には口語訳を付した。
●口語訳には、原文には無い語句を補って読み易くしたが、そのため漢文法語の格調や音韻美を乱し、原文の豊かな情意を恣意的に限定してしまった恐れがある。

宏智《わんし》禅師広録巻第三

真州①長蘆覚《ちょうろかく》②和尚拈古《ねんこ》③

侍者行従集

1

挙世尊因自恣日。文殊三処過夏。迦葉欲擯出文殊。纔近椎乃見百千万億文殊。迦葉尽其神力。椎不能挙。世尊遂問。汝擯那箇文殊。迦葉無対。

師云。金色頭陀。有心無胆。当時尽令而行。莫道百千万億文殊。祇這黄面瞿曇。也与擯出。若能如是。不唯壁立真風。亦令後人知我衲僧門下。著爾閑仏祖不得。

挙《こ》①す。世尊《せそん》因《ちなみ》に自恣《じし》②の日、文殊《もんじゅ》③三処《しょ》に夏《げ》を過ごす。迦葉《かしょう》④、文殊を擯出《ひんしゅつ》せんと欲《ほっ》し、纔《わず》かに椎《つい》⑤を近づくれば、乃《すなわ》ち百千万億の文殊を見る。迦葉其の神力を尽くせど、椎挙《あ》ぐる能《あた》わず。世尊遂に問う、「汝、那箇《なこ》の文殊を擯《ひん》するや」。迦葉対《こた》うること無し。

①真《しん》州＝江蘇《こうそ》省儀徴《ぎちょう》県。宋の大中祥符六年（一〇一三）に真州と改名。②長蘆《ちょうろ》＝江蘇省南京近傍の長蘆山に長蘆寺（別称洪済寺）があり、真歇清了《しんけつせいりょう》（一〇八九～一一五一）がこの寺で大いに法化を挙げ、その後、無住であったが宏智和尚が暫時ここに住して開法す。宏智和尚は、長蘆と自称。③拈古《ねんこ》＝古則公案を提唱（講義）して学人に示すこと。

①挙＝口に出して言うこと。拈古などの冒頭に用いる語。以下、語注及び口語訳は省略。②自恣＝安居《あんご》を終る日のこと。③文殊三処過夏＝文殊は安居すべき三ヶ月に、⑴魔宮と、⑵長者宅と、⑶婬房に一ヶ月ずつ渡り歩いて、自恣の日に仏の所に帰ってきたこと。④迦葉擯出文殊＝迦葉が仏に申して、文殊を追い出そうとすると、十方界に百千万億の文殊が現われて、擯出を告知する白椎を打つことが出来なかったこと。大乗菩薩の文殊の修行が三処（＝一切処）に行なわれ、小乗の

師云く、⑥金色《こんじき》の頭陀《ずだ》、⑦有心《うしん》⑧無胆《むたん》、当時尽《ことごと》く⑨令して行なわれ、百千万億の文殊と道《い》う莫《なか》れ。祇《た》だ這《こ》の⑩黄面《おうめん》の瞿曇《くどん》也《ま》た与《とも》に擯出す。若《も》し能《よ》く是《かく》の如くんば、唯《ただ》に真風を⑪壁立《へきりゅう》するのみならず、亦《ま》た後人をして、我が衲僧《のうそう》門下に知らしめん、爾《なんじ》⑫閑仏祖に⑬著《じゃく》し得ずと。

迦葉の手の下しようがなかった。以上③④は『五』一「釈迦牟尼仏」にある。⑤椎＝槌とも記す。大衆に告知する時に打ち鳴らす法器。⑥金色頭陀＝摩訶迦葉のこと。迦葉は出家以前は鍛金師で、毘婆尸《びばし》仏の金色舎利塔が壊れたのを修復した功徳により身体が金色になった。仏弟子の中で頭陀《ずだ》第一であった。⑦有心＝有所得心の略で、無心の対。『碧』三十三〝且《しば》らく道《い》え、是れ有心か是れ無心か〟⑧無胆＝不明。無心と同じか？ ⑨令而行＝批判を許さぬ君主の命令が行なわれること。転じて絶対境の喩。『碧』三十八〝一人南を指して、呉越に令行せん。〟⑩黄面瞿曇＝釈尊のこと。釈尊が生まれた迦毘羅衛《かびらえ》城のカピラは漢記では黄金。『無門関』六〝黄面の瞿曇、傍若無人〟⑪壁立＝直立した絶壁。容易に登られない喩。『碧』二十二〝人人要津を坐断し、箇箇壁立千仭《せんじん》ならん。〟⑫閑＝むだに。⑬著＝句末につくと、命令を表す。～せよ。

《訳》（古則を示す）世尊の所の解制の日に、魔宮と長者宅と婬房の三箇所で文殊が夏安居《げあんご》を過ごしたので、迦葉が文殊を追い出そうと思い、大衆に告知するため槌《つち》を鳴らそうとすると、百千万億の文殊が現われたので、（そのうちのどれを追い出してよいか判《わか》らない）迦葉は、神通力を使ったが槌を打ち鳴らせなかった。世尊は「迦葉よ。お前は百千万億のうち、どの文殊を追い出すのだ」とお問いになったが、迦葉は答えられなかった。

この古則について、宏智禅師が次のように述べた。摩訶迦葉は心は有ったが、槌を鳴らす胆力《たんりょく》が無かった。当時、僧団の法令は全て実行されていたのである。百千万億の文殊の擯出を言ってはならぬ。ただこの釈尊も、文殊と一しょに擯出することになるのである。もしこんな事が出来たのなら、単に真実の正風（＝大乗仏教？）の大障害になるごとだけでなく、後世の者に、〝わが門下の禅僧に、むだに仏祖に執著してはならぬこと〟を知らせているのである。

⇩《評言》 頭陀行第一の迦葉は小乗仏教者の代表でしょう。禁じられている三処で夏安居を過ごして、自由無礙《むげ》に修行する文殊こそ、真の仏者なのです。宏智禅師は、たとえ仏祖・菩薩でも、その教行に執らわれず、法灯明《ほうとうみょう》・自灯明《じとうみょう》を究めなければならないと諭しています。

2

挙臥輪云。臥輪有伎倆。能断百思想。対境心不起。菩提日日長。

六祖聞云。慧能無伎倆。不断百思想。対境心数起。菩提作麼長。

師云。葵花向日。柳絮随風。

挙《こ》す。①臥輪《がりん》云く、「臥輪に②伎倆《ぎりょう》有り、能《よ》く百思想を断つ。③境《きょう》に対して心を起こさず、④菩提日月長し」と。六祖聞いて云く、「⑤慧能《えのう》は伎倆無く、⑥百思想も断ぜず、境に対し心数《しんしば》しば起こる。⑦菩提作麼《そも》に長し」と。

師云く、⑧葵花《きか》は日に向かい、⑨柳絮《りゅうじょ》風に随う。

①臥輪＝達磨系以外に属する初唐の禅者。『景』五の巻末に臥輪偈がある。②伎倆＝師家が学人を接化する働き。『従容録』四〝未だ嫌わず、伎倆の人に如《し》かざることを。〟③境＝色声香味触法の六境。眼・耳・鼻・舌・身で五境をデッサンし、意識で言葉を付与した対象。④菩提＝梵語ボディーを意訳すると、道、覚、知。⑤慧能云々＝六祖慧能（六三八～七一三）の臥輪偈に対する批判偈。『景』五「荷沢神会《かたくじんね》」に所収。⑥不断百思想＝すべての思想を断ち切らず、ありのまま。『六祖壇経』下〝迷人有りて、心を空《くう》にして静坐し、百の所思無きを、自ら称《たた》えて大と為《な》す〟を参照。⑦作麼＝どうして、どのように。理由や方法、状態を聞く語。⑧葵花＝あおいの花。臣下（大衆）が君主（仏）を敬慕する喩。司馬光「初夏」〝惟だ葵花の日に向

かって傾く有り〃　⑨柳絮＝綿のような柳の実。『趙州録《じょうしゅうろく》』中〃「学人依るもの無し」師云く、「柳絮、柳絮」。〃

《訳》　臥輪禅師が言った。「臥輪《わし》には学人接得の伎《わざ》があり、その伎倆で全ての思想分別を断ち切る。境に対しても心識を起こさず、覚《さと》りは日月と共に長いのだ」と。六祖慧能はそれを聞いて偈《げ》を作った。「慧能《わたし》は（臥輪のような）伎倆は無く、百思想も断ち切らぬ。境に対すると心識は屡《しば》しば起こる。仏道はどうすれば長く行持《ぎょうじ》できるだろう」と。

宏智禅師はこの古則について述べた。葵《あおい》の花はいつも太陽に向かい、柳の綿の実は風が吹くままに漂《ただよ》う。

⇩《評言》　臥輪と慧能の偈は、あの有名な神秀《じんしゅう》と慧能の〃明鏡〃の偈が対照的なのに似ています。宏智の偈も言うまでもなく、六祖慧能と同じく、〃あるがまま（因果の道理＝大自然の摂理に随う）が仏道であること〃（平常心是道）を示しております。

③

挙百丈上堂。大衆方集。以拄杖一時打去。復召云大衆。衆回首。丈云。是什麼。黄蘗上堂。大衆方集。以拄杖一時打去。復召云大衆。衆回首。蘗云。月似彎弓。少雨多風。雪竇云。若是雪竇。集衆以拄杖打去便休。師云。下媒求鴿。直鉤釣魚。各有接物利生底手段。若是箇撈籠不住。呼喚不回底漢。又作麼生。以拄杖撃香台一下。

挙す。①百丈《ひゃくじょう》上堂す。②大衆方《まさ》に集まる。拄杖《しゅじょう》を以て一時に打ち

①百丈＝百丈懐海《えかい》（七四九〜八一四）。馬祖道一の嗣で、『百丈清規《しんぎ》』を定める。以下の古則は『五』三「百丈懐海」にある。②大衆＝雲水たち。『景』六「百丈懐海」〃師、有る時、説法竟《おわ》り、大衆下堂す〃　③回首＝ふり返る。自己本来の面目をみること。『碧』十九〃倶胝《ぐてい》召すこと一声、童子回首す〃　④什麼＝甚麼に同じ。なに。⑤黄蘗＝黄蘗希運《おうばくきうん》

去り、復《ま》た召して「大衆」と云う。衆③回首す。丈云く、「是れ④什麽《なん》ぞ」。⑤黄蘗《おうばく》上堂す。大衆方に集まり、拄杖を以て一時に打ち去り、復た召して「大衆」と云う。衆回首す。蘗云く、「月は⑥彎弓《わんきゅう》に似て、⑦少雨多風なり」と。⑧雪竇《せっちょう》云く、「若《も》し是れ雪竇ならば、衆を集め拄杖を以て打去し、便《すなわ》ち休《や》めん」と。

師云く、⑨媒《ばい》を下して⑩鴿《こう》を求め、鉤を直にして魚を釣る。各々《おのおの》⑪接物利生底《せつもつりしょうてい》の手段有り。若《も》し是れ箇《こ》の⑫撈籠不住《ろうろうふじゅう》にして。⑬呼喚《こかん》すれど不回底の漢なれば、又た作麽生《そもさん》。拄杖を以て香台を撃《う》ち一下す。

（生没年不詳、唐代の人）。百丈懐海の嗣で、弟子に臨済義玄があり、『伝心法要』を著わす。⑥彎弓＝弓を引きしぼること。石鞏《しゃっきょう》慧蔵は弓を引いて、「箭を見よ」と相手の雲水を接化した故事がある。『碧』十三〝石鞏弓を彎《ひ》けば作者諳《そら》んず。〟⑦少雨多風＝風がよく吹き雨が少ない。収穫に不適か？『北史』附国伝〝其の土高く、気候涼しく、多風少雨なり〟⑧雪竇＝雪竇重顕《じゅうけん》（九八〇～一〇五二）、雲門宗の智門光祚の嗣で、明州（江蘇省）雪竇山資聖寺に住して、宗風を振るう。『雪竇頌古《じゅこ》』の著がある。⑨媒＝ここは鳥を捕る囮《おとり》。⑩鴿＝家ばと。⑪接物利生＝人の機根に応じて接化して利益を与えること。『碧』五〝古人の接物利生奇特の処有り。〟⑫撈籠不住＝捕えようとしても捕えられぬこと。『碧』六十二〝玄沙云く、羅籠すれども肯《あえ》て住まらず、呼喚すれども頭を回らさず。〟『十牛図』六騎牛〝呼喚すれども回らず、撈籠すれども住まらず〟⑬呼喚云々＝呼んでも振り返らぬ。

《訳》百丈和尚が上堂すると、雲水たちが集まった。百丈は拄杖で一度打って立ち去り、又た「大衆よ」と招くと、雲水は振りむいた。百丈は、「どうしたのだ」と言った。黄檗和尚が上堂すると、雲水たちが集まり、和尚は杖で一度打って立ち去った。又た「大衆よ」と呼ぶと雲水は振り返った。すると黄檗和尚は、「月は弓を引き絞ったようで、雨が少なく風がよく吹く」と言った。雪竇和尚は、「もし雪竇《わし》だったら、大衆を集めて拄杖で打っだけにするだろう」と言った。

以上の古則について宏智禅師が述べた。百丈も黄檗も、鳥媒《おとり》を使って家鳩《いえばと》を捕《と》るような無駄な接化をしたり、真直《まっすぐ》な釣針で魚を釣るような不可能なこと（雲水指導）をしているわい。雲水の夫々《それぞれ》の機根に応じて教化手段があるのだ。もし接化しようとしても、接化できず、「大衆よ」と呼んでも振りむかぬような奴等《やつら》だったらどうするんじゃ。拄杖で香台を一撃するのだ。

⇩《評言》百丈・黄檗と雪竇との大衆接化法の違いが気になりますが、宏智は三人の師家《しけ》が雲水を十把ひとからげに接化するのを批判しているのでしょう。黄檗の偈句《げく》が長いこと解りませんでしたが、語注⑥の石鞏の接化法や、語注⑦の用例によって、（黄檗《わし》の接化はみのらぬ）という嘆きだと解りました。それにしても、最後の〝撃香台一下〟が不可解です。香を焚《た》いて仏祖を尊崇する事までも撃砕すべきことを示しているのでしょうか。〝仏祖を殺す〟というのと同じ気魄《きはく》でしょう。

4 挙南泉帰宗麻谷。礼拝忠国師。泉於路上画一円相云。道得即去。宗於円相中坐。谷作女人拝泉云。恁麼則不去也。宗云。是何心行。師云。我当時若見。便与撥却円相。不唯打破南泉窠窟。亦乃教帰宗無著身処。麻谷呈伎倆不得。泉云。恁麼則不去也。果然果然。

挙《こ》す。①南泉《なんせん》・②帰宗《きす》・③麻谷《まよく》、④忠《ちゅう》国師を礼拝す。泉は路上に⑤一円相を画《かく》して云く、「道《い》い得ば即ち去《ゆ》かん」と。宗は円相中に坐し、谷《よく》は女人拝⑥を作《な》す。泉云く、「⑦恁麼《いんも》なれば則ち去《ゆ》かざるなり」。宗云く、「是れ何の⑧心行《しんぎょう》ぞ」と。

①南泉＝南泉普願《ふがん》（七四八〜八三四）。王老師と称す。馬祖道一の法嗣で、池陽（安徽《あんき》省）南泉山から三十年間下《お》りず、木を伐《き》り田を耕す。以下の古則は、『景』八、『五』三の「南泉普願」と、『碧』六十九に記される。②帰宗＝帰宗智常《ちじょう》（不詳、唐代の人）。馬祖道一の嗣で、廬山帰宗寺に住す。③麻谷＝麻谷宝徹《ほうてつ》（不詳、唐代の人）。馬祖道一の嗣で、蒲州（山西省）麻谷山に住す。④忠国

師云く、我当時若《も》し見ば、便ち与《とも》に円相を⑨撥却《はっきゃく》し、唯に南泉の⑩窠窟《かくつ》を打破するのみならず、亦た、乃《すなわ》ち帰宗をして⑪身処に著《じゃく》すること無からしめ、麻谷をして⑫伎倆不得を呈せしめん。泉云く、「恁麼なれば則ち去らざるなり」と。⑬果然《かぜん》、果然。

師＝南陽慧忠（?～七七五）。六祖慧能の法嗣。南陽（河南省）の白崖山党子谷に入り、四十余年山を下りなかった。粛宗は師の礼をとり、代宗は大証国師と諡《おくりな》す。南の馬祖らが経典を軽んじるのを批判し、北方に禅風を振るう。⑤一円相＝欠ける所も余す所もない相。南陽慧忠が最初に描く。⑥女人拝＝男子は五体投地の拝をするが、女子は腰をかがめて礼拝する。『碧』六十九〝此の如く女人拝を作すと雖も〟⑦恁麼＝それなら。ここは帰宗と麻谷の行動をいう。⑧心行＝気ままな振るまい。『碧』三十九〝是れ什麼《なん》の心行ぞ。〟⑨撥却＝除いてしまう。『碧』二十二〝一時に撥却して独り雲門を存す〟⑩窠窟＝鳥獣の巣穴、迷妄の喩。『碧』六〝只だ旧窠窟裏に在り〟⑪身処＝からだ。『碧』九〝那箇は是れ身処に就いて打出する〟⑫伎倆＝2の②参照。⑬果然＝その通りである。結果が予想通りのこと。『碧』一〝果然〟

《訳》南泉・帰宗《きす》・麻谷《まよく》の三人が、都の南陽慧忠国師を礼拝しに出かけた。南泉普願は路上に一つの丸《まる》を描いて云った。「この円について何か言うことが出来たら長安へ行こう」。帰宗智常は円《まる》の中に坐り、麻谷宝徹は帰宗に向って女人拝をした。すると南泉は、「それなら、もう忠国師を礼拝しに都に行くのは止《や》めた」と言った。帰宗は「止めたとは何ごとじゃ」と言った。（結局、三人は引き返した）

この古則について、宏智《わんし》禅師が言った。宏智《わし》がその時その場にいたら。円相を消し去って。南泉の妄想を打破するのみならず、帰宗が坐身に執着しないようにさせ、麻谷に女人拝の動作では真如は会得できないことを示してやるのだ。すると南泉は、「それなら忠国師を礼拝しに行くのは止《や》めじゃ」と言うだろうなあ。やっぱり、その通りになったわい。

⇩《評言》帰宗は、「行住坐臥、一円相を離れぬぞ」とばかりに、一円相の中にどっかと坐し、麻谷はその帰宗を如来を拝するように女人拝しましたが。宏智は彼等の坐にも拝にも執らわれないことを示しました。南泉も同じ無執着、自由無礙の境涯だったのです。「宏智拈古《ねんこ》を一日に一則は心（深・身・真・信）読しよう」と、自分の計画に執らわれている筆者は唯だ慚愧するのみです。

5 挙洞山到北巌。巌問。什麼処来。山云。湖南来。巌云。観察使姓什麼。山云。不得姓。巌云。名什麼。山云。不得名。巌云還理事也無。山云自有廊幕在。巌云還出入否。山云不出入。巌云豈不出入。山払袖出去。巌来日侵早入堂。召洞山云。昨日問上座話。不称老僧意。一夜不安。今請上座別一転語。若愜老僧意。便開粥相伴過夏。山云却請和尚問。巌云不出入。山云太尊貴生。巌乃開粥同過夏。

師云。主張門戸。自有傍来。拱默威厳。誰敢正視。借功施設。転位提持。全成左右分権。不犯尊貴一路。還知尊貴処麼。宝殿無人不侍立。不種梧桐免鳳来。

挙す。①洞山《とうさん》、②北巌《ほくがん》に到る。巌問う、「什麼処《いずこ》より来る」。山云く、「③湖南より来る」。巌云く「④観察使の姓は什麼《なん》ぞ」。山云く、「姓を得ず」。巌云く「名は什麼ぞ」。山云く、「名を得ず」。巌云く

①洞山＝洞山良价《りょうかい》（八〇七〜八六九）。南泉、潙山《いさん》に参じ、雲巌曇晟《うんがんどんじょう》の法を嗣ぐ。②北巌＝薬山惟儼《やくさんいげん》の嗣の百巌明哲《みょうてつ》（生没年不詳、唐代の人）。湖北省百巌（栢顔）に住したので北巌と称す。洞山良价は法姪《ほうてつ》に当る。以下の二人の問答は、『洞山録』㉜、及び『景』十四「百顔明哲」、『五』五「百巌明哲」にある。③湖南＝雲巌山は湖南省潭州《たんしゅう》にあった。『碧』十二〝（雲）門云く、「夏は甚麼処にか在る」。（洞）山云く、「湖南の報慈なり」〟④観察使＝諸州を巡視する行政官。『碧』十二〝陸亘《りくこう》大夫、宣州の観察使と作《な》って南泉に参ず。〟⑤理事＝事件や事務を処理する。⑥廊幕＝幕僚、属官。⑦

「還《ま》た⑤事を理《おさ》むるや無《いな》や」。山云く、「自ら⑥廊幕《ろうばく》の有る在り」。巌云く、「還た⑦出入するや否や」。山云く「出入せず」。巌云く、「豈《あ》に出入せざらんや」。山、⑧払袖《ほっしゅう》して出去す。巌、来日、早を侵して入堂し、洞山を召して云く、「昨日、上座に問いし話《わ》、老僧の意に称《かな》わず、一夜不安なりき。今、上座に別の⑨一転語《てんご》を請わん。若《も》し老僧の意に惬《かな》えば、便《すなわ》ち開粥《かいしゅく》し、相い伴《とも》なって夏《げ》を過ごさん」。山云く、「⑩却《かえ》って請う、和尚問え」。巌云く、「出入せず」。山云く、「太《はなは》だ⑪尊貴生」。巌乃《すなわ》ち開粥して同じく夏を過ごす。

師云く、⑫門戸を主張し、自ら傍有りて来る。⑬拱黙《きょうもく》威厳、誰か敢て正視せんや。⑭功を⑮施《せ》設《せつ》に借り。⑯転位⑰提持す。⑱左右分権を全成し、尊貴一路を犯さず、還《ま》た尊貴の処を知るか。⑲宝殿、人の侍立せざる無く、梧桐を種《う》えずして鳳の来るを見る。

出入＝不明。『碧』三十二〝〔一無位真人〕常に汝、諸人の面前より出入す。〟『碧』三十六〝古人は出入にも未だ嘗て此の事（＝修行）を以て念と為さずんばあらず。〟⑧払袖＝⑴怒ったり、相手にならぬと思って立去ること。⑵融通無礙の働きを示す。⑨一転語＝相手を翻然と悟らす語。『碧』四十〝大丈夫、当時一転語を下し得ば〟⑩却＝⑴ところが今度は、⑵あとで。⑪尊貴生＝えらい奴じゃ。⑫門戸＝⑴門の扉。⑵参学における堂奥への入口。『趙州録』上〝学人纔かに到り、総に知らず。門戸頭の事如何。〟⑬拱黙＝腕をくみ何もせずに黙っていること。⑭借功＝宏智禅師は、⑴借功明位、⑵借位明功、⑶借借不借借など四つの借で学人修行の要路を示す。『宏智広録』八（大正蔵四十八巻九九頁）に、「借功明位」がある。⑮施設＝⑴用い行なう、⑵恩徳や教化を行なう。『趙州録』上〝「如何なるか是れ和尚の意」師云く、「施設無き処」〟⑯転位＝向上門《こうじょうもん》（上求菩《じょうぐぼ》提《だい》）から向下《こうげ》（下《げ》化衆生《けしゅじょう》）に転じること。『景』二十九「同安禅師詩十首」に〝転位帰〟と題する詩偈がある。⑰提持＝学人の見解を否定して、向上への契機を与える師家の手段。『碧』十九〝当面に提持して此の如く為人の処有り〟⑱左右分権＝不明。左右逢原（日常生活が全て大道から離れない）の対語か？⑲宝殿＝大仏宝殿、大雄宝殿、即ち仏殿。

《訳》　洞山良价が栢巌明哲の所に行った。栢巌が「どこから来たのか」と問うと、「湖南から来ました」と答えた、栢巌が「観察使（洞山《おまえ》の本来の面目）の姓名は」と問うと、「姓も名も分りません」。「観察使は事件事務を裁《さば》き治めているか」。「属官がいます」。栢巌「（本来の面目に？）出入して修行精進したか」。「観察使洞山「いいえ、出入しませんでした」。「どうして出入しないことがあろうぞ」と栢巌が言うと、洞山は相手にならずに出て行った。――栢巌は次の日の早朝に法堂に入り、洞山を召して言った。「昨日、上座《おまえ》にした問話は、栢巌《わし》の意に沿わぬ話だった。ゆえに一晩中、心が安まらなかったぞ。別の転語を述べてみよ。もし老僧《わし》の意にかなったら、朝粥《あさがゆ》をたべて一しょに夏《げ》安居《あんご》を過ごそう」。洞山は、「ではどうぞ和尚様、質問して下さい」。そこで栢巌が、「出入しなかったのか」と言うと、洞山は、「（観察使は）えらい尊い人です」と答えた。そこで栢巌和尚は粥をたべて、洞山と共に夏安居を過ごした。

　この古則について、宏智禅師が言った。「栢巌和尚は門戸を張って、自分でその傍の門を入って来た。だまって腕組みをした威厳は、誰が正視できようぞ。手段を用いて（下化衆生の）向下門におりて、修行者（ここは洞山？）を否定して接化する。そして、日常生活がそのまま仏法に適《かな》い、尊い一すじの仏道を犯さない。そういう尊い処を知っているか。仏殿に雲水がみな侍立しているが、梧桐《ごどう》をば植えていないので、（梧桐に棲《す》む）鳳《おおとり》のような勝《すぐ》れた雲水が来ないのだ」。

⇩《評言》　凡俗《わたし》は初め、栢巌がなぜ観察使を話題にしたのか、分りませんでした。しかし全国を巡察する観察使と、江湖を巡歴求道する洞山がダブって見えてきました。栢巌は、洞山の本来の面目（＝観察使）の姓名や出入を問うたのです。また、「出入」の語意が分らなくて、語注⑥の用例文を手がかりに訳文のように解しましたが……とにかく、出入・去来のない本来の面目の、不《ふ》染汚《ぜんな》（無為）

の相《すがた》を示しているのでしょう。

6

挙法灯開堂。謂衆云。山僧本欲跧棲巖竇。又縁清涼老人有不了底公案。今日出来。為他分析。僧問。如何是不了底公案。灯便打云。祖禰不了。殃及児孫。僧云。過在什麼処。灯云。過在我殃及爾。

師云。這僧若是箇漢。出来便与掀倒禅床。不唯自己有出身之路。亦免見祖禰不了殃及児孫。

挙《こ》す。①法灯《ほうとう》開堂②し、衆に謂《いい》て云《いわ》く、「山僧本《もと》潜《ひそ》かに③巌竇《がんとう》に棲《す》まんと欲す。又た④清涼《せいりょう》老人に⑤不了底《ふりょうてい》の公案有るに縁《よ》って今日出で来り、他の為に分析す。僧問う、「如何なるか是れ不了底の公案」。灯便《すなわ》ち打って云く、「⑥祖禰《そでい》了せざれば殃《わざわい》は児孫に及ぶ」。僧云く、「⑦過《あやまち》は什麼処《いずこ》に在りや」。灯云く、「過は我れに在り。殃は爾《なんじ》に及ぶ」と。

師云く。「這《こ》の僧若《も》し是れ⑧箇の漢にして、出で来らば便ち与《とも》に⑪禅床を⑨掀倒《きんとう》せん。唯《た》だに自己に⑩出身の路有るのみならず、亦た祖禰了せざれば、殃の児孫に及ぶことを見るを免《まぬが》れん。

①法灯＝⑴灯火の如き仏法、⑵清涼泰欽《たいきん》（？～九七四）の諡《おくりな》が法灯禅師。法眼文益《ほうげんもんえき》の法嗣で、金陵（南京）清涼山に住す。②開堂＝新命の住持が最初に行なう説法の儀式。以下の話は『五』十「清涼泰欽」に記される。③巌竇＝岩あな。④清涼老人＝澄観《ちょうかん》（七三八～八三九）。華厳宗第四祖で、華厳教学と禅との融合を図る。以下の話頭は『景』二十五「清涼泰欽」にある。⑤不了底＝了《さと》らないこと。『景』三十「五台山鎮国大師澄観、皇太子の問心要に答う」〝理を説けば則ち証に非ず、不了なり。〟⑥祖禰＝祖先。『碧』五十五〝祖禰不了なれば累は子孫に及ぶ。〟⑦過在什麼処＝『碧』十一〝某甲（＝洞山）の過、什麼処にか在る〟⑧是箇漢＝ほかでもない此の男児ならば。箇漢は、言葉では表わせない真人のこと。『碧』三十四〝這の僧若し是れ箇漢ならば、但だ禍事と云わん。〟⑨掀倒＝高く持ち上げて投げ倒すこと。『碧』八〝禅床を掀倒

し、大衆を喝散す。〟 ⑩出身之路＝悟りの道に停まらず、自由に転身する働き。『碧』八 〝著著出身の路有り。〟
⑪祖禰不了殃及児孫＝祖先が成しとげなかったら、児孫が困窮する。『従容録』八十五 〝祖禰了せされば……〟

《訳》 法灯禅師が新命住持となった最初の演法のとき、大衆に言った、「拙僧《わたし》はもともと、ひっそり岩窟に住もうと思っていたが、清涼老人（澄観）に不了（悟らない）の公案があるので、開堂の今日出てきて他の為めに不了を分析して正法《しょうぼう》を明らかにするのである」。僧が質問した、「不了底の公案とはどんなものですか」。禅師はその僧を殴打して云った。「祖先（拙僧《わし》）が悟らなかったら、殃《わざわい》が子孫（おまえ）に及ぶということじゃ」。僧が言う、「過《とが》はどこに在るのですか」。禅師「過は法灯《わし》に在って、殃はお前に及ぶのじゃ」。

この古則について、宏智禅師が述べた。この質問僧がもし真実追求の僧で、問答に出て来たのなら、法灯と一しょに禅床を抛《ほう》り投げ倒すだろう。ただ自分に転身の働きがあるだけでなく、仏祖たちが悟らなければ、殃が法孫たちに及ぶのを見る破目《はめ》になるのだ。

⇩《評言》 **師家たる者は、ただ自分の得道や聖胎長養《しょうたいちょうよう》のために、岩窟に籠ってはならないのです。正法弘布《ぐふ》の為めには、〝自未得度先度他《じみとくどせんどた》〟の心を持たねばなりません。しかし凡俗には、自得度が精一杯の現状で、恥かしい限りです。この小著が、正法弘布の一助となる事を願っています。**

7 挙香厳垂語云。如人上樹。口銜樹枝。手不攀枝。脚不踏樹。下有人問西来意。若不対違他所問。若対又喪身失命。正当恁麼時。作麼生即是。有虎頭上座云。樹上即不問。未上樹請師道。香厳

①香厳＝香厳智閑《ちかん》（?〜八九八）。南陽の武当山の遺跡に庵居し、掃除のとき、瓦礫が竹に当る音を聞いて大悟し、潙山霊祐の法を嗣ぐ。以下の話は、

⑦

呵呵大笑。雪竇云。樹上道即易。樹下道即難。老僧上樹也。致将一問来。

師云。虎頭上座是箇悪賊。用無義手。打不防家。直繞本色作家。往往做手脚不弁。雪竇是別機宜。識休咎底漢。到這裏亦秖得蔵身露影。還会香厳做処麼。三千剣客今何在。独許荘周見太平。

挙す。①香厳《きょうげん》の②垂語《すいご》に云く、「如《も》し人、樹に上り、口に樹枝を銜《くわ》え、手は枝を攀《よ》じず、脚は樹を踏まざるとき、下に人の③西来《せいらい》の意を問うもの有り。若《も》し対《こた》えずんば、他《かれ》の所問に違《たが》い、若し対うれば又た④喪身失命《そうしんしつみょう》す。正当恁麼《しょうとういんも》の時、作麼生《そもさん》か即ち是《ぜ》なる」。⑤虎《こ》頭《とう》上座有りて云く、「樹上なれば即ち問わず、未だ樹に上らざるとき、師の道《ことば》を請わん」と。香厳呵呵大笑す。⑥雪竇《せっちょう》云く、「樹上で道《い》うは即ち易く、樹下にて道うは即ち難し。老僧は樹に上る也。到りて一問を将《も》ち来れ」と。

師云く、虎頭上座は是れ箇の悪賊、⑦無義《むぎ》の手を用《もっ》て打ちて家を防がず。直饒《たとえ》⑧本色《ほんじき》の作家なりとも、往往にして手脚を⑨做《な》して弁ぜず。雪竇は是れ⑩機宜《きぎ》を別《わか》ち、⑪休咎《きゅうきゅう》を識《し》る底の漢なり。這裏《しゃり》に到り、亦《ま》た祇《た》だ⑫蔵身露影《ぞうしんろえい》を得たり。還《ま》た香厳の做《な》す処を会《え》するや。三千の剣客⑬、今何《いずく》にか在る。独り許す荘周⑭の太平

『景』十一の「香厳智閑」より、『無門関』五の記述に近い。②垂語＝師家の教示。③西来意＝祖師達磨が西のインドから来た意義。仏法の究極のところ。『碧』七十三〝師に請う、某甲に西来意を直指せよ〟④喪身失命＝身命を失なう。『碧』十二〝若《も》し活を論ぜば喪身失命す。〟⑤虎頭上座＝『五』九には〝虎頭招上座〟と記す。上座は比丘の尊称。⑥雪竇＝雪竇重顕《じゅうけん》（九八〇～一〇五二）。雲門宗の智門光祚《こうそ》の嗣で、『碧巌録』のもとになる『雪竇頌古』をつくる。⑦無義手＝不明。礼節も筋道も無い無心の時の手のことか？『論語』陽貨〝小人は勇有りて義無し。〟⑧本色＝本分の修行に励むこと。⑨做手脚＝小細工を弄すること。⑩機宜＝心の働きが適切なこと。『碧』九〝爍迦羅眼《しゃからげん》（金剛眼）は……得失を弁じ、機宜を別ち、休咎を識る。〟（照見無礙の眼は……道を得ているか否か、質問が適切か否かを、吉凶禍福を見抜く）⑪休咎＝喜びと災い。

を見るを。

⑫蔵身露影＝体をかくしたが、影が見える。言葉の中に別の意味を含んでいること。『碧』二十八〝身を蔵し影を露わす〟⑬剣客＝剣士。『荘子』説剣篇〝趙文王、剣を喜ぶ。剣士門を夾《はさ》んで客たるもの三千余人……剣士皆な其の処に服し斃《たお》れたり。〟『景』十一「霊雲志勤」〝桃華に因り道を悟る。偈有りて曰く、三十年来剣客を尋ぬ云々〟⑭荘周＝『荘子』を著わす。⑬の「説剣篇」で、天子剣・諸侯剣・庶人剣の三剣を説き、趙文王を翻意させて、太平をもたらせた。

《訳》香厳智閑が教示して述べた。「もし人が樹《き》に登って枝を口に啣《くわ》え、手は枝につかまらず。足は樹を踏んでいない時に、樹下から、『仏法の極意は何ですか』と問う者がいる。返答しなかったら、彼の所問に違《たが》うし、もし答えると樹から落ちて生命を失なってしまう。正《まさ》にそんな時、どうすればよいのじゃ」。香厳和尚に対して虎頭《ことう》上座が云う、「樹上にいる時は質問せず、まだ師家が木に登らぬ時に教えを請います」。すると香厳は大笑いした。後に雪竇《せっちょう》が云うには、「樹上で〝西来意〟を言うのは易《やす》く、樹下で教えるのは難かしい。雪竇《わし》は樹上に居るわい。さあ質問に来い」。

以上の古則について、宏智禅師が述べた。虎頭は悪いヤツじゃ。筋道の立たぬ手で雲水を殴打して、家風（西来意）を守っておらぬ。たとえ本物の師家でも、ややもすると、小細工を弄《ろう》して、祖師西来の意を弁じ示さない。雪竇は相手の機根を弁別して吉凶を見抜く人だが、この問題では、言葉の中に別の意味を含ませている。はたして香厳の真のイミを理会《りえ》しているだろうか。〝三千人の剣士は、いま何処にいるのだろう。ただ荘周だけが天下太平を見ている。〟

⇩《評言》香厳智閑の提起問題に対する答えは、⑴樹上で答えてやって、自分は喪身失命する、⑵樹下で懇々と説いてやる。以上の二つしかありません。虎頭上座の⑵は問題になりません。香厳和尚が呵呵大笑したのは当然です。宏智禅師のいう「香厳の做《な》す処」とは、「作麼生か是《ぜ》なる」という問題が即ち解答なのです。大疑即大悟なのです。その真のイミを雪竇は会得しているかどうかを、この7の拈古は示しているのです。荘周を頌《うた》う最後の二句十四字を凡俗《わたし》はつぶやきながら、今日も里山を散歩（経行《きんひん》）しています。

8 挙僧問風穴。語黙渉離微。如何通不犯。穴云。長憶江南三月裏。鷓鴣啼処百花香。雪竇云。劈腹剜心。師云。露躶躶円陀陀。直是無稜縫。且道。風穴無稜縫。何似雪竇無稜縫。還会麼。和光惹事。刮篤成家。

挙す。僧①風《ふ》穴《けつ》に問う、「語黙②離微《りび》に渉《わた》る、如何《いかん》が③不犯《ふぼん》に通ぜん」。穴《けつ》云く、「長く憶ゆ江南三月の④裏《うち》鷓鴣《しゃこ》啼《な》く処百花香《かお》る」と。雪竇云く、「⑤腹を劈《さ》き心を剜《えぐ》る」と。師云く、⑥露躶躶《ろらら》⑦円陀陀《えんだだ》、直に是れ⑧無稜縫《むりょうほう》なり。且《しば》らく道《い》え、風穴が無稜縫、雪竇の無稜縫に⑨何似《いずれ》ぞや。還《ま》た会《え》するや。⑩和光事を惹《ひ》き、⑪刮篤《かっとく》家を成す。

①風穴＝風穴延沼《えんしょう》（八九六〜九七三）。南院慧顒《えぎょう》の法嗣。汝州（河南省）風穴山に住し宗風を振るう。以下の話は、『景』十三の「風穴延沼」にある。②離微＝人境脱落、主客融合の境地。離（繫縛を離れ）微（万物に隠れ万物と一体になる）③不犯＝おかさず傷つけない。『碧』三十〝善能《よ》く賊と作って人の眼睛を換えて手脚を犯さず〟④鷓鴣＝中国の南方に多い鳥の名。『洞』148「功勲五位頌」に〝鷓鴣啼く処百花新なり〟の句がある。⑤劈腹剜心＝腹をさき心をえぐる。『碧』九十八〝劈腹剜心〟⑥露躶躶＝ありのままでまはっきりしている。『碧』六十九〝曹溪の路、塵を絶し迹を絶す。露躶躶赤灑灑〟⑦円陀陀＝まるく佳麗なさま。『従容録』八十五〝頌に云く、孤《こ》迥迥《けいけい》、円陀陀〟⑧無稜縫＝角も縫い目も無く、そのままで完全なこと。『碧』七〝縫無く罅無きを得んと要せば〟⑨何似＝何如に同じ。前者より後者の方がましではないかという気持を表わす。

⑩和光＝自分の徳光を包み隠すこと。『老子』〝其の光を和し其の慶を同じくす。〟⑪刮篤＝けずることと篤《あつ》くすること。『洞』173によると、洞山良价は刮骨禅を説いていた。

《訳》 僧が風穴延沼に質問した。「語っている時も、黙っている時も、いつも仏道に合致していて、どうすれば仏を傷つけないのでしょう」。答える、「風穴《わし》はいつ迄も憶《おぼ》えている、江南の三月のことを。鷓《しゃ》鴣《こ》が鳴いて百花が香《かお》っていたぞ」。後に雪竇《せっちょう》が言った、「腹を割《さ》き、心をえぐって（自己本来の面目を表して）いるわい」。

この古則について、宏智《わんし》禅師が述べた。（風穴の言葉は）ありのままハッキリしていて、まことに角《かど》も縫い目もなく完全である。ちょっと言ってみよ、風穴和尚の言葉の方が雪竇のよりも、ましではないか。どうじゃ分るかな。風穴和尚は徳光を蔵《かく》して事象をひきつけ、刮《けず》ったり厚くしたりして（ありのままを描写して）一家を成しているのだ。

⇩《評言》 雪竇の「腹を劈き心を剜る」は直接的理念的で、風穴和尚の江南の風景の描写はありのまま（諸法実相）の描写なので〝まし〟なのでしょうか。凡俗はこの程度でしか、二人の優劣は分りません。いや、優劣などの分別比較の心が払拭できないのです。

9 挙玄沙問鏡清。古人道。不見一法。是大過患。爾且道。不見甚麼法。清指露柱云。莫是這箇法麼。沙云。浙中清水白米従爾喫。仏法未夢見在。

師云。鏡清当時恁麼答。玄沙末後恁麼道。還相契也無。然則鏡

①玄沙＝玄沙師備《しび》（八三五〜九〇八）。雪峰義存の法嗣。②鏡清道怤《どうふ》（八六四〜九三七）、雪峰義存の法嗣。つまり玄沙師備の弟弟子《おとうとでし》。以下の話は『景』十八の「玄沙師備」の項にある。③

清久不作仏法夢。也須是玄沙同参始得。

挙す。玄沙①《げんしゃ》、鏡清②《きょうせい》に問う、「古人③道《い》う、『一④法を見ざれば是れ大過患《かかん》なり』と、爾且《なんじしば》らく道え、甚麼《なん》の法を見ざる」。清露柱⑤《ろちゅう》を指して云く、「是れ⑥這箇《しゃこ》の法に莫《あら》ずや」。沙云く、「浙中⑦《せっちゅう》の清水と白米。爾の喫するにより、仏法未だ夢に見ざる在り」と。

師云く、鏡清は当時恁麼《いんも》に答う。玄沙は末後に恁麼に道う。還《ま》た相い契《かな》うや無《いな》や。然《しか》れば則ち鏡清久しく仏法の夢を作《な》さざるなり。須《すべか》らく是れ玄沙の同参⑧にして始めて得べし。

は同じく徳山に参ず〟

古人＝誰をさすか不明。④一法＝一つの教法。『碧』十四〝森羅及び万象皆な是れ一法の所印なり。〟⑤露柱＝むき出しになっている柱。『碧』八十三〝古仏と露柱と相い交わる、是れ第幾機ぞ〟⑥是這箇＝これこそほかならぬ〇〇である。後の語を強調する。⑦浙中＝浙江の中部の地方。『碧』四十一〝浙中の永光和尚道わく〟⑧同参＝同じ師家の下で修行するなかま。『碧』五十一〝只だ雪峯、巌頭の如き

《訳》　玄沙師備が弟弟子《おとうとでし》の鏡清道怤に問うた。「古人が言っている。〝一法を見なかったら大きな過失である〟と。鏡清《おまえ》ちょっと言ってみよ。〝どういう一法を見ない〟のかを」。すると鏡清は露柱を指して、「露柱《これ》こそ他《ほか》ならぬその一法じゃありませんか」と答えた。玄沙は、「浙中の清水や白米は、鏡清《おまえ》が飲み食いしたので、仏法をまだ夢にも見ない者がいるぞ」と言った。

この古則について、宏智禅師が述べた。鏡清はその当時このように（「露柱が他ならぬ一法である」）と答えている。玄沙は最後にあのように言っている。二人の言葉は真理に契《かな》っているかどうじゃ、それで鏡清は久しく仏法の夢を見ないのである。これは玄沙の修行仲間《なかま》として始めて会得しなければならない。

⇩《評言》　玄沙和尚は、仏法（理）を清水や白米に喩《たと》え、鏡清はそれを露柱（事）で答えた。同参の

弟弟子鏡清が仏法を丸ごと会得していることを称揚《しょうよう》していますが、宏智禅師もこの兄弟《ひんでい》を賛《たた》えているのでしょうか。

⑩ 挙蓮華菴主拈拄杖示衆云。古人到這裏為什麽不肯住。衆無語。自代云。為他途路不得力。復云。畢竟如何。又自云。楖㮚横担不顧人。直入千峯万峯去。

師云。負入不負出。本色住山人。思大呑尽諸仏。普眼不見普賢。且道。病在什麽処。驀拈拄杖卓一下云。官不容針私通車馬。

挙す。①蓮華《れんげ》庵主、②拄杖《しゅじょう》を拈《ねん》じ、衆に示して云く、「古人③這裏《しゃり》に到りて、什麽《なん》と為《し》てか肯《あえ》て住《とど》まらざる」。衆、語無し。自《み》ら代って云く、「他の④途路に力を得ざるが為なり」。復《ま》た云く、「畢竟《ひっきょう》如何」。又た自ら云く、「⑤楖㮚《しつりつ》、横に担《にな》いて人を顧みず、直に千峯万峯に入りて去る」と。

師云く、「入に負《そむ》き出に負かざる⑥本色《ほんじき》の住山の人。⑦思大《しだい》は⑧諸仏を呑尽《どんじん》し、⑨普眼《ふげん》に⑩普賢《ふげん》を見ず。且《しば》らく道《い》え、病は什麽処《いずこ》に在りや。⑪驀《まく》に拄杖を拈じ、卓《たく》一下《げ》して云く、「⑫官には針を容《い》れず、私《ひそ》かに車馬を通す」と。

①蓮華庵主＝浙江省天台山の一峰の蓮華峰の庵主。法系は、雲門文偃—奉先深—蓮華峰祥庵主。以下の話は、『五』十五「天台蓮華峰祥庵主」及び『碧』二十五の本則にある。②拄杖＝つえ。禅門では行脚や上堂説法の時に用いる。『正』説心説性〝拈拄杖これ説心説性なり。〟③這裏＝ここ。悟りを表わす拄杖をさす。④途路＝差別の相対的世界。途中と同義。『臨済録』〝一人有り論劫途中に在って家舎を離れず。一人有り家舎を離れて途中に在らず〟⑤楖㮚＝天台山に生じる木で、拄杖に適する。⑥本色＝本分につとめる禅僧。『碧』五〝若し是れ箇の本色行脚の衲子ならば〟⑦思大＝南岳慧思（五一五～五七七）『大乗止観』等の著があり、天台宗を創始した智顗《ちぎ》の師。⑧呑尽諸仏＝『五』二「南岳慧思」に、〝南岳は「三世の諸仏を一口に呑尽しているので、度すべき衆生

はいない」と述べたこと〃を記す。⑨普眼＝観音菩薩が普眼で一切を遍く観ることを普眼三昧という。『華厳経』入法界品《にゅうほっかいぼん》に記す。⑩普賢＝文殊とともに釈迦如来の二脇士で、仏の理・定・行の徳を代表する。⑪驀拈拄杖＝つえを真すぐに突き出す。『碧』六十〃師（＝雪竇）驀に拄杖を拈じて下座す〃⑫官不容云々＝表むきは針一本でも通さない（仏法第一義には一字一句の文語も許さぬ）のに、裏では車馬をこっそり通す（方便の為には自由に言語や手段を用いる）こと。『碧』六十二〃（曹）山云く、官には針を容れず、私には車馬を通ずと〃

《訳》蓮華峰庵主は（示寂《じじゃく》する時）、拄杖を持って雲水たちに示して云った。「古人は悟りを表すこの拄杖の境地に到達しているのに、どうして山中の悟境に留《とど》まらずに（拄杖をついて）山下の世間に出て行くのじゃ」。雲水は皆な黙っていた。庵主は自分で代って答えた。「相対的世界で力を得られないからだ」。また云った、「結局どうなんだ」又た自分で答えた。「拄杖を担《かつ》いで悟りに執らわれず、千峰万峰の中に入っていく（悟りにも世間にも執らわれずに、窺《うかが》い知れぬ大自然の境地に入って行く）のだ」。

この古則について、宏智禅師が述べた。（向上の悟境・向下の現実世間に）入りも出もせず執らわれない本物の住山の人は、南岳慧思のように諸仏を全部呑んでしまい。普《あま》ねく広く世界を見る菩薩のように普賢を見ないのである。ちょっと言ってみよ、執らわれる病はどこにあるのか。真直《まっすぐ》に拄杖を突き出しドシンと突いて言った。方便の為めに、自在に言葉や手段を用いるのじゃ。

⇩**《評言》蓮華峰庵主は深奥の禅旨**（諸法空相）**を述べていますが、宏智禅師は、自由無礙《むげ》の執らわれない境地**（諸法実相）**を述べているのでしょう。**

⑪ 挙雪峯云。飯羅辺坐地餓死人無数。海水辺坐地渇殺人無数。玄沙云。飯羅裡坐餓死人無数。海水没頭渇殺人無数。雲門云。通

身是飯。通身是水。
師云。我則不然。飯羅裏坐脹殺人無数。海水没頭浸殺人無数。
以前傷乎不呑。以後失乎不吐。祇如雲門道通身是飯通身是水。
到這裡無爾呑吐処。

挙す。雪峯①云く、「飯羅②《はんら》辺の坐地③《ざち》、餓死の人無数《むしゅ》、海水辺の坐地、渇殺④《かっさつ》の人無数なり」と。玄沙⑤云く、「飯羅裡《り》に坐し餓死の人無数、海水に没頭して渇殺の人も無数なり」と。雲門⑥云く、「通身是れ飯、通身是れ水なり」と。

師云く、「我れは則ち然らず。飯羅裡に坐して脹殺⑦《ちょうさつ》する人無数、海水に没頭して浸殺《しんさつ》する人無数なり。以前は傷《いた》んで呑まず、以後は失《はな》って吐《は》かず。祇《た》だ雲門の道《ことば》の如く、通身是れ飯、通身是れ水なれば、這裡《しゃり》に到り爾《なんじ》の呑吐《どんと》する処無し。

睦州《ぼくじゅう》に見《まみ》えて、香を雪老（雪峰）に拈ず。〟　**⑦脹殺＝腹がふくれる。**

①雪峯＝雪峰義存（八二二～九〇八）。洞山良价に参じたあと、徳山宣鑑《せんかん》の法を嗣ぐ。巌頭、欽山と共に行脚した鼇《ごう》山成道《ざんじょうどう》の禅話は『碧』二十二などに記されて有名。②飯羅＝竹製の飯櫃《めしびつ》。③坐地＝坐って。地は意味のない接尾語。④渇殺＝非常にのどが渇《かわ》く。殺は上の動詞を強める接尾語。⑤玄沙＝9の①参照。⑥雲門＝雲門文偃《ぶんえん》（八六四～九四九）。雪峰義存の法嗣。『従容録』六十四〝韶陽（＝雲門）親しく

《訳》雪峰義存が言った。「飯櫃《めしびつ》のそばに坐っていながら餓死する者が無数おり、海辺に坐っていながら喉《のど》が渇《かわ》く者が無数いる」。玄沙師備が言う、「飯櫃の中に坐って餓死する者が無数おり。海水に頭を沈めて喉が渇く者が無数いる」。雲門文偃が言った、「体全部が飯になり、体じゅうが水となるのだ」と。

この古則について、宏智禅師が述べた。宏智《わし》はそうじゃない。飯櫃の中に坐って腹がふくれる者が無数あり、海水に頭を沈めて潤《うるお》う者が無数いる。（脹殺する）以前は傷《そこな》っても呑まず、（浸殺して）以後は失なっても吐かない。ただ雲門和尚が言ったように、体全部が飯、体全部が水になると、飯櫃や海水の処に到っても、呑吐することも無いのだ。

⇩《評言》飯と水とは、自己本来の面目即ち仏性の喩でしょうか？　以前、以後は何の以前以後なのでしょう。『雲門録』中にある古則自体が凡俗には解らないのです。観念的に頭だけで考えるからでしょう。飯と水とを自己以外の対象物と考えてはなりません？

⑫ 挙僧問智門。蓮華未出水時如何。門云蓮華。僧云。出水後如何。門云荷葉。

師云。霊亀無卦兆。空殻不労鑽。

挙す。僧、①智門《ちもん》に問う、「蓮華《れんげ》未だ水を出《い》でざる時、如何」。門云く、「蓮華」。僧云く、「水を出でて後如何」。門云く、「荷葉《かよう》」。

師云く、「②霊亀《れいき》③卦兆《かちょう》無く、④空殻《くうかく》労せずして⑤鑽《き》る。

①智門＝智門光祚《こうそ》（生没年不詳、宋代の人）。香林澄遠《ちょうおん》の法嗣で、雪竇重顕の師。以下の話は『碧』二十一にある。②霊亀＝年功を経た尊い亀。『碧』二十四〝霊亀尾を曳《ひ》く〟　③卦兆＝うらかた。占いの結果の表れたもの。④空殻＝亀の肉体のない甲羅。卜占《ぼくせん》に用いる。『碧』七十七〝亀の殻《かく》に蔵るが如し〟　⑤鑽＝きる、刻む。『論語』子罕〝之を鑽れば弥《いよいよ》ゝ堅し〟

《訳》僧が智門光祚に質問した。「蓮華がまだ池水から出ない時は、どうなんですか」。智門の答え、「蓮華じゃ」。僧が云う、「水から出るとどうですか」。智門は「蓮《はす》の葉じゃ」と。

この古則について、宏智禅師は言った。霊妙な亀は卜占《うらない》などせず（あるがままであり）、卜占に用いる亀の甲羅は、苦労せずともどうにでも記《しるし》がつけられる。

⇩《評言》智門と宏智の言葉は同じでしょうか、違っているのでしょうか。絶対とは何かと質問すれば差別と答え、差別とは何かと問うと絶対と答える智門の思想は、西田哲学用語（相手を説得する語）の絶対矛盾的自己同一であり、禅語の現成公案《げんじょうこうあん》です。

⑬ 挙僧問浄衆。蓮華未出水時如何。衆云。菡萏満池流。僧云。出水後如何。衆云。葉落不知秋。
師云。李陵持漢節。潘閬倒騎驢。

挙す。僧、①浄衆《じょうしゅう》に問う、「②蓮華未だ水を出《い》でざる時、如何」。
衆云く、「③菡萏《かんたん》、池流に満つ」。僧云く、「水を出でて後、如何」。
衆云く、「④葉落ちて秋を知らず」と。
師云く、⑤李陵《りりょう》、⑥漢節を持《じ》し、⑦潘閬倒《はんろうさかさ》に驢《ろ》に騎《の》る

①浄衆＝浄衆寺神会《じんね》（七二〇～七九四）。四川省成都の浄衆寺を中心とする初期禅宗の一派の僧。②蓮華未出水云々＝⑫参照。③菡萏＝蓮の花の未だ開かぬもの。白居易《はくきょい》「山石榴花《さんせきりゅうか》に題す」〝菡萏泥に生じ翫《がん》も亦た難し。〟④葉落不知秋＝『淮南子《えなんじ》』説山訓〝一葉の落つるを見て歳の将《まさ》に暮れんとするを知る〟⑤李陵＝漢武帝の時、匈奴《きょうど》に捕えられる。⑥漢節＝漢の天子から授けられた節符。李白「蘇武」〝蘇武匈奴に在り、十年漢節を持す〟⑦潘閬＝宋の太宗《たいそう》の代、進士《しんし》の第《だい》を賜わったが、事に連坐し亡命し真宗《しんそう》皇帝に赦《ゆる》される。華山を愛し、市に赴くのにも驢に倒に乗って華山を眺めた。『永』九－36〝豈に知らんや潘士の倒に驢に騎るを。〟

《訳》 僧が浄衆寺神会に質《たず》ねた、「蓮華がまだ水から出ない時はどうですか」。浄衆、「蓮の蕾《つぼみ》が池に一ぱいじゃ」。僧「水から出ると、どうですか」。浄衆「葉が落ちても秋を知らぬわい」と。
この古則について、宏智禅師が言った。李陵は匈奴《きょうど》に降っても漢節を大切に保持し、潘閬は驢に倒《さかさ》に乗って華山を眺めたようなものじゃ。（どちらも執着している）

⇩《評言》 ⑫の智門と⑬の浄衆の違いは何でしょう。現前成就と執着の差違でしょうか。⑫と同様、

そんな差違分別は不要です。

⑭ 挙雲蓋問石霜。万戸倶開即不問。万戸倶閉時如何。霜云。堂中事作麼生。蓋無語。経半年方乃云。無人接得渠。霜云。道即太殺道。祇道得八成。蓋云。和尚作麼生。霜云。無人識得渠。師云。穏密田地。忌堕功勲。貼体衣裳。会須脱却。宗中弁的。量外転機。須子細始得。同中之異。酌然尚帯依俙。異中之異。直是難臻妙極。還到石霜父子転側処麼。燭曉玉人初破夢。夜寒青女未登機。

挙す。①雲蓋《うんがい》、②石霜《せきそう》に問う、「万戸倶《とも》に開くは即ち問わず、万戸倶に閉づる時は如何」。霜云く、「③堂中の事は作麼生《そもさん》」。蓋、語無し。半年を経て、方《まさ》に乃《すなわ》ち云く、「人の④渠《かれ》に⑤接得するもの無し」。霜云く、「道《い》うことは⑥太殺《はなは》だ道《い》う。祇《た》だ八成を道い得たり」。蓋云く、「和尚、作麼生」。霜云く、「人の⑦渠を⑧識得するもの無し」と。師云く、⑨穏密《おんみつ》の田地、⑩功勲に堕すを忌《い》む。体に貼《は》る衣裳、会して須《すべか》らく脱却すべし。宗中、弁《わきま》える的《もの》、量外に⑪転機す、須らく子細にして始めて得べし。⑫同中の異、⑬酌然《しゃくぜん》として尚《な》お⑭依稀《えき》を帯ぶ。異中の異、直に是れ⑮妙極に臻《いた》り難し。還《ま》た石霜父子の⑯転

①雲蓋＝雲蓋志元《しげん》（生没年不詳、唐代の人）。石霜慶諸《けいしょ》の法嗣で、潭州（湖南省）雲蓋山に住す。以下の話は『景』十五「石霜慶諸」と『五』六「雲蓋志元」にある。②石霜＝石霜慶諸（八〇七〜八八八）。道吾円智の嗣で石霜山に留まること二十年、只管打坐《しかんたざ》して横臥せず。③堂中＝堂奥と同義。究極の仏法。⑤接得＝雲水を指導接化すること。『碧』一〝面壁すること九年、二祖を接得す〟⑥太殺＝はなはだ。『碧』八十九〝道うことは即ち太殺だ道《い》う只だ八成を道い得たり。〟④⑦渠＝かれ。伊《かれ》。禅では真人や主人公（本来の面目）を表すことが多い。『景』十五「洞山良价」（過水偈）〝我れ今独自に往き、処処に渠に逢うを得たり。〟⑧識得＝識っている。『碧』五十五〝只だ人の伊を識得すること無きを恐る。〟⑨穏密田地＝言語思量の及ばない大悟の境地。『碧』十六〝箇の穏密の田地を得ば〟⑩功勲＝修

側する処に到るや。燭暁《しょくぎょう》玉人⑰初めて夢破れ、夜寒青女⑱未だ機に登らず。

行の功果、また未円融の境地を貶す語。『洞』148の「功勲五位頌」参照。⑪転機＝大きな働き。『碧』四十二〝復《ま》た機を転じて道う〟⑫同中異＝平等の世界の中の差別。⑬酌然＝不明。灼然（はっきりしているさま）か。⑭依稀＝⑴ぼんやりとして明らかでないさま。⑵似ているさま。『従容録』三十七〝依俙として蘿月又た鉤と成る〟⑮妙極＝不明。微妙法の究極か。⑯転側＝⑴去来、⑵方向を転じる、⑶動揺して変化する。⑰玉人＝⑴美人、⑵玉成した立派な人。『従容録』七十九〝玉人夢破る一声の雞〟⑱青女＝⑴霜、⑵若くて物なれぬ女性。

《訳》雲蓋志玄が、師の石霜慶諸に質ねた。「万戸みな開いているのは問題にしません。万戸が皆な閉じている時はどうでしょう」。石霜「堂の中はどうなんだ」。雲蓋は答えられなかった。それから半年たって云った、「堂中の者を指導する者はいません」と言うと石霜は、「お前は言うことは言ったが、ただ八割しか言っていないぞ」。雲蓋「では和尚さまはどうですか」。石霜「堂中の渠《かれ》（無位の真人）を知っている者はおらん（識得を超越している）」。

この古則について、宏智禅師が次のように述べた。言語思索の及ばない渠《かれ》の境地は、修証未一如の境に落ちるのを忌み嫌う。体に貼《は》りついている衣裳（言語分別）を脱ぎ捨てよ。禅の真髄を弁《わきま》える者は、言語分別の外で大きな働きがあるのである。子細に参究して、やっと会得できるだろう。絶対の中の相対的なものは明白ではあるが、やはりぼんやりしている。差別界の相対的なものは、甚深微妙法《じんじんみみょうほう》の究極には到達し難いのである。石霜・雲蓋の師弟の転側する処に到ったかな。燭光がまだ灯《とも》る暁《あかつき》に美人は夢（迷妄）から覚《さ》め、若く初々《ういうい》しい女性は夜寒《よざむ》なのでまだ機織《はたお》り台に上らない。

⇩《評言》**古則はまずまず理解できましたが、宏智のコメント（著語《じゃくご》）の解釈が未《いま》しです。分別相対**

的な異を乗り超えねばならぬことを説いているようです。〝異〟の最《さい》たるものは〝我執《がしゅう》〟だと自戒しています。

⑮
挙睦州示衆云。裂開也在我。捏聚也在我。僧問。如何是裂開。州云。三九二十七。菩提涅槃真如解脱即心即仏。我且恁麼道。汝又作麼生。僧云。某甲不恁麼道。州云。盞子落地。楪子成八片。僧云。如何是捏聚。州斂手而坐。

師云。睦州用処。直是長三短五。七縦八横。擦在面前。抛向脳後。不妨奇特。然則門庭施設。自是一家。入理深談。不翅百歩。

挙す。①睦州《ぼくしゅう》、衆に示して云く、「②裂開《れっかい》も也《ま》た我れに在り、③捏聚《ねつじゅ》も也た我れに在り」と。僧問う、「如何なるか是れ裂開」。州云く、「④三九二十七なり。⑤菩提、涅槃、真如、解脱、即心即仏。我れ且《しば》らく恁麼に道《い》う。汝又た作麼生」。僧云く、「某甲、恁麼に道《い》わず」。州云く、「⑥盞子《さんし》地に落ち、⑦楪子《ちょうし》八片と成る」。僧云く、「如何なるか是れ捏聚」。州、手を斂《おさ》めて、坐す。

師云く、「睦州の用処《ゆうしょ》、直に是れ⑧長三短五。⑨七縦八横なり。撒《さん》すれば⑩面前に在り、抛《ほう》れば⑪脳後に向かう。⑫奇特を妨げず。然《しか》れば則ち⑬門庭の施設《せせつ》、自ら是れ⑭一家なり。⑮入理深談《にゅうりじんだん》、翅《ただ》に⑯百歩な

①睦州＝睦州道明《どうみょう》（生没年不詳、唐代の人）。黄檗希運の法嗣で、陳尊宿、陳蒲鞋《ほあい》と称される。睦州（浙江省）龍興寺に住し、遊行《ゆぎょう》修行中の雲門文偃を接化する。以下の話は『五』四「睦州陳尊宿」に載る。②裂開＝さき開く。③捏聚＝握り集めること。捏聚裂開は学人を接化する自由自在の手段。『夢窓録』上〝捏聚放開は作家の受用〟④三九二十七＝不明。捏聚（三九）と放開（二十七）を数字で表したか？⑤菩提・涅槃・真如・解脱・即心即仏＝五つの語はみな仏法を開示する語。⑥盞子＝さかずき。⑦楪子＝円い皿。『碧』二十八〝椀子地に落ちて楪子七八片と成る〟⑧長三短五＝不明。次の七縦八横と同じく自由自在か。⑨七縦八横＝自由自在。『碧』七〝七縦八横、法に於て自在自由〟⑩面前

らざるのみ。

＝目の前。『碧』一〃千古万古の事を拈じて、面前に抛向す〃 ⑪脳後＝頭の後、急所。『碧』四〃這般の漢、脳後に多少を喫すべき〃 ⑫不妨奇特＝すばらしい。『碧』一〃這の一句を著く、奇特を妨げず〃 ⑬門庭施設＝師家の接化手段のこと。『碧』八十八〃門庭の施設、且らく恁麼に二を破し三と作《な》す。入理の深談也《ま》た須らく是れ七穿八穴なるべし。〃 ⑭一家＝⑴一つの門派、⑵一つの執着。『碧』六十九〃南泉・帰宗・麻谷却って是れ一家裏の人〃 ⑮入理深談＝深い道理を究めて説くこと。『洞』142「玄中銘序」〃入理深談は無功を以て旨を会す〃 ⑯不翅百歩＝ただ百歩でないだけで、いずれ化《ば》けの皮がはげるという喩。

《訳》　睦州道明が大衆に説いた。「裂《さ》き開くのも、摑《つか》み集めるのも（雲水《おまえ》たちを接化する手段は）睦州《わし》の手の中に在るのじゃ」。すると僧が質問した、「裂き開くとは、どんなことですか」。睦州、「三九二十七じゃ。菩提・涅槃・真如・解脱・即心即仏を睦州《わし》はこの（裂開）ように言っている。お前はどうじゃな」。僧「わたしはそのようには言いません」。睦州、「盃《さかずき》は地に落ちると八つに割れるのじゃ、それが裂開である。（ちょっと間違うと滅茶《めちゃ》滅茶になる）」。僧、「拾い集めるとは、どういう事ですか」。睦州は手を収めてじっと坐っていた。

この古則について、宏智禅師は次のように言った。睦州道明の機用《はたらき》は縦横自在である。撒《ま》き散らしても目の前に在り、抛《ほう》り投げると頭のうしろ（急所）にいく。自在ですばらしい。だから睦州の接化手段は一宗派の師家のものである。深い道理を究《きわ》めて説法するのは、ただ百歩でないだけである（駄目である）。

⇩《評言》　睦州道明の自在無礙の接化手段を、古則は称《たた》えているようです。しかし、宏智禅師は、入理深談《にゅうりじんだん》や門庭施設《もんていせせつ》よりも、〃斂手而坐《れんしゅじざ》〃すなわち只管打坐《しかんたざ》が最も素晴らしいと断言しています。

⑯

挙経云。若見諸相非相。即見如来。法眼云。若見諸相非相。即不見如来。

師云。世尊説如来禅。法眼説祖師禅。会得甚奇特。不会也相許。

挙す。経①に云く、「若②し諸相非相を見ば、即ち如来を見ん」と。

法眼③《ほうげん》云く、「若し諸相非相を見ば、即ち如来を見ず」と。

師云く、世尊は如④来禅を説き、法眼は祖⑤師禅を説く。会得すれば甚《はなは》だ奇特なり。会《え》せざるも也《ま》た相い許すと。

①経＝ここは『金剛般若経』をいう。②若見云々＝もしあらゆる存在に実相は無いと分れば、如来を見るだろう。『碧』九十七〝圭峯《けいほう》、四句偈を科して云く、……若《も》し諸相非相を見ば、即ち如来を見ん。〟 ③法眼＝法眼文益《もんえき》（八八五～九五八）、羅漢桂琛《けいしん》の法嗣で、法眼宗の祖。④如来禅＝自覚覚他の禅。『証道歌』〝頓に覚了す如来禅〟『景』十一「仰山慧寂」〝師曰く、汝（＝香厳智閑）只だ如来禅を得るのみにて未だ祖師禅を得ず。〟 ⑤祖師禅＝祖師達磨が正伝した禅で、教外別伝《きょうげべつでん》、不立文字《ふりゅうもんじ》を主張する六祖慧能《えのう》以下の南宗禅をさす。

《訳》　経に、「もし諸相に非相を見ると、如来を見るだろう」とある。しかし法眼文益は、「もし諸相に非相を見るならば、如来を見ないだろう」。と言っている。

この古則について、宏智禅師が述べた。世尊は如来禅を説いたが、法眼和尚は祖師禅を説いたのである。（この両者を）会得すると大そう素晴らしい。会得しなくてもよろしい。

⇩《評言》　如来を見る如来禅と、如来を見ない法眼の祖師禅のちがいが、凡俗には分りません。分らないことを自覚させる古則だと思います。『永平広録』四‐335には〝上堂、如来禅・祖師禅、古《いにし》え伝えず東土妄《みだ》りに伝う。虚名に迷執すること何百歳、怜《あわ》れむべし末世の劣因縁〟とあり、筆者はこの劣因縁に結ばれているのです。

17 挙馬祖見僧来。便画一円相云。入也打不入也打。僧便入。祖便打。僧云。和尚打某甲不得。祖靠却拄杖休去。師云。跨門之機。室中之意。具眼者分明弁取。

挙す。①馬祖《ばそ》、僧の来るを見、便《すなわ》ち②一円相を画《かく》して云く、「入《い》るも也《ま》た打《た》し、入らざるも也た打さん」。僧便ち入り、祖便ち打す。僧云く、「和尚打すれど、某甲得ず」と。祖、拄杖を③靠却《こうきゃく》して休し去る。

師云く、④跨門《こもん》の機、⑤室中の意、具眼《ぐげん》の者、分明《ふんみょう》に弁取せよ。

①馬祖＝馬祖道一《どういつ》（七〇九～七八八）、南嶽懐譲《なんがくえじょう》の法嗣。江西に宗風を振るったので、江西道一とも称し、平常心是道、即心是仏を標榜する。②一円相＝④の⑤参照。師家は屢々一円相で真実絶対境を示して、大衆を導く。③靠却＝よりかかる。却は上の動詞の意を強める。④跨門機＝門を跨《また》ぐか跨がないうちに、師家から浴びせられる辛辣《しんらつ》な機用。『碧』六〝〔睦州〕人を接するに纔《わず》かに門を跨げば便ち搊住《すうじゅう》して云く、「道《い》え道え」と。〟⑤室中意＝師家が室内で密々に口訣《くけつ》（言葉による接化）で伝える祖師西来の意。『碧』十七〝雲門室中に大機弁を垂る。〟

《訳》 馬祖道一は僧がやって来るのを見て、一円相を描いて云った。「この円の中に入ると殴打し、入らなかっても殴打するぞ」。すると僧は円の中に入ったので、馬祖は打ちのめした。僧が云うには、「和尚は私を打ちましたが、会得できません」。馬祖は拄杖《しゅじょう》に倚《よ》りかかり、打つのを休《や》めて去った。

この古則について、宏智禅師が云った。師家の辛辣《しんらつ》な接化や、室中で口訣《くけつ》する仏法の真意を、具眼の者は明白に弁別し知らねばならないのだ。

⇩《評言》 当意即妙の頓智と、跨門の機の接化とは異なります。〝室中意〟を『禅学大辞典』（大修館）を見ますと、『室中三物秘弁』とか『室中垂語百問』とかいうガイドブックが存在したらしく、安直な修行法の横行に、凡俗はがっかりしました。まさか、平成の禅道にはそんな虎の巻まがいの書は無いと思いますが――。

⑱

挙僧問広徳。如何是剣利底人。徳云。維摩不離方丈室。文殊未到早先知。又問。如何是剣利底人。徳云。垢膩汗衫皂角洗。又問。如何是剣利底人。徳云。古墓毒蛇頭戴角。

師云。一句子把定要関。一句子不存軌則。一句子体用双照。若人会得。許儞剣利。還端的麼。枯亀妙在孫賓手。一灼爻分十字文。

挙す。僧、①広徳《こうとく》に問う。「如何なるか是れ②剣利《れいり》底《てい》の人」。徳云く、「維摩《ゆいま》は方丈の室を離れざるに、文殊未だ到らざる早先《そうせん》に知る」。又た問う、「如何なるか是れ剣利底の人」。徳云く、「③垢膩汗衫《くじかんさん》④皂角《そうかく》にて洗う」。又た問う、「如何なるか是れ剣利底の人」。徳云く、「古墓の⑤毒蛇、頭に⑥角を戴《いただ》く」と。

師云く、⑦一句子、⑧要関を⑨把定《はじょう》し、一句子、⑩軌《き》則《そく》を存せず、一句子は⑪体用《たいゆう》双照なり〝若《も》し人、会得せば、儞《なんじ》に剣利を許さん。還《ま》た端的なりや。⑫枯亀《こき》の妙、⑬孫賓《そんびん》の手に在り、一灼⑭爻分《こうぶん》す⑮十字文。

①広徳＝不明。②剣利＝伶俐と同義。さかしい。『碧』九十二〝中に就いて伶俐の人を得難し。〟③垢膩汗衫＝垢《あか》や油や汗で汚れた衣。④皂角＝樹木の名。さいかち。洗浄の材料。『禅苑清規』七〝後架に至り皂莢澡豆を用い〟⑤毒蛇＝大虫とも言い、拄杖の喩に用いる語。『碧』二十二〝雲門の毒蛇を拈出して云く〟⑥戴角＝角がある（毒蛇や猛虎）。⑦一句子＝仏法の端的を表わす語句。〝一句〟ともいう。『碧』一〝一句に参得し透れば、千句万句一時に透る〟⑧要関＝大事な関門。『碧』三十一〝古人の著語、要関を鎖断す〟⑨把定＝学人を接得する手段。放行は肯定的だが、把定は否定的教化手段。『碧』四〝且らく道《い》え、放行が好《よ》きか把定が好きかを。〟⑩軌則＝きまり、手本。『信心銘』〝究竟窮《くぎょうく》極《ごく》、軌則を存せず〟⑪体用＝不変の真理と具体的な現象作用。『頓悟要門』下〝浄は本体なり、名は迹用なり、本体より迹用を起し、迹用より本体に帰す。体用不二なり。〟⑫枯亀＝古い亀。洛水の亀が背に吉凶を表す図象が書かれていたので、殺された故事がある。『従容録《しょうようろく》』十

〝枯亀喪命は図象に因る。〟⑬孫賓＝漢人で卜を善くす。『捜神記』四〝孫賓という者有り。極めて易筮《えきぜい》に明らかなり。〟⑭爻＝易の卦を組み立てる一と--の横画。『易』繋辞上〝爻とは変を言う者也。〟⑮十字文＝不明。卦には横画ばかりで縦画はないので無を表すか。

《訳》僧が広徳和尚に質ねた、「伶俐の人とはどんな人ですか」。広徳、「維摩居士は一丈四方の居室を離れないのに、文殊が方丈に到来せぬ以前に知っている（それが伶俐だ）」。又た質ねた、「伶俐の人とはどんな人ですか」。広徳、「汗と油で汚れた衣を皂角《そうかく》で洗うんじゃ」。又た問う、「伶俐の人とはどんな人ですか」。広徳、「古い墓の毒蛇が頭に角《つの》をのせているような人（在り得ない人）じゃ」。

この古則について、宏智禅師が述べた。広徳和尚の最初の一句（「維摩は…」）は仏法の大事な関門を質問僧に否定的に伝え、次の一句（「垢膩……」）は手本など無く自由であり、最後の一句（「古墓毒蛇…」）は、真理とその機用《はたらき》が照応している。もし人が広徳和尚の一句を会得したら、その者に〝伶俐〟を許してやろう。なんと、ズバリそのものではないか。古い亀の卜占《うらない》の妙は、易筮《えきぜい》に巧みな者の手中にある。易の卦は、はっきりと十字の文字（卦に表れぬ表象即ち空《くう》）に表れている。

⇩《評言》現代日本人には縁遠い語句が連なっています。真理を会得し、それを縦横に用いる「伶俐の人」を、広徳和尚は三つの「一句子」で述べているのですが、宏智禅師はそれらを批判し、空無を示しています。

⑲ 挙雪峯問僧。什麽処去。僧云。普請去。峯云去。師云。莫動著。動著三十棒。雲門云。随語識人。又是為蛇画足。

①雪峯＝⑪の①参照。②什麽処＝どこ。『景』十六、『五』七の「雪峰義存」

挙す。雪峯①、僧に問う、「什麼処②《いずこ》にか去《ゆ》く」。僧云く、「普請③《ふしん》に行く」。峯云く、「去け」と。師云く、動著④することを莫《なか》れ。動著せば三十棒なり。雲門云く、「語⑤に随って人を識る。又た是れ蛇⑥の為めに足を画くなり」と。

の項に、〃什麼処に去く〃という問答が頻出する。③普請＝普ねく大衆を請じて勤労すること。④動著＝心が揺れ動いて妄想を起こすこと。『碧』六〃弾指して悲しむに堪えたり、舜若多、動著すること莫れ、動著せば三十棒。〃⑤随語＝言葉について回る。『碧』六〃後人只管に語に随って解を生ず〃⑥為蛇画足＝蛇に足を描く。無用のことを為す喩、韓愈「感春」〃蛇を画いて足を著け用うる処無し〃

《訳》雪峰義存が僧に質問した。「どこへ行くのじゃ」。僧、「普請に行く所です」。雪峰、「行ってこい」。この古則について、宏智禅師が云った。心を動かしてはならぬ。心を動揺させると三十棒をくらわされるぞ。雲門和尚が言っているじゃないか、「言葉について回《まわ》って人を知るのは、蛇に足を描くようで、無駄なことじゃ」と。

⇩《評言》『碧巌録』二十二に〃象骨巌《ぞうこつがん》（＝雪峰山）高く人到らず、到る者は須らく是れ蛇を弄するの手なるべし〃という文章があるように、雪峰の処へは蛇を自在に使いこなす者でなければ、近付けなかったようです。〃什麼処にか去く〃というのは、〈自己本来の面目を捨てて何処へ行くのか〉という、自覚をうながす語なのです。それなのに〃普請に行く〃というのは、自灯明を捨てて、外境に仏道の真実を求めに行くという、無駄なことなのです、凡俗《わたし》も日々このような、無駄なこと（＝語録の解釈）をしております。

20 挙漸源因宝蓋来相看。源乃巻簾入方丈坐。蓋下却簾帰客位。源令侍者伝語云。遠渉不易。猶隔津在。纔語了蓋便打一掌。者云。有堂頭和尚在。莫打某甲。蓋云。祇為有和尚在。所以打儞。者回挙似源。源云。猶隔津在。

師云。酌然猶隔津在。然則各各彼彼自是一家。且作麼得同生同死共命連枝去。暗裏抽横骨。明中坐舌頭。

挙す。①漸源《ぜんげん》、因《ちな》みに②宝蓋《ほうがい》来り③相看《しょうかん》す。源乃《すなわ》ち簾《れん》を巻いて方丈に入り坐す。蓋は簾を下却して④客位《かくい》に帰《き》す。源、侍者をして語を伝えしめて云く、「遠渉《えんしょう》易からず、猶お⑤津《しん》を隔つる在り」。纔《わず》かに語了《おわ》るや蓋便ち、一掌を打つ。者《しゃ》云く、「⑥堂頭《どうちょう》和尚在る有り。某甲を打つこと莫れ」。蓋云く、「祇《た》だ和尚の在る有るが為めに、所以に儞《なんじ》を打つ。⑦者回《しゃかい》は源に挙似《こじ》す」。源云く、「猶《な》お津を隔つる在るがごとし」と。

師云く、灼然《しゃくねん》と猶お津を隔つる在るがごとし。然れば則ち各各《かっかく》彼彼《ひひ》、自ら是れ⑧一家なり。且《しば》らく作麼《そも》⑨同生同死、⑩共命《くみょう》⑪連枝を得て去《ゆ》かん。暗裏に⑫横骨を抽《ぬ》き、明中に⑬舌頭に坐さん。

用の言辞を奪って、物を言わせぬこと、『従容録』六〝堂堂と坐断す舌頭の路〟

《訳》　漸源仲興の所に法姪《ほうてつ》の宝蓋約が来て拝謁した。漸源和尚が簾《すだれ》を巻いて方丈（主位）に坐ると、宝蓋はその簾を下して客位《かくい》に坐った。漸源は侍者を使にやって、「遠路ご苦労さま。しかし、二人の間に

①漸源＝漸源仲興《ちゅうこう》（生没年不詳、唐代の人）。道吾円智《どうごえんち》（七六九〜八三五）の法嗣。潭《たん》州（湖南省）漸源山に住す。以下の話は、『五』五「漸源仲興」にある。②宝蓋＝石霜慶諸《けいしょ》の嗣の宝蓋約。漸源の法姪《ほうてつ》に当る。③相看＝相見に同じ。拝謁する。④客位＝賓客または新住持の為の座。⑤隔津＝不明。津は渡し場で、避けて通れない向上の機のこと。⑥堂頭和尚＝住持。⑦者回＝這回に同じ。このたび　⑧一家＝⑮の⑭参照　⑨同生同死＝死生を共にすること、知音。『碧』六十一〝還た同生同死底の衲僧有りや〟⑩共命＝共命鳥《くみょう》という一身二頭の雉《きじ》の名。『耆婆迦経《ぎばかきょう》』〝雪山に鳥有り、名は共命と為し一身二頭なり。〟⑪連枝＝禅門では兄弟弟子。⑫横骨＝不明。横骨插身は（畜生）の意。⑬坐舌頭＝無

はまだ渡し場（向上一路の機）が隔っている」。その言葉が終るや否や、宝蓋は侍者を掌《てのひら》で打った。「住持和尚がおられるのに、侍者《わたし》を打ってはなりません」。宝蓋「和尚がおいでになるから、お前を打ったのだ。今回は漸源和尚に示したのだ」。それを聞いた漸源は、「やっぱりまだ渡船場を隔てておるようじゃ」と言った。

この古則について、宏智禅師が述べた。（二人は）はっきりと津《しん》を隔てて（主位と客位との互いの岸を往き来できないで）いるようである。だから、それぞれ一家を立てる師家なのだ。ちょっとどうかな。（津を隔てずに）死生を共にしてゆこう、ひそかに横骨を引きぬいて（?）、明るい中で物を言わないで対坐しよう。

⇩《評言》侍者が「津を隔つ」働きをしているのでしょか。叔姪《しゅくてつ》の禅者は、直接に打坐《たざ》して相看《しょうかん》す（師弟が一如になる）べきなのです。宏智禅師の「暗裏抽横骨、明中坐舌頭」の二句が会得できないのが痛恨の極みです。それにしても、正師に相看できぬ凡俗《わたし》はどうすればよいのでしょう。さしずめ、日月星辰、山河大地、悉有仏性《しつうぶっしょう》の衆生と相見《しょうけん》するように孜《つと》めます。

21

挙保福問長慶。盤山道。光境倶亡。復是何物。洞山云。光境未亡。復是何物。拠二老宿。総未剿絶在。作麼生得剿絶去。慶良久。福云。情知儞向鬼窟裏作活計。慶云。汝又作麼生。福云。両手扶犁水過膝。

師云。倶亡未亡。奪人奪境。為什麼保福不肯長慶。太平本是将軍建。不許将軍見太平。

①保福＝保福従展《じゅうてん》（?〜九二八）。雪峰義存の法嗣。以下の話は『景』十九「保福従展」に記さる。②長慶＝長慶慧稜《えりょう》（八五四〜九三二）。保福と同じく雪峰義存の嗣。③盤山＝盤山宝積《ほうしゃく》（生没年不詳、中唐の人）、馬祖道一の嗣。『景』七「盤山宝積」や『碧』八十六に同文がある。④光境倶亡＝物

挙す。①保福《ほふく》、②長慶《ちょうけい》に問う、「③盤山道《ばんざんい》わく、『④光境倶《こうきょうとも》に亡《ぼう》ず、復《ま》た是れ何物ぞ』と。⑤洞山云く、『光境未だ忘ぜず。復た是れ何物ぞ』と、二老宿に拠《よ》り総《すべ》て未だ⑥剿絶《そうぜつ》せざる在り。作麼生《そもさん》か剿絶し得て去《ゆ》かん」。慶、⑦良久《りょうきゅう》す。福云く、「情《まこと》に知りぬ、儞《なんじ》、⑧鬼窟裏《きくつり》に向って⑨活計を作《な》すを」と。慶云く、「汝、又た作麼生」。師云く、「⑩両手にて犁《り》を扶《たす》け、水、膝《ひざ》を過ぐ」と。⑪倶に亡《ぼう》じ未だ亡ぜず。⑫奪人奪境《だつじんだつきょう》、什麼《なん》と為《し》て保福は長慶を肯《がえ》んぜざる。⑬太平は本《も》と是れ将軍の建《けん》、将軍の太平を見るを許さず。

を照らす心も、照らされる境もない。能所一如の境地をいう。⑤洞山＝洞山良价。[5]の①参照。『洞山録』[89]にこの話がある。⑥剿絶＝心中の疑情を絶滅すること。『碧』二十〝這の老漢、也た未だ勦絶するを得ず〟⑦良久＝しばらく黙っていること。⑧鬼窟裏作活計＝悟境に滞って、向下の自由な働きのない生活。『碧』一〝什麼と道《い》うぞ、鬼窟裏に向って活計を作す〟⑨活計＝くらし、生計。⑩両手云々＝何も言わずに両手で犁（からすき）を持って耕すと、田の水は自ら膝上になる。ありのままの境地。⑪倶忘未忘＝主と客とを、どちらも滅却したり、まだしなかったり。⑫奪人奪境＝主観も客観も奪い去った自由な境地。『臨済録』序〝奪人奪境、仙陀を陶鋳す〟⑬太平云々＝太平は将軍の建てるもの。将軍が太平に落ちつくと乱世の本となる、それと同様に心を平にするのは仏者である。『従容録』六十八〝太平は本と是れ将軍の致。……将軍、太平を見るを許さず〟

《訳》保福従展が兄弟子《あにでし》の長慶慧稜に質問した。「盤山和尚がこう言っている、《物を照らす心（主観）も、照らされる境（客観）も、どちらも無く能所一如である》というのはどういう事ですか」。洞山和尚の言う、《心も境もまだ無くならない》というのはどういう事ですか。盤山と洞山の二人の老師によっても、まだ疑情を絶滅できずにいます。どうすれば絶滅できるでしょうか」。すると長慶はしばらく黙っていた。保福は、「ああ分りました。長慶《あなた》は悟境に停滞して、向下の、自由な働きのない生活《くらし》をしていますね」。

長慶、「では保福《おまえ》はどうなんだ」。保福は、「両手で犁《からすき》を持って田を耕すと、水が自《おのず》から膝《ひざ》の上になるように、ありのままです」と言った。

この古則について、宏智禅師が次のように述べた。光境（主客）を亡《な》くしたり、また亡くさなかったり、主観客観を奪い去った自由な境地なのに、どうして保福は（良久している）長慶を肯定しないのだろう。心の平安は仏者のものだが、仏者に安心を見せてはならぬ（保福のように良久（黙っている）のがよい）。

⇩《評言》宏智禅師は、長慶が、真実をコトバでは表現できないので、〝良久〟だまっているのを勝《すぐ》れたものとして認めているのでしょう。

㉒

挙乾峯示衆云。法身有三種病二種光。須是一一透得。更有照用臨時。向上一竅在。雲門出云。菴内人為什麼不知菴外事。峯呵呵大笑。門云。猶是学人疑処。峯云。子是什麼心行。門云。也要和尚相委。峯云。直須恁麼穏密始得穏坐地。門云喏喏。

師云。坐著病在膏肓。用著光不透脱。直饒儞縦横十字。円転一機。也未知有向上一竅在。還得穏坐地麼。到頭霜夜月。任運落前溪。

挙す。乾峯《けんぽう》①、衆に示して云く、「法身②に三③種病と二④種光有り。須らく是れ一一透⑤得すべし。更に照用《しょうゆう》⑥せば、時に臨んで向上⑦の一竅《きょう》在る有り」と。雲⑧門出て云く、「菴⑨内の人、什麼《なん》と為《し》てか

①乾峯＝越州乾峯（生没年不詳、唐末の人）。洞山良价の法嗣。以下の話は『五』十三「越州乾峯」にある。②法身＝法身仏。報身仏・応身仏と共に仏の三身の一。宇宙の真理そのもので無身無形。『証道歌』〝法身覚了すれば無一物〟 ③三種病＝未到走作《みとうそうさ》（悟境に到らず相対分別すること）、已到住著《いとうじゅうじゃく》（悟ってもそれに執着すること）、透脱無依《とうだつむえ》（悟って、一物にも依倚せず自由だと思いこむこと）の三つ。『五家宗旨纂要』下〝雲門の三種病〟 ④二種光＝能取光《のうしゅこう》（主観に生じた微かな

菴外の事を知らざる。峯呵呵大笑す。門云く、「⑩猶お是れ学人の疑処のごとし」。峯云く、「子は是れ什麼の⑪心行ぞ」。門云く、「也《ま》た和尚の相い委《い》するを要す」。峯云く、「直に須らく恁麼《いんも》に⑫穏密にして、始めて⑬穏坐《おんざ》の地を得べし」。門云く、「⑭喏喏《だくだく》」と。師云く、⑮坐著《ざじゃく》の病膏肓《やまいこうこう》に在り、光を⑯用著《ゆうじゃく》して⑰透脱せずんば、直饒《たとい》儞《なんじ》縦横十字⑱円転一機なるも、也《ま》た未だ向上の一竅在り有るを知らず。還《ま》た穏坐の地を得んや。⑲到頭《とうとう》霜夜の月、任運《にんうん》前渓に落つ。

惑）と所取光《しょしゅこう》（客観に生じた惑）。⑤透得＝通りぬける。真にわかる。『碧』一〝若し這箇《しゃこ》の無功徳の話を透得せば你《なんじ》に許す〟 ⑥照用＝学人の境涯を見ぬいて（照）働きかける（用）こと。⑦向上一竅＝仏の境界を究める一つの竅《あな》（枢要部）、仏法の奥義。『碧』三十六〝向上の一竅有ることを知って、始めて穏坐を解すべし〟 ⑧雲門＝[11]の⑥参照。⑨庵内＝退院《ついえん》した前住持の居所。⑩猶是云々＝『碧』十六〝猶お是れ学人の疑処……〟 ⑪心行＝[4]の⑧参照。⑫穏密＝[14]の⑧参照。⑬穏坐＝平穏な境地。[22]の⑧の用例文参照。⑭喏喏＝はい、はい。承知の返事。⑮坐著＝打坐に固執して自由のないこと。『従容録』六十二〝坐著すれば即ち不可なり。〟 ⑯用著＝自由自在に使用する。『碧』九十二〝幾たびか曾《かつ》て金剛王宝剣を用著す。〟 ⑰透脱＝脱却、脱落。『従容録』六〝四山相い迫る時、如何が透脱せん〟（生老病死の四苦が迫ってきた時、どのようにして透《とお》りぬけるか） ⑱円転＝円満無礙で自由な働き。⑲到頭＝つまり、結局。『碧』三十四と『碧』九十に〝法眼……云く、……到頭霜夜の月、任運前渓に落つ〟

《訳》 越州乾峯和尚が大衆に説いた。「法性身には三つの病と二つの光がある。この一つ一つを透脱せよ。さらに学人の為に接化するとしたら、仏法の奥義があるぞ」。雲門が法座の前に出て言った、「庵内の者（仏者）はどうして庵外の俗世の事を知らないのですか」。すると乾峯は大笑いした。雲門が、「学人（庵内の人）の疑問のようですね」と言うと、乾峯は、「雲門《おまえ》はどんな心で修行をしているのだ」。雲門、「和尚さま、委《くわ》しく説いて下さい」。乾峯、「このように言語思量の及ばぬ仏法にして、はじめて直《じか》に奥深い境地が会得できるのだ」。雲門、「はい、はい。分りました」。

この古則について、宏智禅師が言った。（三種病の第二の）打坐《たざ》に執着《しゅうじゃく》する病が重い。二種光を自在に使って脱落しないと、たとえ雲水《おまえ》が縦横自在に円満な働きをしても、まだまだ奥にある真理が会得できぬぞ。どうじゃ、平穏な境地が会得できたかな。結局、霜夜《しもよ》の月が、大自然の摂理のままに前の谷川に沈んでいくのじゃ。

⇩《評言》 三種病・二種光のうち、一つだに透得せぬ凡俗は、向上の一竅など到底言及し得ません。分別知的言語では言及し得ませんが、最後の法眼《ほうげん》の平穏な詩句は、言葉以上に凡俗の心にしみます。表せない境地を詠出する禅詩の妙用です。

㉓

挙潙山問仰山。子一夏不見上来。在下面作何所務。仰云。某甲鋤得一片畬。下得一羅種。潙云。寂子今夏不虚過。仰云。和尚今夏作什麼。潙云。日中一飯。夜後一寝。仰云。和尚今夏亦不虚過。道了乃吐舌。潙云。寂子何得自傷已命。

師云。少当努力。老合歇心。這一夏総不虚過。為什麼仰山道了吐舌。若点撿得出。禍不入慎家之門。

挙す。①潙山《いさん》、②仰山《きょうざん》に問う、「子《し》、一夏《いちげ》③上来するを見ず。④下面に在って何の所務を作《な》す」。仰云く、「某甲、一片の⑤畬《よ》を鋤《す》き得、

①潙山＝潙山霊祐《れいゆう》（七七一〜八五三）。百丈懐海《えかい》の法嗣。弟子の仰山慧寂と共

一羅の種を下し得たり」。潙云く、「寂子《じゃくし》、今夏虚《むな》しく過ごさず」。仰云く、「和尚、今夏什麼《なに》をか作す」。潙云く、「日中に一飯、夜後に一寝す」。仰云く、「和尚の今夏も亦《ま》た虚しく過ごさず」。道《い》い了《おわ》りて乃《すなわ》ち⑥吐舌《とぜつ》す。潙云く、「寂子、何ぞ自ら己命《こめい》を傷《やぶ》るを得ん」と。

師云く、少に当《まさ》に努力し、老に合《は》た心を歇《や》むべし。這《こ》の一夏、総じて虚しく過ごさず。什麼《なん》と為《し》てか仰山道《い》い了って吐舌するや。若《も》し点撿《てんけん》し得て出さば、禍は⑦慎家《しんか》の門に入らざらん。

『従容録』八十三 〝禍は慎家の門に入らず。〟

《訳》 潙山和尚が弟子の仰山に質問した、「子《おまえ》はこの夏安居《げあんご》に僧堂に来なかったな。下の席で何をしていたのじゃ」。仰山、「私は一区画の開墾田《かいこん》を鋤《す》き、一列の種子《たね》を蒔《ま》いていました」。潙山、「慧寂《おまえ》はむだに一夏を過ごさなかったなぁ」。仰山、「和尚さまは、この夏安居に何をなさいましたか」。潙山、「わしは昼には飯を喰い、夜には寝たんじゃ」。仰山、「和尚さまは、この夏も無駄にはお過ごしになりませんでしたね」と言い終って、舌を出して驚歎した。潙山は、「寂子《おまえ》はどうして自己の命（自己本来の面目）を傷《そこな》うことがあろうぞ」と称《たた》えた。

この古則について、宏智禅師が言った。若い時は努め励み、老いると（執着したり、修練したりする）心を休めるべきである。この夏安居《げあんご》に、老いも（和尚）若きも（仰山）も、すべて虚しく過ごしてはいない。どうして仰山は言いおわって舌を出したのだろう。もし老少、自他をよく検《しら》べて舌を出したのなら、そ

に潙仰宗《いぎょうしゅう》の祖。②仰山＝仰山慧寂《えじゃく》（八〇三～八八七）。潙山霊祐の嗣。以下の話は『五』九「仰山慧寂」にある。③上来＝完成に近づくこと。『碧』七十三〝諸人、更に上来して、箇の什麼をか求めん。〟④下面＝下の席。⑤畬＝開墾田。『景』十一「仰山慧寂」に〝一日、潙山に随って田を開く〟の話頭がある。⑥吐舌＝舌《した》を出して驚く、歎息する。⑦慎家＝用心深い家。

れでよい。災禍（や妄念）は、慎重に自己を点検する者にはやって来ないのだ。

⇩《評言》老少それぞれ、自己本来の面目を点検して、夏安居（即今いま）を過ごすべきことを説いているのでしょう。八十二歳の凡俗《わたし》も、禅語録の真《しん》（心・身・深）読に、今のエネルギーを燃焼しています。今日の予定ぶんを書き終ったら、経行《きんひん》（＝里山の散歩）に出るつもりです。今日感銘した禅語を反芻しながら――。

㉔ 挙趙州云。有仏処不得住。無仏処急走過。師云。沈空滞迹。犯手傷風。倶未是衲僧去就。直須莫入人行市。莫坐他床榻。正不立玄。偏不附物。方能把住放行。有自由分。

挙《こ》す。①趙州《じょうしゅう》云く、「仏有る処に住し得ず、仏無き処は急ぎ走り過ぐ」と。

師云く、空《くう》に沈み迹《せき》に滞《とどこお》り、②手を犯し風を傷《やぶ》る。倶《とも》に未だ是れ衲僧の③去就にあらず。直に須らく人の④行市《ぎょうし》に入る莫《な》く、他の⑤床榻《しょうとう》に坐すること莫《な》かるべし。⑥正は⑦玄を立てず、⑧偏は物に付《つ》かず。方《まさ》に能く⑨把住放行《はじゅうほうぎょう》せば自由の分有らん。

①趙州＝趙州従諗《じゅうしん》（七七九～八九七）、南泉普願《なんせんふがん》の嗣で、趙州（広東省）の観音院に住し、四十年間独自の禅風を揚ぐ。以下の話は『景』二十七「諸方雑挙徴拈代別語」や『趙州録』中、及び『碧』九十五にある。②犯手＝自分の手を傷つける。『碧』一〝纔かに拈着せば便ち鋒を傷り手を犯さん〟③去就＝出処進退。『碧』一〝猶お這の去就を作《な》す〟④行市＝市場や商店街。『碧』五〝王令稍厳にして、行市を攙奪するを許さず〟⑤床榻＝人が坐ったり、物をのせたりする台。⑥正＝洞山五位説の中の正位。相対的差別を絶した平等一如の位。『曹山録』〝正位は即ち空界、本来無物〟⑦玄＝深遠な道理。⑧偏＝洞山五位説の中の偏位。万象ありのままの差別的現象。『碧』四十三〝正と雖も却って偏、偏と雖も却って円〟⑨把住放行＝学人の妄見を奪ったり、与え許して自由に

したりする師家の接化手段。『碧』七十六〝把住放行総て這の裏許に在り。〞

《訳》趙州従諗が言った。「仏がいる絶対世界に住《とど》まらず、仏がいない虚無世界は急いで走り過ぎよ」と。この古則について、宏智禅師が言っている。空《くう》に落ちこみ有《ゆう》に滞っていては、自分の手（自己本来の面目）を傷つけ、風（空）を傷つける。空も迹《しゃく》も（無仏も有仏も）禅僧の出処進退する処ではない。商店街に入りこんでもならぬし、他者の床台に坐ってもいけない。正位は深遠な道理など樹《た》てないし、偏位は物事（色《しき》）にも執《と》らわれないのだ。まさしく修行者の妄見を奪い取り、大道に契《かな》うように接化《せっけ》すれば、自由自由の境地分際《ぶんざい》となるのだ。

⇩《評言》日々時々、「仏法仏法」と仏書を穿鑿《せんさく》している凡俗《わたし》は、〝有仏処〞に住してしまっているのです。宏智禅師の言うような〝自由分〞に到れるのでしょうか。順次生や順後次に修行の業を受けられることを信じて、即今只今、修行業を積むのみです。

㉕ 挙臨際両堂首座斉下喝。僧問際。還有賓主也無。際云。賓主歴然。

師云。殺人刀活人剣。在臨際手裏。雖然如是。当時便与一喝。直饒他大逞神通。也祇得同声相応。

挙す。①臨際《りんざい》の②両堂首座《しゅそ》、斉《ひと》しく喝《かつ》を下す。僧、際に問う、「還《ま》た賓主《ひんしゅ》有りや無しや」。際云く、「③賓主歴然《れきぜん》なり」と。

師云く、④殺人刀活人剣《せつじんとうかつにんけん》、臨際の手裏に在り。然《しか》りと雖《いえど》も是《かく》の如

①臨際＝臨済義玄《ぎげん》（？〜八六七）。黄檗希運の法嗣で臨済宗の祖。以下の話は『臨済録』上堂にある。②両堂首座＝僧堂は聖僧（文殊像）を境に前堂と後堂に分れ、それぞれの首座。③賓主歴然＝賓位と主位とハッキリ区別していること。『碧』二十〝賓主歴然〞。④殺人刀活人剣＝客観世界を斬って全てを否定する刀と、

く、当時便ち一喝を与えなば、直饒《たとえ》他《かれ》大いに⑤神通《じんずう》を逞《たくま》しくすとも、也《ま》た祇《た》だ⑥同声《どうしょう》相い応ずるを得んや。

相手を活《い》かし肯定する剣。『碧』十二〝垂示に云く、殺人刀活人剣は乃ち上古の風規〟 ⑤一喝＝師家が学人を叱《しっ》したり、言葉の及ばぬ所を表す声。『臨済録』勘弁〝師、僧に問う。有る時の一喝は金剛王宝剣の如く〟 ⑤神通＝無礙自在の働き。『碧』四十二〝神通并びに妙用、水を運び柴を搬《はこ》ぶ〟 ⑥同声相応＝同じ境地にある者が、よく言思が通じる事。『碧』二十二〝雪竇は是れ他（＝雪峰）の屋裏の人、毛羽相い似て同声相い応じ、同気相い求む。〟

《訳》臨済義玄の寺の二人の首座《しゅそ》が、同時に互いに「喝《かつ》！」と言った。僧が臨済和尚に質問する、「どちらが主で、どちらが賓ですか」。臨済、「賓と主ははっきりしている（それでこそ一味平等だ）」と教えた。この古則について、宏智禅師が言った。人を殺し尽す刀、人を活《い》かす剣（殺活自在の剣）を臨済は所持している。しかしこの二人の首座のように、同時に相手を一喝したら、たとえ両堂首座が大いに神通力を働かしても、よく言葉や意思が通じるであろうか。

⇩《評言》宏智の評唱の最後を、凡俗《わたし》は「疑問型」（或いは反語型）に読みました。黙照禅《もくしょうぜん》の宏智禅師が公案禅《こうあんぜん》の臨済思想を批判しているのだと思ったからですが、こんな二元論的な理解はたぶんまちがっているでしょう。「宗論はどちらが勝っても釈迦の恥」という俚諺に従いたいのです。

真州長蘆覚和尚拈古

[26] 挙洞山問隠山。如何是主中主。隠云。長年不出戸。洞云。如何是主中賓。隠云。青山覆白雲。洞云。賓主相去幾何。隠云。長江水上波。洞云。賓主相見有何言説。隠云。清風払白月。

師云。主也雲蔵頂相。賓也雪圧眉稜。相去也門司有限。言説也

①洞山＝[5]の①参照。②隠山＝馬祖道一の嗣の潭州龍山《たんしゅうりゅうざん》（生没年不詳、唐代の人）。一生深山に隠棲していたので、隠山と称せられる。以下の話は『景』八と『五』三の「潭州龍

玉振金声。我此四句。且道。与隠山是同是別。叢林具眼者。試請弁看。

挙す。①洞山《とうざん》、②隠山《いんざん》に問う、「如何なるか是れ③主中の主」。隠云く、「長年戸を出でず」。洞云く、「如何なるか是れ④主中の賓」。隠云く、「⑤青山白雲に覆《おお》わる」。洞云く、「賓主相い去ること幾何《いくばく》ぞ」。隠云く、「長江水上の波」。洞云く、「賓主の相見、何の言説か有らん」。隠云く、「⑥清風白月を払う」。

師曰く、「主も也《ま》た雲⑦頂相《ちんぞう》を蔵《かく》し、賓も也た雪⑧眉稜《びりょう》を圧す。相い去り也た⑨門司《もんし》限り有り。言語も也た⑩玉振金声。我が此の四句、且《しば》らく道《い》え、隠山と是れ同じか是れ別か。叢林の具眼者、試みに請う、弁じ看《み》よ。

山」にある。③主中主＝風穴延沼《ふうけつえんしょう》の唱えた四賓主の一。理の本体は日常の事象に直接に表われるものではないこと。しかし、『景』も『五』も〝賓中主〟とする。賓中主は臨済四賓主の第二で、賓位より主位に翻じて向上する悟境のこと。④主中賓＝学人の執着を破り、本分の田地に至らせる作用の無いもの。⑤青山白雲＝不動の青山（主）と、縁に随う白雲（賓）は二にして一であること。『洞』79の〝青山は白雲の父、白雲は青山の児。白雲は終日倚り、青山総て知らず〟⑥清風白月＝清らかな風と、満月以前の月。『洞』24〝師（＝洞山）曰く、「主賓相い去ること幾何《いくばく》ぞ」。〔龍〕山曰く、「長江水上の波」。師曰く、「賓主の相見、何の言説か有らん」。山曰く、「清風白月を払う」。師、辞退す。〟⑦頂相＝祖師の半身の画像。ここは青山の頂の姿。⑧眉稜＝眉毛の角《かど》。ここは白雲をいう。⑨門司＝門番。⑩玉振金声＝言語のような意味を超えた美しい響き。『孟子』万章篇〝孔子は集大成と謂うべし。集大成とは金声して玉振することなり。〟

《訳》洞山良价が隠山和尚に質問した、「主中主とは何ですか」。隠山、「㋑長年門から出ぬことじゃ」。洞山、「主中賓とは何ですか」。隠山、「㋺青山が白雲に覆《おお》われることだ」。洞山、「賓と主はどれほど離れていますか」。隠山、「㋩長江と水上の波との距離と同じじゃ」。洞山、「賓と主が相い見《まみ》えると、どんな言葉を交《か》わしますか」。隠山の答え、「清風(ニ)が白月を払うような会話じゃ」。

この古則について、宏智禅師が言った。主(イ)は雲が頂相《ちんぞう》（上半身の画像、山頂の相《すがた》）を蔵《かく》しているようなもので、賓(ロ)は雪が主の眉毛を圧しているようなものである。主(ハ)と賓が去っても門番が両者を限《かぎ》っていて、主(ニ)賓の会話は玉や金の響きのように意味内容は無であるが美しい。(イ)(ロ)(ハ)(ニ)の宏智《わたし》の四句は、隠山和尚の（(イ)(ロ)(ハ)(ニ)の）言語と同じかどうか、叢林の具眼者よ、ためしに弁別してみよ。

⇩《評言》洞山五位説とか、臨済四賓主とか、禅の論理学にうとい凡俗《わたし》はチンプンカンプンです。朝の小一時間のナマクラ坐禅では当然です。でも、チンプンカンプンとて放っておけませんので、今のところ、傲慢にも賓と主とは、「蔭木英雄」と「自己本来の面目」との関係と同じであると、しておきます。

㉗ 挙雲門云。仏法大殺有祇是舌頭短。後自云長也。師云。雲門大師。雖然自起自倒。要且車不横推。理不曲断。

挙す。雲門《うんもん》①云く、「仏法大殺《はなはだ》②、祇《た》だ是れ舌頭③の短有りや」。後に自ら云く、「長なり④」と。師云く、雲門大師⑤、自ら起《た》ち自ら倒る⑥と雖然《いえど》も、要且《ようか》⑦つ、車は横に推さず、理は曲を断ぜず。

①雲門＝⑪の⑥参照。②大殺＝太煞。はなはだ。⑭の⑥参照。③舌頭短＝不立文字、以心伝心をいうか。④長＝仏の三十二相の一の広長舌をいうか。⑤大師＝雲門は没後十七年、大慈雲匡聖宏明《きょうしょうこうみょう》大師の号を追諡された。⑥自起自倒＝自問自答すること。『碧』二十五〃自ら起ち自ら倒れ、自ら放し自ら収む〃 ⑦要且＝要するに、とにかく。

《訳》雲門文偃《ぶんえん》が云った。「仏法は甚《はなは》だしく舌が短かいのだろうか」。後に雲門《じぶん》で答えた。「仏の舌は長いのだ」。

この古則について、宏智禅師が述べた。雲門大師は自問自答したのだが、要するに、前後に進む車は横には押さず、仏法の理《ことわり》は詳しく述べて、説法の舌を断ち切らなかった。

⇩《評言》宏智禅師は、ありのまま自然にすべきことを述べているのでしょう。舌も長短ありのままに仏法を説けばよいのです。『碧巌録』六十に〝雲門は委曲に人の為めにし、雪竇《せっちょう》は截径に人の為めにす〟とあるように、雲門の説法は長く曲《くわ》しかったのでしょう。

28 挙潙山与仰山摘茶次。潙云。終日祇聞子声。不見子形。仰便撼茶樹。潙云。子祇得其用。仰云未審。和尚如何。潙良久。仰云。和尚祇得其体。潙云。放子三十棒。

師云。潙山仰山。父父子子。叢林尽道。各得一橛。殊不知天共白雲暁。水和明月秋。

挙す。①潙山《いさん》、②仰山《きょうざん》と茶を摘《つ》みし次《とき》、潙云く、「終日、祇《た》だ子の声を聞くのみにて、子の形を見ず」と。仰、便《すなわ》ち茶樹を撼《うごか》す。潙云く、「子、祇だ其の用《ゆう》を得たり」。仰云く、「③未審《みしん》、和尚如何」。潙、④良久《りょうきゅう》す。仰云く、「和尚、祇だ其の体⑤を得たり」と。潙云く、「子に⑥三十棒を放《ゆる》さん」と。

師云く、潙山と仰山、⑦父は父、子は子なり。⑧叢林《そうりん》、尽《ことごと》く道《い》う、

①潙山＝23の①参照。　②仰山＝23の②参照。以下の話は『五』九「潙山霊祐」に記される。　③未審＝いぶかしい。後に疑問語が記され、～でしょうか。　④良久＝しばらく黙していること。　⑤体＝本体。18の⑪参照。　⑥放子三十棒＝お前に三十棒くらわす所だが、許してやる。『碧』十〝見成公案、

各々《おのおの》⑨一橛《けつ》を得たり。殊に知らず、天は共にす白雲の暁、水は和す明月の秋。

你に三十棒を放す〟 ⑦父父子子＝師家も弟子も勝れていること。⑧叢林＝禅寺。禅寺の雲水たち。⑨一橛＝（妄想や悟執などを打ち砕く）一本の杭《くい》。『碧』十四〝韶陽老人（＝雲門和尚）一橛を得たり〟

《訳》 潙山と仰山の師弟が茶を摘《つ》んでいた時、潙山が云った、「一日中ただ仰山《おまえ》の声を聞くだけで、姿は（茶畠に隠れて）見えないな」。すると仰山は、茶の木をゆすって存在を示した。潙山は「お前はただ機用《はたらき》だけを会得したなぁ」。仰山、「では和尚様はどうですか」。潙山はしばらく黙っていた。すると仰山は、「和尚さまはただ本体だけを会得なさっているのですね」。潙山は、「仰山《おまえ》に三十棒くらわすところだが、まあ許してやろう」と言った。

この古則について、宏智禅師が述べた。潙山・仰山は、師家が師家なら弟子も弟子じゃ（勝れている）、禅宗寺院ではみな次のように言っている。「二人はそれぞれ（何ものをも打ち砕く）一本の杭《くい》を会得している」と。しかし、次の詩句の本旨を知っていない。〝天《そら》は白雲漂《ただよ》う暁であり、水は明月と調和・和合する秋である〟

⇩《評言》 潙山・仰山の師弟は、「体《たい》と用《ゆう》とをそれぞれ会得している」のみならず、天と白雲、秋水と明月との（相対的分別でなく照応一体）の関係にあることを、宏智禅師は詩句で示しております。そうです、言語で表せない禅旨は、詩句で表現し、感得させるほかないのです。

㉙ 挙稜厳会上。世尊告衆云。若能推底。是汝心則認賊為子。脩山

主云。若能推底。不是汝心。則認子為賊。
師云。如今推也。是子是賊。買帽相頭。食魚去骨。

挙す。①稜厳会《りょうごんえ》上、世尊、衆に告げて云《のたまわ》く、「若《も》し能く②推底《すいてい》せば、是れ汝の心は則ち③賊を認めて子と為《な》す」と。④脩山主《しゅうざんしゅ》云く、「若し能《よ》く推底せば、是れ汝の心は則ち子を認めて賊と為さず」と。師云く、「如今推すなり。是の子、是の賊。⑤帽《ぼう》を買うに頭を相《そう》し、魚を食うに骨を去るなり。

①稜厳会＝釈尊が稜厳経をお説きになった会座《えざ》。後には、安居《あんご》の無事円成《えんじょう》を祈念する法会《ほうえ》をいう。②推底＝不明、よく思惟《しゆい》することか。③認賊為子＝世間知や妄心を認めて、仏智や真心と誤まることの喩。『首楞厳経《しゅりょうごんきょう》』一〝汝、無始より今生に至るまで、賊を認めて子と為し、汝（＝阿難）の元常を失なうに由る。〟『証道歌』〝学人了せずして修行を用《もっ》て真成に賊を認めて将《もっ》て子と為す。〟④脩山主＝唐末の龍済紹脩の通称。羅漢桂琛《けいちん》（八六七～九二八）の法嗣で、山主は住持のこと。偈頌六十余首のほか、『諸銘論』『群経略要』の著があり、『景』二十四「龍済山主紹脩」、『五』八「龍済紹脩」がある。⑤買帽相頭＝帽子を買うのに、頭の大きさを測る。問と答とを適切にする喩。『碧』十六〝帽を買うに頭を相す、錯《しゃく》を将《もっ》て錯に就く。〟

《訳》　楞厳会のとき、釈尊が大衆にお告げになった。「もし思惟して仏法を追求すると、お前たちの心は賊（妄念）をば自分の子（真性）と認めているであろう」。龍済和尚も言っている、「もし思惟して仏法を追求すると、お前たちの心は、自分の子（本来の自己）を賊（妄念）と認めはしない」と。

　この古則について、宏智禅師が述べた。いま、思惟追求しているのである。この本来の自己とか、この妄念とかは、帽子を買うのに頭を測《はか》ったり、魚を食うのに骨を取るようなものである。

⇩《評言》　〝買帽相頭、食魚去骨〟の場当り的な世知が、真性の心を惑わす〝推底〟だというのでしょうか。それとも、ありのままの行為を、宏智は肯定しているのでしょうか。世知にまみれている凡俗には、よく分りません。

30 挙長慶云。総似今日。老胡有望。保福云。総似今日。老胡絶望。
師云。富嫌千口少。窮恨一身多。

挙す。①長慶《ちょうけい》云く、「総《すべ》て今日②に似て、老胡③《ろうこ》望みあり」と。④保福《ほふく》云く、「総て今日に似て、老胡絶望す」と。

師云く、富は千口⑤の少を嫌《きら》い、窮恨は一⑥身も多し。

①長慶＝21の②参照。以下の話は『景』十八、及び『五』七の「長慶慧稜」にあるが、『景』では、今日を今夜とする。②今日＝即今《そっこん》只だ今《いま》。『碧』五十三〝爾《なんじ》、深く今日の事を知る。〟③老胡＝釈尊また達磨をいう。『碧』一〝只だ老胡の知を許して、老胡の会を許さず。〟④保福＝21の①参照。⑤千口＝千戸と同じか。『史記』貨殖列伝〝皆な千戸侯と等しく、是れ富給の資なり。〟⑥一身＝⑴わが身一つ、⑵法身一つ。『碧』九十九〝千百億身も、大綱只だ是れ一身なり。〟

《訳》　長慶慧稜《えりょう》が云った、「すべては今日のようで、釈尊（達磨）は正法弘布《しょうほうぐふ》に希望がある」。保福従展《じゅうてん》が言った、「すべて今日のような状況では、釈尊（達磨）は仏法の未来に絶望している」と反対を述べた。

この古則について、宏智禅師が述べた。富者は千戸でも少ないと嫌い、困窮の者は我が身一つでも、持て余して困っている。

⇩《評言》　貧富の者はそれぞれ不足不満を抱いているが、仏者は老胡の期待に応《こた》えるべく、即今只《そっこんただ》今《いま》、正精進《しょうしょうじん》を積み重ねなければなりません。それが仏恩に応える道です。『正法眼蔵《しょうほうげんぞう》』谿声山色《けいせいさんしき》には、〝仏祖（＝老胡）の往昔《おうじゃく》は吾等なり。吾等が当来は仏祖（＝老胡）ならん〟とあります。今日の私たちと、老胡とは別々ではありません。

31 挙僧問石霜。真身還出世也無。霜云。不出世。僧云。争奈真身何。霜云。琉璃缾子口。
師云。通身及尽。徹底無功。擦手興来。随処得用。還識石霜老漢麼。当堂無影迹。遍界不曾蔵。

挙す。僧、①石霜《せきそう》に問う、「②真身還《ま》た③出世するや無しや」。霜云く、「出世せず」。僧云く、「真身を④争奈何《いかん》せん」。霜云く、「⑤琉璃缾子《るりびょうし》の口なり」と。
師云く、⑥通身⑦及尽《きゅうじん》し、徹底も功⑧無し。⑨撒手《さっしゅ》して興じ来れば、⑩随処に用い得るなり。還《ま》た石霜老漢を識《し》るや。⑪当堂⑫影迹《えいせき》無く。⑬遍界曾《かっ》て蔵《かく》さず。

①石霜＝⑭の②参照。以下の話は『五』五「石霜慶諸」にある。②真身＝真実身。自己本来の面目を、そっくりそのまま現している真実の姿。③出世＝⑴世塵から出離すること。⑵この世に出現すること。『碧』四十三〝若《も》し不出世なれば、目に雲霄を視ん。若し出世なれば、便ち灰頭土面〟④争奈何＝⑴どうしようもない。⑵どうにもならぬ『碧』三十一〝自己を争奈何せん〟⑤琉璃缾子＝美しいガラスの壺、『碧』九十八〝五祖先師道《い》わく、「一般の人有って参禅す。琉璃缾裏に糍糕《じこう》を搗《つ》くが如くに相い似たり。〟⑥通身＝体全部。⑦及尽＝窮《きわ》めつくす。『従容録《しょうようろく》』四十六〝衆に示して云く、及尽し去るや〟⑧無功＝結果を期待しないこと。『碧』九十一〝之を覩《み》て動ぜずんば謂いつべし、無功の功、無力の力と。〟洞山良价は修行の進む段階を、向・奉・功・共功・功功の五段階に分けて、功勲五位を説いた。⑨撒手＝手をはなすこと。『碧』四十一〝須らく懸崖に手を撒して自ら肯《うべの》うて承当すべし〟⑩随処＝どこでも。『碧』十五〝法幢は随処に建立す〟⑪当堂＝僧堂の主、聖僧、文殊菩薩のこと。⑫影迹＝あと、痕跡。⑬遍界不曾蔵＝眼前の一切万象が、そのまま真身であること。『碧』三十四〝遍界曾て蔵さず、一一蓋覆《がいふく》するを得ず〟

《訳》僧が石霜和尚に質問した、「自己本来の面目を表わしている真身は、この世に現出しますか」。石霜、「現われぬぞ」。僧、「真身といってもどうしようもありませんね」。石霜、「きれいながラスの壺の口のように、観念的なへらず口を言うな」。

この古則について、宏智禅師が述べた。全身で真実身を究め尽くし、徹底して真身を参究しても、結果など期待しない。手をはなして放棄すると、到る処で真身は用《はたら》くのである。どうじゃ、石霜老和尚の言葉がわかるかな、僧堂に聖僧は存在しなくても、眼前の一切がそのまま真身なのである。


⇩《評言》「真人」とは、諸法実相なのでしょう。それを自灯明で照らして、観《み》なければなりません。いや、仏性を具有する凡俗《わたし》たちはちゃんと見ているはずなのですが――。

㉜ 挙僧問雪峯。古澗寒泉時如何。峯云。瞪目不見底。僧云。飲者如何。峯云。不従口入。僧挙似趙州。州云。不可従鼻孔裏入。僧却問州。古澗寒泉時如何。州云苦。僧云。飲者如何。州云死。雪峯聞云。趙州古仏。従此不答話。
師云。扶竪宗乗。須還大匠。雪峯弁一千五百人善知識身心。趙州用一百二十歳老作家手段。不妨奇怪。如今衆中。随言定旨。乱作貶剝。深屈古人。然則相席打令。似有知音。鏤骨銘心。罕逢明鑑。

挙す。僧、①雪峯に問う、「②古澗寒泉《こかんかんせん》の時、如何」。峯云く。「瞪《とう》目《もく》すれど底を見ず」。僧云く、「飲む者は如何」。峯云く、「口より入らず」。僧、③趙州《じょうしゅう》に挙似《こじ》す。州云く、「④鼻孔裏《びくり》より入るべ

①雪峯＝⑪の①参照。以下の話は『趙州録』行状にある。②古澗寒泉＝年を経た渓流の冷たい水。人情の入る余地のない境地の喩。③趙州＝㉔の①参照。④鼻孔裏＝鼻の穴の中、本来の面目の喩。『碧』六〝舜若多の鼻孔裏に向かって、一句を道《い》い将《も》ち来れ〟⑤答話＝応答する。『碧』二〝趙州は答話せず、人の為に説かず〟⑥扶竪宗乗＝禅の真髄をうち立てること。『碧』二十七〝大凡宗乗を扶竪せんには、也《ま》た須らく是れ全身担荷し〟⑦大匠＝大宗匠、すぐれた師家。『碧』序〝大匠に逢わずんば焉《なん》ぞ玄微を悉《つく》さん〟⑧

からず」。僧、却《かえ》って州に問う、「古澗寒泉の時、如何」。州云く、「苦《にが》し」。僧云く、「飲む者如何」。州云く、「死す」と。雪峯、聞きて云く、「趙州古仏、此れより答話せず」⑤と。師云く、⑥扶《ふ》竪《じゅ》宗乗《しゅうじょう》は須らく還《ま》た⑦大匠《たいしょう》たるべし。雪峯は一⑧千五百人の善知識の身心を弁じ、趙州は⑨一百二十歳の老作家の手段を用う。⑩奇怪を妨げず、如今、衆中、言に随って旨を定め、乱《らん》作《さ》⑪貶剝《へんぱく》、深く古人に屈す。然れば則ち⑫席を相《そう》し令を打し、知音有るに似たり。⑬鏤《る》骨《こつ》心に銘じ、罕《まれ》に明鑑に逢う。

一千五百人＝雪峰の弟子の人数。『景』十六「雪峰義存」〃師、閩川に住すること四十余年、学者冬夏に千五百人を減ぜず〃 ⑨一百二十歳＝趙州の没年か。『景』十「趙州従諗」〃唐の乾寧四年（八九七）十一月二日、脇を右にして寂す。寿は一百二十なり〃 ⑩奇怪＝常識はずれ。『碧』十九〃是れ什麼《なに》物か恁麼に奇怪のことを得たる。〃 ⑪貶剝＝相手をけなす。『碧』十六〃対揚貶剝に遭う。〃 ⑫相席打令＝座席の様子をみて対応する。『碧』三十九〃雪竇は席を相し令を打す〃 ⑬鏤骨＝骨に刻みこむ、忘れぬこと。

《訳》 僧が雪峰和尚に質問した、「時を経た渓流の冷たい水のような境地とはどんなものですか」。雪峰の答え、「目を見はっても底は見えぬぞ」。僧、「その水を飲む者はどうですか」。雪峰、「口からは入らん」。僧は同じ質問を趙州にぶっつけた。趙州の答え、「寒泉は鼻の穴から入れてはならぬ」。僧はまた、趙州に問うた。趙州、「苦《にが》いぞ」。僧、「飲むとどうですか」。趙州、「死んでしまう（妄想は消滅する）」。雪峰はこれらの問答を聞いて言った。「趙州古仏はこの時から質問に答えなくなった」と。

この古則について、宏智禅師が述べた。真の禅をうち立てることは、勝れた師家でなければならぬ。雪峰義存は千五百人の雲水を善知識にしたし、趙州従諗《じゅうしん》は百二十歳の老師家の接化手段を用いた。何も奇怪なことではない。いま、雲水たちは師家の言に従って宗旨を定めたり、妄《みだ》りに相手をやっつけて深く古人に屈服している。そんな事で、臨機応変に指導して、古人と知音のようである。骨に刻みこんでいるが、めったに明鏡の如き雲水はいない。

⇩《評言》古則は、雪峰と趙州の何の変哲もない、しかし秀れた接化を述べているのでしょう。宏智禅師の宋代には、唐代の老作家の如き人は稀《まれ》であると歎いています。解釈が誤っているかも――と自信がありません。

33 挙国師三喚侍者。侍者三応。国師云。将謂吾辜負汝。誰知汝辜負吾。師云。仁義道中。師資分上。再呼能再応。論実不論虚。且道。有辜負無辜負。皓玉無瑕。雕文喪徳。

挙す。①国師三《み》たび侍者を喚《よ》び、侍者は三たび応ず。国師云く、「②将に謂《おも》えり、吾れ汝に③辜《こ》負《ふ》すと。誰か汝の吾れに辜負するを知らん」と。

師云く、④仁義道中、⑤師《し》資《し》⑥分上す。再呼すれば能く再応し、論実にして論虚ならず。且《しば》らく道《い》え、辜負有《う》も辜負無《む》も、⑦皓玉瑕《こうぎょくきず》無く、⑧雕文《ちょうもん》徳を喪《うしな》う。

①国師＝南陽慧忠。4の④参照。以下の話は『景』五及び『無門関』十七にあるが、文章は少し異なる。②将謂＝～と思っていたら、実はそうではなかった。『碧』一〝将に謂えり多少の奇特と〟③辜負＝そむく。『碧』五〝亦た乃ち雪竇に辜負せん〟④仁義道中＝世間ふつうの挨拶、うき世の義理。『碧』三〝近日尊候如何（……仁義道中）〟⑤師資＝師家と弟子。⑥分上＝身分。『碧』一〝若し是れ了底の人の分上ならば〟⑦皓玉無瑕、彫文喪徳＝本来のところに差別をつけると、その真を失なうこと。『宏智広録』四にも見られる語。⑧雕文＝ほり飾った模様。『説苑』反質〝雕文刻鏤《こくる》は農事を害す〟

《訳》南陽慧忠国師が三度侍者を呼ぶと、侍者は三度返事をした。国師、「私は侍者《おまえ》に背《そむ》いているとばかり思っていたが、そうではなく、お前が私に背いているのだ。（国師《わし》の接化が侍者《おまえ》の悟りの邪魔をしているのかと後悔していたが、お前が国師《わし》の接化に正しく応《こた》えないのだ）」。

この古則について、宏智禅師は次のように述べた。世間ふつうの挨拶で、師（国師）と弟子（侍者）が自分自分の身分で呼応している。再度《さいど》呼ぶと再度答えて、呼応の論理は事実であって虚《むな》しくはない。ちょっと言ってみよ、背くのも背かないのも、本来ありのままで、そこに差別分別が働くと真実は喪《うしな》われるのだ。

⇩《評言》ありのまま、法身仏（＝因縁の理《ことわり》）に随うべきことを教えているのでしょう。

34 挙僧問韶山。是非不到処。還有句也無。山云有。僧云。是什麼句。山云。一片孤雲不露醜。師云。通身回互。不触尊厳。退位傍提。要当宛転。還見韶山相為処麼。尽力推爺向裏頭。

挙す。僧、①韶山《しょうざん》に問う。「是非到らざる処、還《ま》た句有りや無しや」。山云く、「有り」。僧云く、「是れ什麼《なん》の句ぞ」。山云く、「②一片の孤雲、醜を露《あら》わさず」と。師云く、通身③回互《えご》し、尊厳に触れず。④退位⑤傍提《ぼうてい》し、要《かなら》ず当《まさ》に⑥宛《えん》転《てん》すべし。還た韶山の⑦相《あ》い為《た》めにする処を見るや。力を尽《つく》して爺を推し、⑧裏頭《りとう》に向かう。

①韶山＝夾山善会《かっさんぜんぬ》の法嗣の韶山寰普《かんぷ》（生没年不詳、唐末の人）。『五』六「韶山寰普」に、②の句が記される。②一片云々＝《訳》を参照。③回互＝互いに入り交じって関係し、相依相存でありながら、それぞれ独自性のあること。『碧』九十九〝若《も》し只だ一隅を僻守せば、豈に能く回互せんや〟④退位＝有頂天（非想非非想天）から下って世間に交じること。『碧』三十三〝非非想天、即今幾人有ってか退位する〟⑤傍提＝横から刀を提《さ》げて突進すること。学人接化の変転自在な喩。

『碧』六十六〝正按傍提、擒賊の略を布く《し》〟 ⑥宛転＝自由自在のさま。『従容録』四十〝妙に其の間、宛転偏円〟 ⑦相為処＝相は為が他動詞であることを示す接頭語。『碧』二十三〝教中大いに老婆にして相い為めにする処有り〟 ⑧裏頭＝なか。真如の内容。『碧』九十四〝也《ま》た裏頭に去って摸索不著せん。〟

《訳》 僧が韶山和尚に質問した、「相対的な是非善悪の及ばぬ絶対境を表わす句がありますか」。韶山、「うん、有るぞ」。僧「それはどんな句です?」韶山、「一片の雲のように、仏法の端的は是非善悪を超えた世界である、という句じゃ」。

この古則について、宏智禅師が述べた。「全身が回互《えご》して、真如の尊厳に抵触《ていしょく》しないで、有頂天《うちょうてん》の世界からこの世間に下《お》り、自由に学人(＝雲水)を接化しなければならない。韶山和尚の答えた処が分るかな。和尚は力一ぱい黄頭老爺《おうずろうや》(＝釈尊)の境地を推測して、真如の中味《なかみ》に向かっているのだ。

⇩《評言》 宏智の拈古を思いきって意訳しました。相対的な分別的言語で、あれこれ説法しないで、「ズバリ真如をつかめ」というのでしょうが、それは〝一片云々〟の詩的表現でしか表明できません。

㉟ 挙僧問臨際。如何是吹毛剣。際云。禍事禍事。僧便礼拝。際便打。僧問巴陵。如何是吹毛剣。陵云。珊瑚枝枝撑著月。師云。殺人刀一毛不度。活人剣一毫不傷。有意気時添意気。不風流処也風流。

挙す。僧、①臨際《りんざい》に問う、「如何なるか是れ②吹毛剣《すいもうけん》」。際云く、「③禍《か》事《じ》、禍事」。僧、便ち礼拝す。際、便ち打つ。僧、④巴陵《はりょう》に問う。

①臨際＝㉕の①参照。以下の話は『臨済録』上堂にあるが、少し文言が異なる。 ②吹毛剣＝吹きかけた毛でも切るほどの名剣。煩悩を断つ師家の力量の喩。『碧』十三に、巴陵三転語の一として〝如何なるか是れ吹毛剣、珊瑚枝枝月を撑著す〟(珊瑚樹を月にかざ

「如何なるか是れ吹毛剣」。陵云く、「⑤珊瑚《さんご》枝《し》枝《し》月を⑥撐著《どうじゃく》す」と。師云く、「⑦殺人刀《せつじんとう》は一毛も度《ど》さず。⑧活人剣《かつにんけん》は一毫《ごう》も傷《やぶ》らず。⑨意気有る時は意気を添《そ》え、⑩風流ならざる処也《ま》た風流なり。

すと、枝に月光がキラキラ反射する）③禍事＝さあ大へん、恐ろしい。『臨済録』上堂〝如何なるか是れ剣刃上の事」。師云く、「禍事禍事」〟④巴陵＝巴陵顥鑑《こうかん》（生没年不詳、五代、宋初の人）、雲門文偃《ぶんえん》（八六四～九四八）の法嗣。⑤珊瑚枝云々＝禅月大師貫休《かんきゅう》（八三二～九一二）の詩の一部を、巴陵が引用した句。『碧』百〝這の話を会せんと要せば、須らく是れ情塵意想を絶して、浄尽して方《まさ》に他の珊瑚枝枝月を撐著すと道《い》うを見るべし〟⑥撐著＝支える。⑦殺人刀＝学人の言思を奪ってゆるさぬ師家の働きの喩。㉕の④参照。⑧活人剣＝㉕の④参照。⑨有意気云々＝『禅林類聚』棒喝「白雲端頌」〝意気有る時は意気を添え風流ならざる処也た風流〟⑩不風流処云々＝『碧』六十七〝若《も》し草に入らずんば争《いか》でか端的を見ん。風流ならざる処也た風流なり。〟

《訳》 僧が臨済禅師に質《たず》ねた、「吹毛剣とは、どんなものですか」。臨済、「恐ろしい恐ろしい」。僧が礼拝すると臨済はすぐ殴打《おうだ》した。僧が巴陵和尚に質ねた、「吹毛剣とは、どんなものですか」。巴陵、「珊瑚の枝に月がキラキラ輝いているのじゃ」。

この古則について、宏智禅師が言った。殺人刀は一本の毛でも容《ゆる》さず、活人剣は一本の毛先たりとも傷つけないのである。意気ある時は意気を添えて、益々意気盛んになり、風流でないところに、かえって真の風流があるのだ。

⇩《評言》 宏智禅師は殺人刀・活人剣（師家の自由自在の接化）について、臨済宗楊岐《ようぎ》派の白雲守端《はくうんしゅたん》（一〇二五～一〇七二）の偈《げ》を引用していますが、何を言いたかったのでしょう。語注⑩に示した『碧巌録』八十七の用例をふまえますと、雲水の中にとびこんで、自在に接化指導すべきことを述べているのでしょうか。分かりません。

㊱

挙洞山垂語云。体得仏向上人。方有説話分。僧問。如何是仏向上人。山云非仏。法眼云。方便呼為仏。

師云。二老宿相去多少。直是刁刀相似。柰何魚魯参差。到這裏。須是転劫外機。放風前箭。横身担荷。擦手承当。具這般眼目始得。還弁得麼。易分雪裏粉。難弁墨中煤。

挙す。①洞山《とうざん》の垂語《すいご》に云く、「②仏向上を③体得せし人、方《まさ》に説話の分有り」。僧問う、「如何なるか是れ仏向上の人」。山云く、「④非仏」。⑤法眼《ほうげん》云く、「⑥方便に呼びて仏と為《な》す」と。

師云く、二老宿、相い去ること多少ぞ。直に是れ⑦刁刀《ちょうとう》相い似、⑦魚魯《ぎょろ》の参差《しんし》を奈何《いかん》せん。這裏《しゃり》に到り、須らく是れ⑧劫外《こうがい》の機に転ずべし。⑨風前に箭《や》を放ち、⑩身を横たえて担荷《たんか》し、⑪手を撒《さっ》して⑫承当す。這般《しゃはん》の眼を具して始めて得ん。還《ま》た弁じ得るや。分け易きは雪裏の粉、弁じ難し墨中の煤《ばい》。

①洞山＝5の①参照。以下の話は『洞』51に記される。②体得仏向上人＝仏の境界を体得した人。『景』十五「洞山良价」〝師、有る時云く、「仏向上の事を体得せば、方に些子の語話の分有り。〟『正』仏向上事にもほぼ同文がある。③体得＝身につける。『碧』三十一〝須らく是れ祖仏の意を体得して、方に向上の古人と同じかるべし。〟④非仏＝⑴仏ではない仏、大悟の人をいう。⑵仏への執着を断つ語。『碧』四十四〝如何なるか是れ非心非仏〟⑤法眼＝16の③参照。⑥方便＝近づくこと。学人接化の手段。⑦刁刀・魚魯＝よくまちがう文字。『祖庭事苑』雪竇拈古〝筆久しく労を厭えば、刁を書きて刀と成し、事、終古を歴《へ》て、魚を写して魯と為す〟⑧劫外＝成住壊空の四劫の外。絶対の世界。『洞』148「功勲五位頌」〝枯木花開く劫外の春〟⑨風前箭＝不明。的《まと》に当て難いので困難なことか。⑩横身担荷＝不明。身を横にすると担荷できないので、困難または不可能なことか。88の⑫〝横担拄杖〟の語参照。⑪撒手＝31の⑨参照、「清珙詩」〝誰か撒手し肯て承当すること有らん。〟⑫承当＝⑴引き受ける、⑵合点する。

《訳》洞山良价和尚が説法した。「仏の境地を体得した人は、説法できるぞ」。僧が質問する、「それはどんなお方ですか」。洞山、「仏でない人（仏に執《と》らわれない者）じゃ」。法眼文益《もんえき》和尚は、「方便として仏と呼んでいるのだよ」と言った。

この古則について、宏智禅師が言った。洞山と法眼の二人の老師の言葉はどれ程違いがあろうか。それは、刁《ちょう》と刀《とう》と字形が似ており、魚と魯の違いのようなものである。この〝仏向上〟の境地に到って絶対の働きに転じなければならぬ。風に向かって矢を放ち、体を横たえて荷を担ぐような効果を求めぬ心境になって説法しなければならぬ。こういう眼玉を具《そな》えて、やっと説法できるのだ。わかったかな。雪の中の白い粉は分け易く、墨の中の煤《すす》は弁別し難い。

⇩《評言》洞山の「非仏」と、法眼の「方便仏」とを、宏智は比較参究しているのですが、筆者には分りません。雪裏の粉と、墨中の煤とを弁別するような難問です。只管打坐《しかんたざ》せぬ凡俗の限界です。

㊲ 挙脩山主垂語云。具足凡夫法。凡夫不知。具足聖人法。聖人不会。聖人若会。即同凡夫。凡夫若知。即是聖人。

師云。収得安南。又憂塞北到這裏実成底事。一時颺却。始得穏坐地。還端的麼。一等平懐。泯然自尽。

挙す。脩①山主の垂語に云く、「凡②夫の法を具足《ぐそく》③するは、凡夫知らず、聖④人の法を具足するは、聖人会《え》せず。聖人、若《も》し会せば、即ち凡夫に同じ。凡夫、若し知らば、即ち是れ聖人なり」と。

①脩山主＝㉙の④参照。以下の垂語は『五』八「龍済紹修」にある。②凡夫法＝不明。法悦に浸《ひた》り、幸せを求めるための仏法か。『禅源諸詮集都序』〝正しく因果を信ずるも、亦た欣厭を以て修するは、是れ凡夫禅なり。〟③具足＝欠ける所なく具《そな》えること。『観音経』〝能く世間苦を救い、神通力を具足す〟④聖人法＝断惑証理した人の仏法。『金

師云く、⑤安南《あんなん》を収め得て、又た塞北《さいほく》を憂う。這裏《しゃり》の⑥実成底《てい》の事に到り、⑦一時颺却《ようきゃく》して、始めて⑧穏坐《おんざ》の地を得るなり。還《ま》た⑨端的なるや。⑩一等平懐《びょうえ》、泯然《びんぜん》として自《おのず》から尽《つ》く。

剛経』〝一切の賢聖は、皆な無為の法を以て差別有り。〟⑤収得安南云々＝一つ（安南）は得たが、更に次のこと（塞北）を憂えること。本来の自己に安住できない喩 ⑥実成＝不明、真実の現成か。⑦颺却＝投げ捨てる。⑧穏坐＝平穏な境地。㉒の⑬参照。⑨端的＝⑴まことに、⑵まさにその物。『碧』一〝阿那箇か是れ端的底の観音なる〟⑩一等＝一様に平等なこと。一種と同義。『信心銘』〝一種平懐なれば、泯然として自から尽く。〟『碧』二にも同文がある。

《訳》 脩山主が説法した。「凡夫の法を欠けることなく具備していることを、凡夫自身は知らない。聖人の法を具備していることを、聖人は会得していない。聖人がもし会得すると、凡夫と同じであり、凡夫がもし凡夫法を知れば、とりもなおさず聖人である」と。

この古則について、宏智禅師が言った。安南の地を入手すると、塞北の地が気になる。このありのままの現成《げんじょう》の事に到達して、それを一時に投げ捨ててしまうと、始めて平穏の境地を会得し安住するのである。まさにズバリそのものではないか。凡夫法と聖人法とが一つのものとして心が落ち着くと、みな跡形もなく自然になってしまうのだ。

⇩《評言》 〝妄執《もうしゅう》に明け暮れる凡俗〟も、〝修証一如《しゅしょういちにょ》の聖人〟も、「すべてを抛棄《ほうき》してありのままに生きよ」と、宏智禅師は示しているのでしょう。凡聖一如《ぼんしょういちにょ》の生活は、そんな単純なものではないと思うのですが、「そんな単純なものではないはず」と思うこと自体、妄想なのでしょう。

38 挙石梯問侍者。什麼処去。者云。上堂斎去。梯云。我豈不知汝上堂斎去。者云。除此外別道什麼。梯云。我祇問汝本分事。者云。若問本分事。某甲実是上堂斎去。梯云。不謬為吾侍者。師云。放過即不可。如今直与扭得鼻孔痛。打得骨頭出。始得免見瞎驢趁大隊。所以道平地上死人無数。透得荊棘林是好手。且道。適来這僧透得也未。多虚不如少実。

挙す。①石梯《せきてい》、侍者に問う、「什麼処《いずく》にか去《ゆ》く」。者云く、「②堂斎《どうさい》に上り去《ゆ》く」。梯云く、「我れ豈《あ》に汝の上堂斎去を知らざらんや」。者云く、「此れを除く外、別に什麼《なに》をか道《い》わん」。梯云く、「我れは祇《た》だ汝の③本分の事を問うなり」。者云く、「若《も》し本分の事を問わば、某甲、実に是れ堂斎に上り去かん」。梯云く、「吾が侍者と為《な》すを謬《あやま》らず」と。

師云く、「④放過《ほうか》すれば即ち不可なり。如今、直に鼻孔を⑤扭得《ちゅうとく》して痛みを与う。骨頭出を打得し、始めて⑥瞎驢《かつろ》の大隊⑦に趁《おもむ》くを見ることを免《まぬが》れ得ん。所以《ゆえ》に道《い》う、「⑧平地上に死人無数、荊棘林《けいきょくりん》を透得するもの是れ好手」と。且《しば》らく道え、⑨適来這《せきらいこ》の僧、透得するや未だしや。⑩多虚《たきょ》は少実に如《し》かず。

①石梯＝法系は、南泉普願―茱萸《しゅゆ》―石梯和尚（生没年不詳、唐代の人）。以下の古則は『五』四「石梯和尚」にある。②堂斎＝僧堂での食事。③本分＝本来の面目。『碧』五十二〝也《ま》た是れ衲僧本分の事〟④放過＝ゆるす。そのままに放っておく。『従容録』十一〝直饒《たとえ》透得するも放過せば即ち不可なり。〟⑤扭得＝しばる、ねじる。『碧』五十三〝昨日、和尚に鼻孔を扭得せられて痛し。〟⑥瞎驢＝盲目のろば。心眼の開けぬ愚者の喩。『碧』四十九〝吾が正法眼蔵、這の瞎驢辺に向って滅却す。〟⑦大隊＝多人数。⑧平地上云々＝難透難解のイバラの死地を透過して、始めて一人前の雲水になれること。『碧』四十一〝古人之れを平地上に死人無数、荊棘林を過得するもの、是れを好手と謂う〟⑨適来＝さきほど。『碧』四〝適来の新到、什麼処《いずこ》にか在る。〟⑩多虚不如少実＝虚しい分別知がたくさんあっても、少しの真実には及ばない。『碧』十九〝虚の多からんより、実の少なからんに如かず。〟

《訳》 石梯和尚が侍者に質《たず》ねた、「何処へ行くのじゃ」。侍者、「僧堂に堂斎（昼食）に行きます」。石梯、「わしがどうして侍者《おまえ》の堂斎を知らぬことがあろうぞ」。侍者、「堂斎以外に申し上げることはございません」。石梯、「わしは唯《た》だ、お前の本来の面目を問うたのだ」。侍者、「もし私に本来の面目をお質ねなら、私は本当に堂斎にまいるのです」。石梯、「侍者《おまえ》は間違いなく、私の侍者じゃ（本分を会得している）」。

この古則について、宏智禅師が次のように述べた。そのまま放《ほお》っておいては駄目だ。今すぐ鼻をねじ上げて痛がらせよ。頭骨を殴って、やっと盲目のろば（愚か者）が群《むれ》の中に入らなくなるだろう。だから古人（＝雲門文偃）も言っている、〝平地に死者がごろごろして、イバラ（難透の関門）を通過してこそ、好手（修行達成者）なのである〟と。ちょっと言ってみよ、先程の僧（侍者）は悟ったかどうかを——。虚《むな》しい仏教学問はいくら多く積んでも、わずかの真実には及ばぬのだ。

⇩《評言》 堂斎に赴くことは、日々当然のことで、平常のありのままの普通の生活が、そのまま真実なのです。昨日と同じく今日も「宏智拈古」を心読し続けることが、凡俗《わたし》の「本分の事」です。

39

挙僧問法眼。声色両字。如何透得。眼云。大衆若会這僧問処。透声色也不難。

師云。従前不了。祇因家賊難防。直下分明。且向草菴止宿。

挙す。僧、法眼①《ほうげん》に問う、「声色②《しょうしき》の両字、如何にして透得③《とうとく》せん」。眼云く、「大衆、若《も》し這《こ》の僧の問処を会《え》すれば、声色を透ること也《ま》た難からず」と。

①法眼＝⑯の③参照。②声色＝外界の一切の事象。万境。色声香味触法の六境の初めの二境をあげて、万境を示す。『碧』四十六〝若し透不得ならば、便ち声色の所拘を被むらん〟③透得＝脱却すること。『碧』一〝只だ這の廓然無聖、若し人透得せば、帰家穏坐

師云く、従前了《りょう》せず。祇《た》だ④家賊《かぞく》防ぎ難きに因《よ》る。⑤直下《じきげ》に分明なり。且《しば》らく草庵に向かって止宿せん。

せん。〃 ④家賊＝自己の心の中の煩悩。『五』十四「梁山縁観」〃問う、「家賊防ぎ難き時如何」。師曰く、「識得して寃と為さず」。〃 ⑤直下＝ただちに。『碧』五〃直下に葛藤を截断

《訳》 僧が法眼和尚に質問した。「声と色の二字、つまり外界の一切の事象からどのように脱却したらよいでしょう」。法眼、「大衆よ、もしこの僧の質問を会得すれば、一切の事象から脱却することは、困難ではないぞ」と言った。

この古則について、宏智禅師が述べた。これまで分らなかった。ただ心の中の煩悩妄想を防ぎ難かっただけである。いま直《ただ》ちにハッキリした。ちょっと（家賊がいなくなった）草庵で一休みしょう。

⇩《評言》『無門関』二十二の頌に〃問処は答処の親しきに何如《いかん》〃とあるように、正法では質問することがとりもなおさず答なのです。王陽明が述べた〃山中の賊を破るは易く、心中の賊（＝家賊）を破るは難し〃です。家賊を破るためには大疑団を起こして精進しなければなりません。八十二歳の凡俗《わたし》のイマの大疑団は、「如何にして余生？ を真剣に生きて、大往生するか？」です。

40

挙夾山云。目前無法。意在目前。他不是目前法。非耳目之所到。

師云。夾山老子。解開布袋頭。将差珍異宝。擦向諸人面前了也。

正当恁麼時。却作麼生。路不拾遺。君子称美。

挙す。①夾山《かっさん》云く、「②目前《もくぜん》に法無く、意は目前に在り。他は是れ

①夾山＝夾山善会《ぜんね》（八〇五〜八八一）。船頭をしていた船子徳誠の法嗣。以下の古則は『景』十五「夾山善会」にあり、また『永平広録』九「頌古」35に詠《うた》われる。②目前＝目の前。『碧』十五〃是

目前の法ならず耳目の到る所に非ず」と。

師云く、夾山老子、③布袋頭《ふたいとう》を解《と》き開き、将に珍異の宝を差し、諸人の面前に撒《さっ》し了るなり。④正当恁麼《しょうとういんも》の時、却《かえ》って作麼生《そもさん》。⑤路に遺《お》ちたるを拾わず、君子称美す。

れ目前の機にあらず、亦た目前の事に非ざる時、如何」。〞③解開布袋頭＝結制（安居）が終ること。④正当恁麼時＝まさに其の時。『碧』二十二〝正当恁麼の時、爾《なんじ》作麼生か祇対せん。〞

⑤路不拾遺＝『孔子家語』〝男女の行者、其の塗《みち》を別にし、道に遺ちたるを拾わず〞

《訳》　夾山和尚が言った、「仏法は目前に見えて（感覚的に捉《とら》えられるものでは）ないが、仏法の真意は目前に在るのだ。しかしそれは目前の仏法ではなく、耳目など（の感覚器官）では捉えられぬものである」と。この古則について、宏智禅師が言った。夾山老師は結制安居の終りに、珍らしく特異な宝（目前法）を示して、諸人の目前に撒《ま》き散らしたのである。まさにその時、またどうなんじゃ。道に落ちている物（撒き散らした仏宝）を拾わない者を、君子（夾山？）は称賛しているのである。

⇩《評言》　夾山善会の、感覚以前の如実の法を、宏智禅師は揶揄《やゆ》しているようですが、本当は称美しているのです。感覚や意識以前の法（西田哲学の純粋経験か）、つまり父母《ぶも》未生以前《みしょういぜん》の正法《しょうぼう》（大自然の摂理）をつかみ取らねばなりません。

41　挙趙州云。把定乾坤眼。綿綿不漏糸毫。我要儞会。儞又作麼生会。

師云。還端的也未。直饒儞這裏会得。七穿八穴。我也知儞出趙州棬繢不得。

①趙州＝24の①参照。②把定＝捉えつかまえる。学人を接化する手段。24の⑨把住参照。③綿綿＝長く続き絶えないこと。『無門関』二十六〝綿綿密密、風を通さず〞④糸毫＝極めて

挙す。①趙州《じょうしゅう》云く、「乾坤《けんこん》を②把定《はじょう》する眼は、③綿綿として④糸毫《しごう》も漏らさず。我れ儞《なんじ》の会《え》を要《ほっ》す。儞、又た作麼生か会す」。
師云く、還《ま》た⑤端的なりや未《いま》だしや。直饒《たとえ》儞這裏《しゃり》に会得すとも、⑥七穿《せん》八穴《けつ》、我れも也《ま》た知る、儞の趙州の⑦稴績《けんき》を出で得ざることを。

少ないこと。⑤端的＝37の⑨参照。⑥七穿八穴＝四方八方に穴をあけること。無礙自在のさま。『碧』七十八〝須らく七穿八穴にして始めて得べし。〟⑦稴績＝落し穴。師家が学人を釣り試みること、圏績に同じ。『碧』七十九〝争奈《いかん》せん、這の圏績を出で得ざることを〟

《訳》趙州和尚が言った、「天地を捉《とら》える慧眼は綿綿として続いて。一本の毛も見逃さない。趙州《わし》はお前の会得を要《ほっ》するのじゃ。お前はどのように会得するのじゃ」。
この古則について、宏智禅師が言った。まさにそのものズバリか、まだそうでないのか。たとえお前がこのように（天地を捉える慧眼で）会得しても、お前が無礙自在の陥《おと》し穴（接化）から脱出できないことを宏智《わし》も知っているぞ。

⇩《評言》趙州従諗の〝乾坤を把定する眼（大自然の摂理を見ぬく慧眼）を持て〟という教えも、宏智は〝陥《おと》し穴〟であると述べて、否定の否定……と限りなく否定する慧眼は全くすごい仏眼です。

42 挙鏡清問霊雲。混沌未分時如何。雲曰。露柱懐胎。清云。分後如何。雲曰。如片雲点太清。清云祇如太清。還受点也無。雲不対。清云。恁麼即含生不来也。雲亦不対。清云。直得純清。絶点時如何。雲曰。猶是真常流注。清云。如何是真常流注。雲曰。似鏡常明。清云。向上更有事否。雲曰有。清云。如何是向上事。

①鏡清＝9の②参照。②霊雲＝霊雲志勤《しごん》（生没年不詳、唐代の人）。潙山霊祐の法嗣で、桃花を見て悟る。③混沌未分＝天地、陰陽の区別がまだつかぬ時。『碧』二十一〝斑石の内、混沌未分の時如何〟④露柱懐胎＝柱が

雲曰。打破鏡来。与子相見。

師云。分与未分。玉機夜動。点与不点。金梭暗抛。直是一色純清。未得十成安穏。且道。打破鏡来。向什麼処相見。還会麼。清秋老兎呑光後。湛水蒼龍蛻骨時。

挙す。①鏡清《きょうせい》、②霊雲《れいうん》に問う、「③混沌《こんとん》として未分の時、如何」。雲曰く、「④露柱懐胎《ろちゅうかいたい》す」。清云く、「分れて後は如何」。雲曰く、「⑤片雲の太清に点ずるが如し」。清云く、「⑥祇如《たとえ》ば太清、還《ま》た点を受くること也《ま》た無しや」。雲対《こた》えず。清云く、「恁麼なれば即ち⑦含生《がんしょう》来らざるなり」。雲も亦《ま》た対えず。清云く、「直に⑧純清絶点を得る時如何」。雲曰く、「猶《な》お是れ⑨真常流注のごとし」。清云く、「如何なるか是れ真常流注」。雲曰く、「⑩鏡の常明に似たり」。清云く、「⑪向上更に事有りや否や」。雲曰く、「有り」。清云く、「如何なるか是れ向上の事」。雲曰く、「鏡を打破し来れ。子と⑫相見《しょうけん》せん」。

師云く、分と未分と、⑬玉機は夜動く。⑭点と不点と、⑮金梭《きんさ》は暗に⑯抛《なげう》つ。直《た》だ是れ⑰一色純清、未だ⑱十成《じゅうじょう》⑲安穏《あんのん》を得ず。且《しば》らく道《い》え、鏡を打破し来り、什麼処《いずく》に向かって相見せん。還《ま》た会するや。清秋の⑳老兎《ろうと》、光を呑みし後、㉑湛水《たんすい》の蒼龍《そうりゅう》、㉒骨を蛻《ぬ》く時なり。

子をはらむ、無心に活動する喩。『正』龍吟〝乾不尽のゆゑに、露柱懐胎生なり〟 ⑤片雲点太清＝大空に一点の雲が浮かぶ。悟後に妄想が起きても跡を留めない喩。 ⑥祇如＝たとえばと訓ずる。祇《た》だ〜の如く。 ⑦含生＝一切の生き物。『二入四行論《ににゅうしぎょうろん》』〝深く含生の凡聖同一真性にして〟 ⑧純清絶点＝純粋清浄で一点の汚れもないこと。差別を超えた平等の世界。 ⑨真常流注＝向上第一義にとどまること。『洞』141「宝鏡三昧歌」〝宗通じ、趣極まれど、真常流注す。〟『碧』六十二〝体露真常、文字に拘《こだ》わらず〟『碧』八十〝流注生は則ち妄を逐うて流転す。〟 ⑩鏡＝般若の智慧や仏性の喩。鏡清をさすか。 ⑪向上＝仏性を究《きわ》め、進歩する。『碧』三〝且らく向上の事有るを知らしめんと図る〟 ⑫相見＝師弟が一体となること。『碧』五〝望州亭にて汝と相見し了れり。〟 ⑬玉機＝玉の機織《はたお》り機械。『従容録』八十八〝玉機纔かに一転す〟 ⑭点与不点＝しるしをつける（言語で表現する）のと、そうでないのと。『五』十一「興化存奨」〝師曰く、「点ずれば即ち到らず」……「到れば即ち点ぜず」〟（言う者は会せず、会得する者は言わない）⑮金梭＝金の梭《ひ》、玉機の対語。⑯抛（梭）＝光陰の速やかな喩。⑰一色＝純一無雑のこと。差別や相対を超えた絶対平等の境。『碧』四十二〝之れを普賢の境界、一色辺の事と謂う〟⑱十成＝十分な完成。『碧』八十九〝還た十成なることを得るや〟⑲安穏＝身心が安らかなこと。『碧』九〝未だ是れ安穏の処にあらざる在らん〟⑳老兎呑光＝老兎が月光を呑んで懐胎すること。般若の光（月光）に、無辺の働きがあること。『碧』九十〝中秋、月生ずるに、（兎は）口を開きて其の光を呑み、便乃《すなわ》ち懐胎す〟㉑湛水蒼龍＝深い淵にいる龍（珠をもっている）。『碧』三〝蒼龍窟裏に入り、珠を取る〟（命がけの修行して悟る）『碧』十八〝澄潭には許さず蒼龍の蟠るを〟（龍は宇宙と一体になるので）『碧』六十二〝驪龍珠を玩す〟（黒い龍は頷下に珠を有し、それは仏法の真髄に喩えられる）㉒蛻骨＝骨をぬく。曹植「神亀賦」〝龍は湫谷《しゅうこく》に骨を蛻く〟

《訳》鏡清道怤《どうふ》が霊雲志勤に質問した。「天地が混沌として未分化の時はどんなですか」。霊雲、「露出している柱が子を孕《はら》むように、無心に活動するのだ」。鏡清、「天地が分かれてからはどうですか」。霊雲、「大空に雲が一片浮かぶようなもので、跡を留めぬ」。鏡清、「例えば、大空（法身仏）は一点の雲（煩悩）を受けいれますか、どうです?」。霊雲は応対しなかった。鏡清、「それでは、生きとし生ける者は太清に来ませんよ」。霊雲はやはり答えない。鏡清、「純清で一点の汚れのない時はどうですか」。霊雲、「向上の第一義に留まってしまう」。鏡清、「向上の第一義とは何ですか」。霊雲、「鏡（鏡清《おまえ》）がいつも明るいようなものだ」。鏡清、「進歩向上して仏法を究《きわ》めるのに、もっと何かしなければならぬ事が有りますか」。霊雲、「有る」。鏡清、「それはどういう事ですか」。霊雲、「先程言った鏡（お前自身）を打破して来い。そうすれば、お前と相見《しょうけん》して、霊雲《わし》は鏡清《おまえ》と一如になろう」。

この古則について、宏智禅師は次のように述べた。混沌たる天地を分けたり、分けなかったりする玉の機織《はたお》り機《き》（大自然の働き）は、夜に動き、真実を言ったり言わなかったりする作用の金の梭《ひ》は、暗黒の中に抛《な》げ放つ。純粋な清らかさでは、まだ完全な身心の平穏は得られぬ。ちょっと言ってみよ、霊雲和尚のように、鏡（鏡清という主人公）を打破して、霊雲（の本来の面目）と何処《どこ》で相見するのか、わかっているのか。清秋のとき、老兎が月光を呑みこんでしまった後や、頷《あご》の下に珠（真実）を抱く龍が深淵で骨をぬいた時のような境地（鏡を打破した境地）がわかっているのか。

⇩《評言》鏡の如き月光を指さす指（禅籍）ばかり穿鑿《せんさく》している凡俗は、打破すべき鏡月さえも見ることが出来ていません。ああ、また弱音を吐いてしまいました。

43 挙石鞏上堂。乃張弓架箭。三平擘開胸当之。鞏云。一張弓両隻箭。三十年祇。射得半箇聖人。師云。石鞏習気不除。三平相席打令。却云三十年一張弓両隻箭。祇射得半箇聖人。豈不是以己方人。大都不入驚人浪。到了難尋称意魚。

挙す。①石鞏《しゃっきょう》上堂す、乃ち弓を張り箭《や》を架す。②三平《さんぺい》胸を擘開《へきかい》して之に当る。鞏云く、「一張の弓、両隻の箭、三十年、祇《た》だ半箇の聖人を射得たり」と。師云く、石鞏③習気《じっけ》除かれず、三平④席を相《そう》して令を打《た》す。⑤却《かえ》って云く、「三十年、一張の弓、両隻の箭、祇《た》だ半箇の聖人を射得た

①石鞏＝馬祖道一の法嗣の石鞏慧蔵《えぞう》（生没年不詳、唐代の人）。もと猟師で、常に弓箭で学人を接化した。以下の古則は『五』五「三平義忠」に記される。②三平＝三平義忠（七八一～八七二）。はじめ石鞏慧蔵に参侍したが、後に大顛宝通の法を嗣ぐ。③習気＝

り」と。豈に是れ己を以て人を⑥方《なら》べざらんや。大都《すべて》人を驚かす浪に入らずして、尋ね難き意に称《かな》う魚に到り了るなり。

慣習。『碧』七十二〝二十年百丈に在り、習気も也た未だ除かず〟④相席打令＝32の⑫参照。⑤却＝ところが、今度は。⑥方人＝人を較べ批評する。『碧』二十二〝普州の人、賊を送る。己を以て人を方す〟

《訳》石鞏和尚が上堂し、弓を引きしぼり、矢をつがえた。すると、三平義忠が胸を開いて矢面《やおもて》に立った、石鞏、「一張の弓と二本の箭《や》で、三十年間雲水を接化してきたが、今日やっと気のきいた雲水《やっ》を手に入れたわい」と言った。

この古則について、宏智禅師が述べた。弓箭で接化する石鞏のクセはまだ治《なお》らず、三平義忠は臨機応変に対応した。そして、「三十年間、一張の弓と二本の箭で、やっと気のきいた三平の奴《やつ》を見つけた」と言ったが、それは自分を基《もと》に他人を評したんじゃないのか。すべて人を驚かす波浪の中に入らずに、尋ね難い気に入りの魚（弟子）に行きついているのである。

⇩《評言》石鞏和尚の自己流の学人接化を、宏智は痛烈に批判しています。古則と雖も、有り難がって読むばかりでは駄目なのです。

44 挙僧問雲門。如何是清浄法身。門云。花薬欄。僧云。便恁麼去時如何。門云。金毛師子。雪竇著語云。大無端。師云。賊来須打。客来須待。雲門雪竇。二倶作家。這裏莫有便恁麼去者麼。切忌撞頭磕額。

①雲門＝11の⑥参照。以下の問答は『雲門録』上及び『碧』三十九に所収。②清浄法身＝煩悩の汚れを全て脱した法身。『伝心法要』〝此れは是れ爾の清浄法身なり。名づけて阿《あ》耨《のく》菩《ぼ》提《だい》と為す〟

挙す。僧、雲門①に問う、「如何なるか是れ清浄法身②《しょうじょうほっしん》」。門云く、「花薬欄③《かやくらん》」。僧云く、「便ち恁麼④《いんも》にし去る時、如如何」。門云く、「金⑤毛の師子」と。雪竇⑥《せっちょう》の著語⑦《じゃくご》に云く、「太⑧《はなは》だ無端《むたん》」と。師云く、⑨賊来らば須らく打つべし。客来らば須らく待《たい》すべし。雲門、雪竇二倶《ふたりとも》に作家⑩《さっけ》なり。這裏《しゃり》便ち恁麼にし去る者有ること莫《な》からんや。切に忌《い》む、撞頭⑪《とうとう》磕額⑫《かつがく》を。

禅院では十仏名念誦の第一に、清浄法身毘盧遮那仏と唱える。 ③花薬欄＝⑴棚で囲った芍薬《しゃくやく》の植え込み。⑵東司《とうす》（便所）の所にある花垣。『碧』三十九 〝花薬欄顢頇《まんかん》すこと莫《なか》れ〟 ④恁麼去＝そのような結果、去は論理的結果を表す終助辞。 ⑤金毛師子＝すべて金毛で覆れている獅子。金（絶対）がそのまま獅子（差別）であること。文殊菩薩のことに用いる。『碧』八十四 〝這の維摩老……金毛の獅子〟 ⑥雪竇＝3の⑦参照。 ⑦著語＝下語《あぎょ》とも言う。寸評のこと。 ⑧太無端＝とんでもない。『碧』三十九 〝雪竇道わく、「這の僧也た太だ無端」と〟 ⑨賊来云々＝相手により対応を変えること。『碧』八十四 〝客来らば須らく看るべし、賊来らば須らく打つべし〟 ⑩作家＝すぐれた師家。『碧』九 〝趙州は是れ本分の作家〟 ⑪撞頭＝命がけて頭を突き当てる。『碧』九十一 〝常に裏許に在って撞著磕著す〟 ⑫磕額＝額をつけて礼拝する最高の敬礼。

《訳》 僧が雲門禅師に質問した、「清浄法身とはどういうものですか」。雲門、「芍薬《しゃくやく》の植え込みじゃ」。僧、「そのように考えると、どうなりますか」。雲門、「金毛の獅子である」。この問答に雪竇が寸評を加えた、「とんでもない問答じゃ」と。

この古則について、宏智禅師が言った。賊が来たら打ちすえ、客が来たら応待しなければならない、つまり臨機応変である。雲門も雪竇も大師家である。清浄法身をこのように解することはないぞ。命がけに参究したり、むやみに有り難がってはならぬ。

⇩《評言》 花薬欄、金毛師子、太無端の語は、古来いろいろに解釈説明されていますが、凡俗《わたし》たちは、清浄法身を求めて苦行したり、むやみに有り難がらずに、清浄法身（大自然の摂理）は即ち、とりもなおさず自己であることを参究し、しっかり自覚しなければなりません。

㊺ 挙僧問曹山。子帰就父。為什麼父全不顧。山云。理合如斯。僧云。父子之恩何在。山云。始成父子之恩。僧云。如何是父子之恩。山云。刀斧斫不開。師云。翡翠簾垂。糸綸未降。紫羅帳合。視聴難通。犯動毛頭月昇夜戸。密移一歩鶴出銀籠。還知麼。脱身一色無遺影。不坐同風落大功。

挙す。僧、①曹山《そうざん》に問う、「子帰って父に就く。什麼《なん》為《す》れぞ父、全く顧《かえり》みざる」。山云く、「理合斯《かく》の如し」。僧云く、「父子の恩、何《いず》くにか在る」。山云く、「始め父子の恩を成す」。僧云く、「如何なるか是れ父子の恩」。山云く、「②刀斧《とうふ》にて斫《き》れども開けず」と。師云く、翡翠簾《ひすいれん》垂れ、③糸綸《しりん》未だ降《お》りず、④紫羅帳《しらちょう》、合《がっ》し、視聴通じ難し。⑤毛頭《もうとう》を犯動し、月、夜戸に昇る。密《ひそ》かに一歩を移して、⑥鶴は銀籠より出《い》づ。還《ま》た知るや。⑦脱身の⑧一色、⑨遺影無く、坐せずして⑩同風⑪大功に落つ。

①曹山＝曹山本寂《ほんじゃく》（八四〇～九〇一）。洞山良价の法嗣で、二人して曹洞宗の祖。以下の古則は『五』十三「曹山本寂」に記さる。②刀斧斫不開＝刀斧を入れる隙間がない。親密の極致の喩『従容録』二十六〝同死同生何れを此とし、何れを彼とせん〈刀斧斫れども開けず〉〟③糸綸＝⑴勅語、仏勅。⑵釣り糸。『碧』十五〝世、糸綸を掌る美を知らんと欲せば〟④紫羅帳＝紫の帳《とばり》のおりた天子の御座所。常識的分別知の及ばぬ境地の喩。『碧』十〝興化未だ曾て紫羅帳裏に向かって真珠を撒《さん》し〟⑤毛頭＝⑴赤ん坊。⑵毛頭星つまり帚《ほうき》星。太白の生じる所。⑥鶴出銀籠＝鶴が美しい銀籠（涅槃）に執らわれずに自由になる喩。『洞上古轍』上〝鶴は霄漢に騰《あが》り銀籠を出づ〟。⑦脱身＝不明。脱落身心か、脱体（悟道のありのまま）と同義か？『碧』四十六〝出身は猶お易かるべし、脱体に

道《い》うことは応《まさ》に難かるべし〟 ⑧一色＝㊷の⑱参照。『碧』四十二〝一色を見ざるも、始めて是れ半提〟 ⑨遺影＝蹤跡を残す、影響。⑩同風＝⑴同じ趣き、⑵平和。『論衡』雷虚〝千里風を同じくせず〟 ⑪大功＝大きな功徳、大きい働き。『碧』八十八〝大功は賞を立てず〟

《訳》僧が曹山和尚に尋ねた、「子供が帰って来て父親に仕えたのに、どうして父は子を顧《かえり》みないのですか」。曹山、「父子の理はこんなもんじゃ」。僧、「父子の恩愛《おんない》はどこに在るのですか」。曹山、「〔どこそこに在るのではなく〕父子の恩愛は初めから成っているのだ」。僧、「父子の恩とはどんなものですか」。曹山、「刀や斧《おの》でも入る隙《すき》はないものじゃ」。

この古則について、宏智禅師が述べた。美しい翡翠《かわせみ》の簾《すだれ》が垂れて、天子のお言葉がまだ無く、玉座の紫羅の帳《カーテン》が閉《しま》っていて（分別的思考が及ばず）、耳目が通じない。帚星《ほうきぼし》を犯して月が昇ると、夜の戸を照らし、ひそかに鶴が銀の籠《かご》から出ていくように、涅槃の語に執らわれずに自由になる。純一無雑《じゅんいつむぞう》となってあとに何も残さず、只管打坐《しかんたざ》しないで、穏《おだや》かに大自然の働きに任《まか》すのである

⇩《評言》父子（＝師資）の縁は切っても切れるものではなく、大自然の摂理によって結ばれているのです。凡俗《わたし》を含めて、子供（修行者）は、涅槃《さとり》（銀籠）をも捨てて、大自然の中で穏坐すべきなのですが――。（いま、穏坐しているのに、アクセクと悟りを求めているのです）

㊻ 挙白水垂語云。眼裏著砂不得。耳裏著水不得。僧便問。如何是眼裏著砂不得。水云。応真無比。僧云。如何是耳裏著水不得。水云。白浄無垢。

①白水＝洞山良价の法嗣の白水本仁《ほんにん》（生没年不詳、唐末の人）。以下の垂語は『五』十三「白水本仁」にある。 ②眼裏著砂不得＝目の中に砂をつけて

師云。白水老子。可謂大而無外。小而無内。具足千変万化。祇箇赤手空身。不受一滴一塵。直是満眼満耳。還見麼。立足無閑地。知心有幾人。

挙す。①白水《はくすい》の垂語に云く、「眼裏②に砂を著《つ》け得ざれ。耳裏に水を著け得ざれ」と。僧、便ち問う、「如何なるか是れ眼裏に砂を著け得ざる」。水云く、「③応真比ぶる《おうしんくら》無し」。僧云く、「如何なるか是れ耳裏に水を著け得ざる」。水云く、「④白浄無垢《むく》なり」と。師云く、白水老子、⑤大にして外無く、⑥小にして内無しと謂《い》いつべし。⑦千変万化、祇《た》だ箇の⑧赤手空身《せきしゅ》をば具足す。⑨一滴⑩一塵を受けず。直に是れ⑪満眼満耳なり。還《ま》た見るや、足を立つるに⑫閑地無し。⑬知心幾人か有る。

はならぬ。見れども見えずという無分別の境地になれ、という教示。『碧』二十五〝雪竇拈じて云く、眼裏に沙を著くるを得ず、耳裏に水を著くるを得ずと〟 ③応真＝阿羅漢のこと。『出曜経』二十九に〝比丘具足する此の者、乃ち応真と謂う〟とある。④白浄＝潔白清浄。白水（人名）に掛ける。⑤大而無外＝大きくて際限が無い。『碧』二十二〝大方外無く、細なること隣虚の若《ごと》し〟 ⑥小而無内＝不明。小さくて中身が無いことか。⑦千変万化＝さまざまに変化する。『碧』五十五〝古人千変万化、此の如く神通を現ずる〟 ⑧赤手空身＝手ぶらで、身に何もつけない、清浄法身のこと。『碧』六十二〝幻化の空身即法身〟 ⑨一滴＝ひとしずく。曹源の一滴水。『碧』七〝「如何なるか是れ曹源の一滴水」。法眼曰く、「是れ曹源の一滴水」。〟（問いが即ち答）。ここは耳裏水の縁語。⑩一塵＝その中に尽十方世界が現成している微細の塵。ここは眼裏砂の縁語。⑪満眼満耳＝眼と耳に一ぱい。『碧』八十八〝満眼色を視ず、満耳声を聞かず。〟 ⑫閑地＝迷悟も凡聖も超越した境地。『碧』二十一〝機中に機を透得して放って閑閑地ならしめば。〟 ⑬知心＝心を知る者、『従容録』三十〝知心は拈出して商量すること勿《な》し〟

《訳》 白水本仁の垂語に言っている。「目に砂をつけてはならぬ、耳の中に水を入れてはならぬ。（無分別の境にならぬとだめだ）」。僧、「目に砂をつけないとは、どういう事ですか」。白水、「阿羅漢の境地で、それは何ものにも較べられぬ」。僧、「耳に水をつけないとは、どういう事ですか」。白水、「清浄無垢《しょうじょうむく》である」。

この古則について、宏智禅師が言った。白水老師は偉大で際限がなく、又た、空無《くうむ》の人と言えるだろう。千変万化、臨機応変し、身に何もつけず、清浄法身の老師である。耳に一滴の水も、眼に一塵砂もつけないで。ただありのままに見聞する目と耳とを具えている。どうだ、白水老師と一如になれたかな。老師は凡聖迷悟《ぼんしょうめいご》を超えた境地もない。老師の心境を理解する者は何人いるだろうか。

⇩《評言》宏智禅師は、白水本仁和尚を、最高に称《たた》えています。異常なほどです。

㊼ 挙石頭参同契云。回互不回互。僧問雲門。如何是回互。門指版頭云。不可喚作版頭僧云。如何是不回互。門云。這箇是版頭。師云。石頭舌頭無骨。雲門眼裡有筋。千古之下。声光赫揚。如今要把手共行。直須恁麼始解不恁麼。然後没交渉。還相委悉麼。少年曾決龍蛇陣。老倒還同稚子歌。

挙す。①石頭《せきとう》の②参同契《さんどうかい》に云く、「③回互不回互《えごふえご》」と。僧、④雲門《うんもん》に問う、「如何なるか是れ回互」。門、⑤版頭《はんとう》を指して云く、「版頭を喚作《かんさ》すべからず」。僧云く、「如何なるや是れ不回互」。門云く、「這箇《しゃこ》は是れ版頭」と。

師云く、石頭の⑥舌頭に骨無し。雲門の⑦眼裡に筋《きん》有り。千古の下、

①石頭＝石頭希遷《きせん》（七〇〇〜七九〇）。はじめ六祖慧能に参侍したが、後に青原行思の法を嗣ぐ。②参同契＝石頭希遷著。五言四十四句の古詩で、曹洞宗でよく読誦される。③回互不回互＝相依相存と独立自存を別と見ず、回互（相依相存）の中に不回互、不回互（独立自存）の中に回互が含まれていること。『参同契』〝門門一切境、回互不回互〟④雲門＝⑪の⑥参照。⑤版頭＝⑴僧堂の長連床上の初位、⑵僧堂内の牀椽。『禅苑清規』十〝坐して板頭に靠《よ》ることを得ざれ。〟⑥舌頭無骨＝

⑧声光赫揚《かくよう》し、如今、手を把《と》って共に行くを要す。直に須《すべか》らく恁麼にして⑨不《ふ》恁麼《いんも》を解すべし。然る後、⑩没交渉《もっきょうしょう》なり。還《ま》た相い⑪委悉《いしつ》するや。少年曾《かつ》て⑫龍蛇陣を決し、⑬老倒《ろうとう》、還た稚子《ちし》の歌を同じくす。

言語が自由無礙であること。『無門関』十一〝趙州の舌頭に骨無し〟⑦眼裡有筋＝眼光鋭く、気力が漲《みなぎ》っていること。『従容録』九十三〝眼裏に筋有り〟⑧声光＝輝かしい名声。⑨不恁麼＝不如是、そのようでない。『碧』三〝恁麼も也た得ず、不恁麼も也た得ず〟⑩没交渉＝関係がない。『碧』八十三〝三千里外没交渉、七花八裂〟⑪委悉＝詳しく知りつくす。『碧』八〝還た委悉するや〟⑫龍蛇陣＝変化自在で不敗の陣容。『碧』七十一〝龍蛇陣上に謀略を看る〟⑬老倒＝潦倒と同じ。老いぼれ。『碧』二十四〝老倒疎慵無事の日、閑眠高臥して青山に対す〟

《訳》　石頭希遷著の『参同契《さんどうかい》』に、「回互不回互《えごふえご》」と言っている。僧が雲門和尚に質問した。「回互（相依相存）とは何ですか」。雲門は僧堂の牀椽《じょうえん》を指して、「版頭《はんとう》と呼んではならぬ」と云った。僧、「不回互（独立自存）とは何ですか」。雲門は、「これは版頭である」と答えた。

　この古則について、宏智禅師が述べた。石頭和尚は、舌に骨が無いごとく縦横自在に説法するが、雲門和尚の眼光は鋭い。（三人の師家は）古くから名声が輝き、いま、手をとって共に行持《ぎょうじ》することが大切だ。直ちにこのように不恁麼を理解しなければならない。そのあとは、回互と不回互、恁麼と不恁麼、これらは無関係である。くわしく知っているか。少年の昔は不敗の（不回互即ち自存独立の）龍蛇の陣容を構え、老い衰えると幼児の童謡を一しょに（回互即ち相依相存して）歌うのである。

⇩《評言》　石頭・雲門二和尚の禅旨の異同が、凡俗にはサッパリ分りません。宏智は回互不回互、恁麼不恁麼を、少年と老倒に譬えているのでしょうが、それも解りません。少年→老倒のありのままの成り行きを、最後の二句で頌《うた》っているのでしょう。更に参究しようと思っております。

㊽ 挙芭蕉示衆云。爾有拄杖子。我与爾拄杖子。爾無拄杖子。我奪却爾拄杖子。

師云。爾有則一切有。爾無則一切無。有無自是当人。与奪関芭蕉甚事。正恁麼時。作麼生是爾拄杖子。

挙す。①芭蕉《ばしょう》の示衆に云く、「爾《なんじ》に②拄杖子《しゅじょうし》③有らば、我れ爾に拄杖子を与えん。爾に拄杖子無③くんば、我れ爾より拄杖子を④奪却《だっきゃく》せん」と。

師云く。爾の有は則ち一切有、爾の無は則ち一切無なり。⑤有無は自ら是れ⑥当人、⑦与奪《よだつ》は芭蕉の⑧甚事《なにごと》に関《かか》わる。⑨正当恁麼《しょうとういんも》の時、作麼生《そもさん》か是れ爾の拄杖子。

①芭蕉＝芭蕉慧清《えせい》（生没年不詳、唐代の人）。新羅の人で、潙仰宗の南塔光涌《こうゆう》（八五〇〜九三八）の法嗣。以下の古則は、『無門関』四十四、及び『五』九「芭蕉慧清」にあり。有無の相対を超えた所に、真実があることを説く。②拄杖子＝つえ。⑩の②参照。『洞』51に〝拄杖は但だ喚んで拄杖と作《な》し、一切は但だ喚んで一切と作す〟『碧』十八〝拄杖子を識得せば、一生参学の事畢《おわ》んぬ。〟③有無＝有と無。『碧』三十一〝山河大地是れ有か是れ無か、三世諸仏是れ有か無か。〟『正』神通〝一切有無の諸法に貪染せざるは〟④奪却＝奪い取る。『碧』七十三〝我れを用いて什麼か作《せ》ん、拄杖子を奪却せん〟⑤有無＝『伝心法要』〝有無の見を作《な》さざれば、即ち法を見るなり〟⑥当人＝当事者。⑦与奪＝師家が学人に自由を許したり奪ったりすること。『碧』一〝逆順縦横、与奪自在なり。〟⑧甚事＝なにごと。⑨正当恁麼時＝㊵の④参照。

《訳》芭蕉和尚が大衆に云った。「雲水《おまえ》に拄杖が有るのなら、芭蕉《わし》が拄杖をやろう。拄杖を有《も》っていないのなら、拄杖を奪い取ってやる」と。

この古則について、宏智禅師が述べた。爾《なんじ》の有は一切すべての有で、爾の無というのは、あらゆる一切が無ということである。相対的な有無は自《おのず》から当事者自身にあるのであり、与奪は芭蕉和尚の（接化の）事なのである。正《まさ》にそういう時、雲水《おまえ》の拄杖はどうなんじゃ（有無に執《と》らわれてはいないかな）。

⇩《評言》拄杖子は、〝自己が本来具有している仏性〟です。この48は言語解釈に明け暮れている文《わ》字《た》禅《く》者《し》にとって、頂門の一針の拈古《ねんこ》です。

49 挙僧問香厳。如何是道。厳云。枯木裡龍吟。僧云。如何是道中人。厳云。髑髏裡眼睛。僧挙問石霜。如何是枯木裡龍吟。霜云。猶帯喜在。僧云。如何是髑髏裡眼睛。霜云。猶帯識在。

師云。王居門裡。臣不出門。

挙す。僧、①香厳《きょうげん》に問う、「如何なるか是れ道」。厳云く、「②枯木《こぼく》裡《り》の龍吟《りゅうぎん》なり」。僧云く、「如何なるか是れ道中③の人」。厳云く、「④髑髏《どくろ》裡《り》の眼睛《がんぜい》なり」。僧、挙《こ》して⑤石霜《せきそう》に問う、「如何なるか是れ枯木裡の龍吟」。霜云く、「猶《な》お⑥喜《き》を帯《お》ぶること在り」。僧云く、「如何なるか是れ髑髏裡の眼睛」。霜云く、「猶お識⑦を帯ぶること在り」と。

師云く、王は⑧門裡《もんり》に居り、臣は門を出《い》でず。

①香厳＝⑦の①参照。以下の古則は『景』十一「香厳智閑」、及び『碧』二に記載。②枯木裡龍吟＝枯れ木が風に吹かれて鳴る音を、龍の呻《うめ》きに喩える。静中の動、死中の大活をいう。『正』龍吟〝もし枯木にあらざれば、いまだ龍吟せず。〟③道中＝仏道修行の中。④髑髏裡眼睛＝死人の頭蓋骨の眼玉。⑤石霜＝⑭の②参照。⑥帯喜在＝〔どくろは〕枯れ切っておらず、喜ぶという感情がある。⑦帯識在＝〔眼玉をむいているので、〕まだ意識がある。⑧門裡＝門内、仏法の中。『碧』二十八〝且らく道《い》え、門内に在るか、門外に在るか〟

《訳》 僧が香厳和尚に質問した、「仏道とは何ですか」。香厳、「枯木林で、龍が呻《うな》るように風が鳴っている。そういう大自然のありのままが仏道じゃ」。僧が云う、「仏道修行中の人はどうですか」。香厳、「死人の頭蓋骨が眼玉をむいているようなものじゃ」と。その後、僧は石霜和尚に質《たず》ねた、「枯木林中の龍吟のような風声とは何ですか」。石霜、「まだ喜びという感情があって、自然のままではない」。僧、「髑髏の眼玉とはどんなものですか」。石霜、「(眼玉をむいているのだから)まだ意識があって、死にきってはおらん」と答えた。

この古則について、宏智禅師が言った。国王が門内に居ると、臣下は門から出ない。

⇩《評言》 僧は香厳・石霜の二和尚と問答してもまだ会得できず、三番目に曹山本寂《ほんじゃく》に同じ質問をぶっつけます。曹山和尚は僧の問いに答えたあと、親切にも頌《じゅ》を示してやります。その頌の後半の二句をあげておきます。

喜識尽くる時、消息尽き　当人何ぞ弁ぜん濁中の清(喜識尽時消息尽　当人那弁濁中清)

訳(喜びの感情も意識も尽きてしまうと、その人は濁中の清など弁別しないで、ありのままである)これから類推しますと、宏智のいう国王・臣下は、仏道を修証《しゅしょう》する師家と弟子であり、師弟一如の二人は、ありのままに門内(大自然の摂理の中)に居るというのでしょう。

50 挙大耳三蔵得他心通。朝見粛宗帝。帝命忠国師験之。蔵見国師。便礼拝側立于右。国師云。汝得他心通是否。蔵云不敢。国師云。汝道。老僧祇今在什麽処。蔵云。和尚是一国之師。何得在西川看競渡舡。国師再問。汝道。老僧即今在什麼処。蔵云。和尚是一国之師。何得在天津橋上看弄猢猻。国師第三次問。老僧即今在什麼処。蔵罔知去処。国師叱云。這野狐精。他心通在什麼処。師云。三蔵不見国師。則且置。爾道。国師自知落処麼。若謂自知。則百鳥銜花。諸天供養。未有休日。且道。正当恁麼時。落在什麼処。

挙す。①大耳三蔵《だいにさんぞう》、②他心通を得、③粛宗《しゅくそう》皇帝に朝見《ちょうけん》す。帝《みかど》、④忠国《ちゅうこく》師《し》に命じ、之を験せしむ。蔵、国師に見《まみ》え、便《すなわ》ち礼拝《らいはい》して右に側立《そくりつ》す。国師云く、「汝《なんじ》、他心通を得たるは、是《ぜ》か否《ひ》か」。蔵云く、「⑤不敢《ふかん》」。国師云く、「汝道《い》え、老僧、祇《た》だ今、什麼処《いずこ》に在りや」。蔵云く、「和尚は是れ一国の師なり。何ぞ⑥西川《せいせん》に在って⑦競渡舡《きょうとこう》を看《み》るを得ん」。国師再問す、「汝道え、老僧、即今、什麼処に在りや」。蔵云く、「和尚は是れ一国の師なり。何ぞ⑧天津橋《てんしんきょう》上に在って⑨猢猻《こそん》を弄するを看るを得ん」。国師第三次に問う、「老僧、即今、什麼処に在りや」。蔵、去処を知ること罔《な》し。国師叱《しっ》して云く、「這《こ》の⑩野狐精《やこぜい》、他心通、什麼処にか在る」と。師云く、三蔵の国師を見ざるは、則ち且《しば》らく置く。爾道《なんじい》え、国師は⑪落処《らくしょ》をば自ら知るか。若《も》し自ら知ると謂《い》わば、則ち百⑫鳥

①大耳三蔵＝印度、または西域から来た僧。以下の古則は『景』五「光宅寺慧忠」、『正』後心不可得、及び『正』他心通にある。　②他心通＝他人の心を知る神通力。『碧』十八〝国師は他心通を具し〟　③粛宗＝唐の皇帝。安禄山の乱で蒙塵《もうじん》した玄宗《げんそう》の嗣子。　④忠国師＝[4]の④参照。　⑤不敢＝謙遜する語。どう致しまして。　⑥西川＝蜀《しょく》（四川省）のこと。　⑦競渡舡＝現代のボートレースに当る。　⑧天津橋＝洛陽《らくよう》の橋。　⑨弄猢猻＝猿芝居。　⑩野狐精＝似而非《えせ》の禅者の蔑称。『碧』五〝総に野狐精の見解を作すべからず。〟　⑪落処＝帰着する所、真実の処。ここは国師の本来の面目。『碧』三〝此

花を銜《くわ》え、諸兄供養して未だ休日有らざらん。且らく道え、正⑬当恁麼の時、什麼処に落在⑭せん。

箇の公案、若し落処を知らば〟 ⑫百鳥銜花＝多くの鳥が花をくわえて飛来し、祝福する瑞相。『景』四「牛頭法融」〝百鳥銜華の異あり〟 ⑬正当恁麼時＝㊵の④参照。 ⑭落在＝落ちつく。『碧』二〝且らく道え、意は什麼処にか落在す〟

《訳》 大耳三蔵は他心通の神通力を得ていて、粛宗皇帝に拝謁《はいえつ》した。帝《みかど》は南陽慧忠国師に他心通を験《ため》させた。三蔵は国師にお目にかかり、礼拝して右がわに立った。国師、「お前は他心通を会得したというが、本当か」。三蔵、「いえいえ、どう致しまして」。国師、「老僧《わたし》は今、何処《どこ》に居るかな」。三蔵、「和尚は一国の師です。なぜ蜀《しょく》の競艇を見ておられるのですか」。国師はもう一度、「私は今、何処に居るか」。三蔵、「和尚はいやしくも一国の師です。どうして洛陽《らくよう》の天津橋《てんしんきょう》で猿芝居をご覧になっておられるのですか」。国師は三度めにも、「老僧《わたし》は今、何処に居るのか」と問うと、大耳三蔵は行き先が分らなかった。そこで国師は、「このエセ坊主め、お前の他心通はどこに在るのじゃ（国師《わたし》の本来の面目も、よう見ぬけないのか）」と叱りつけた。

この古則について、宏智禅師は次のように述べた。大耳三蔵が南陽慧忠国師（の本来の面目）を見なかったことは、ここでは触れずにワキに置いておく。雲水《おまえたち》ちょっと言ってみよ、国師は三蔵との問答の帰着点を、自分で知っているのだろうか。もし知っているのなら、百鳥が花を銜《くわ》えて飛来して祝福し、諸兄は国師を供養して、休《や》む日はないだろう。ちょっと言ってみよ。正《まさ》にそういう時、この古則の落ちつく処はどこだろう。

⇩《評言》 真の他心通というのは、他人（すべての人）が自己本来の面目（それぞれ大自然の摂理。つまり、ありのままの因縁の理）に随っているのを見ぬくことでしょう。宏智禅師はその結論を、雲水たちに自知させようと、「什麼処《いずこ》に落在せん」と問いかけているのです。凡俗には他心通も自心通も会得できていません。〝会得したい〟というのも、自我の作為でしょう。

51 挙陸亘大夫。問南泉。弟子家中有一片石。有時坐有時臥。欲鐫作仏得否。泉云得。陸云。莫不得否。泉云不得。雲巌云。坐則仏。不坐則非仏。洞山云。不坐則仏。坐則非仏。

師云。転功就位。転位就功。還他洞上父子。且道。南泉意作麼生。直是針錐不得。

挙す。①陸亘《りくこう》大夫、②南泉に問う、「弟子の家中に③一片の石有り。有る時は坐し、有る時は臥す。鐫《きざ》みて④仏を作らんと欲す。得るや否《いな》や」。泉云く、「得ん」。陸云く、「得ざること莫《な》きや否や」。泉云く、「得ざらん」。⑤雲巌《うんがん》云く、「坐せば則ち仏、坐せざれば則ち非仏」。⑥洞山云く、「坐せざれば則ち仏、坐すれば則ち非仏」と。

師云く、⑦功を転じて位と⑧就《な》り、⑨位を転じて功を就《な》すは、還《ま》た他の⑩洞上父子ならん。且《しば》らく道《い》え、南泉の意、作麼生《そもさん》。直に是れ⑪針錐《しんすい》不得なり。

①陸亘大夫＝字《あざな》は景山。至徳年中（七五六～七五八）御史《ぎょし》大夫となったので陸亘大夫と称せられる。南泉普願に師事し、多くの禅客と方外の交をなす。『五』四に伝があり、以下の古則は『景』八「南泉普願」及び『洞』92に載る。②南泉＝4の①参照。③一片石＝ひとかけらの石。ここは陸亘大夫の本来の面目か。④作仏＝成仏する、悟得する。⑤雲巌＝雲巌曇晟《どんじょう》（七八二～八四一）。はじめ百丈懐海に二十年参侍したが、後に薬山惟儼《いげん》の法を嗣ぐ。門下に洞山良价がいる。⑥洞山＝5の①参照。⑦転功就位＝不明。修行の功夫功徳を転じて常住不変の真理につくことか。功は洞山功勲の第三で14の⑩参照。⑧就＝なる、成就する。⑨転位就功＝不明。⑦の反対語であろう。⑩洞上父子＝雲巌と洞山の師弟。⑪針錐＝針と錐《きり》。子弟を厳し

く鍛えることの喩。『論衡』状留〝針錐の穿《うが》つ所、暢達せざる無し〟

《訳》陸亘大夫が師の南泉普願に質問した。「弟子《わたし》の家に一箇の石があります。ある時は坐り、ある時は臥《ね》ます。刻《きざ》んで仏を作ろうと思いますが、出来るでしょうか」。南泉、「できるだろう」。陸亘、「出来ないということはありませんか」。南泉、「出来ぬこともあるだろう」。後に雲巌和尚が言った、「坐れば仏で、坐らないと仏じゃない」。洞山和尚は、「坐らなければ仏で、坐ると仏ではない」。と言った。

この古則について、宏智禅師が言った。修行の功夫功徳によって成仏し（向上し）、仏位を転じて功夫するのは（向下）、あの雲巌と洞山の師弟である。ちょっと言ってみよ、師の南泉の意思はどうなのだ。（また、弟子の陸亘大夫はどうなのだ）

⇩《評言》仏に就《な》ることにも、只管打坐することにも、拘《こだ》わってはなりません。真実（法身仏）は決して人間が考えたことでも、人間（まして、凡俗《わたし》）が修行参究して作り出すものでなく、それはただ、大自然の事実であるだけです。南泉の、「得ん」「得ざらん」と言った意思も、そこにあったのでしょう。

52

挙仏前有一女子入定。仏勅文殊出定。殊乃運神力。托上梵天。出定不得。仏乃云。下方有罔明大士。能出此定。須臾罔明至。勅令出定。罔明彈指三下。女子便出定。

師云。若定若動。当人変弄。鴻毛軽而不軽。大山重而非重。還知老瞿曇鼻孔在我手裡麼。

挙す。仏前に①一女子有りて②入定《にゅうじょう》し、仏勅により文殊③出定せしむ。

①一女子＝『諸仏要集経』では、名は離意《りい》とする。以下の古則は『景』二十七「諸方雑挙徴拈代別語」及び『無門関』四十二にある。②入定＝禅定三昧に入ること。③文殊＝過去七仏の師と言われ、最高位の菩薩で、仏弟子中、智慧第一と言われる。④神力＝不思

殊乃《すなわ》ち神力④を運び、托して梵天⑤に上る。出定不得なり。仏乃ち云く、「下方に⑥罔明大士《もうみょうだいし》有り、能《よ》く此の定より出《い》ださん」。須《しゅ》臾《ゆ》にして罔明至り、勅令により出定せしむ。罔明、⑦弾指《だんし》すること三下、女子便《すなわ》ち定より出《い》づ。

師云く、若《も》しくは定、若しくは動、当人変動す。⑧鴻毛《こうもう》軽くして軽からず、大山重くして重きに非ず。還《ま》た知るや、老瞿曇《くどん》の鼻孔、我⑨が手裡に在ることを。

議な力。『碧』三十二〝巨霊神に大神力有り。〟 ⑤梵天＝色界天の初禅天。⑥罔明大士＝網明菩薩。あらゆる妄想分別を捨てた初地歓喜地の菩薩で、文殊と対照的に最下位の菩薩。⑦弾指＝⑴極めて短かい時間、⑵指を弾いて鳴らす。相手を侮辱する動作。『碧』六〝弾指し悲しむに堪えたり舜若多〟 ⑧鴻毛＝大鳥の毛。極めて軽い喩。⑨在我手裡＝私の自由になる、私のものである。『碧』十六〝鼻孔什麼《なん》と為《し》てか、却て山僧の手裡に在る。〟

《訳》仏前で一人の女子が禅定に入っていて、仏命で菩薩最高位の文殊が禅定三昧から出させようとした。文殊は神力を尽くし、天に上り梵天の力にゆだねたが、出定させられなかった。仏が白《もう》された、「菩薩界の下の方に罔明菩薩がいる。彼がこの女子を出定させるだろう」。仏の言葉が終るや否や、忽《たちま》ち菩薩最下位の罔明菩薩が出てきて、指を三べん弾《はじ》くと、女子は禅定三昧から出た。

この古則について、宏智禅師はこう述べた。禅定三昧や活動は、当人が自由に変えるのである。鴻毛は（客観的に）軽いけれども、主観的には軽くはなく、大山は重いけれども、当人には重くない（軽い重いは、それを扱う主観による）釈尊の鼻の穴（本来の面目）も、宏智《わたし》のものであることを知っているかな。

⇩《評言》一説によりますと、仏は大円鏡智《だいえんきょうち》、文殊は平等性智《びょうどうしょうち》、罔明は妙観察智《みょうかんざっち》、そして女人は成《じょう》所作智《しょさち》というように、四智のそれぞれを表していると言いますが、そのような分別智《ふんべっち》こそ作為的なものです。最高位の文殊菩薩と、最低位の罔明菩薩を登場させて、そんな位置づけを超えた老瞿曇の鼻《び》孔《くう》（ありのままの真実、大自然の摂理）を、「悟りなさい、いや、その中に生かされていることを怡《よろこ》びなさい」という古則を、しっかり把握しましょう。

53

挙雪峯与三聖行次。見一隊猢猻。峯云。祇這猢猻。各各背一面古鏡。聖云。歴劫無名。何以彰為古鏡。峯云。瑕生也。聖云。一千五百人善知識。話頭也不識。峯云。老僧住持事煩。

師云。当時若見雪峯道瑕生也。但近前云喏喏。且道。何故如此。争之不足。譲之有余。

挙す。①雪峯と②三聖《さんしょう》と行く次《とき》、一隊の猢猻《こそん》を見る。峯云く、「祇《た》だ這《こ》の猢猻、各各《おのおの》一面の③古鏡を背にす」と。聖云く、「④歴劫《りゃくごう》名無し。何ぞ以て彰《あらわ》して古鏡と為《な》す」。峯云く、「瑕《きず》生ずるなり」。聖云く、「⑤一千五百人の善知識、話頭《わとう》、也《ま》た識《し》らず」。峯云く、「老僧、⑥住持の事煩《わずら》わし」と。

師云く、当時若《も》し雪峯の瑕、生ずと道《い》うを見ば、但だ近前して云く、⑦喏喏《だくだく》と。且らく道《い》え、何の故《かく》に此の如きかを。之と争って足らず、之に譲って余り有り。

①雪峯＝⑪の①参照。②三聖＝三聖慧然《えねん》（生没年不詳、唐代の人）。『景』十二「三聖慧然」に、雪峰と古鏡についての問答がある。『従容録《しょうようろく》』六十三〝三聖と雪峯とは春蘭秋菊なり。〟③古鏡＝一切の物を差別なく映す鏡。仏性の喩。『洞』143「玄中銘」〝夜明簾外、古鏡徒らに輝き〟『正』二十に「古鏡」の巻がある。④歴劫＝永遠の時間。⑤一千五百人＝32の⑧参照。⑥住持＝⑴仏法を行持し伝えること、⑵寺の住職。⑦喏喏＝ハイハイという肯定の返事、諾諾と同じ。

《訳》雪峰義存と三聖慧然とが歩いている時、一群の猿を見た。雪峰が、「この猿たちは夫々《それぞれ》一枚の古い鏡（仏性）を背負っている」と言うと、三聖は、「永遠に本来、仏性に名詞はつけられぬ。なぜ古鏡などとコトバで表現するのか」。雪峰、「もう古鏡に瑕《きず》がついたぞ」。三聖、「雪峰山の千五百人の善知識の雲水を導く住持《あなた》も、古鏡という話題を理解していませんね」。雪峰、「雪峰《わたし》は住持の事で忙しいのです（三聖《あなた》の相手はしておれません）」と言った。

この古則について、宏智禅師は述べた。あの時、雪峰が、「古鏡（仏性）に瑕がついた」と言うのを見ていたら、宏智《わたし》だったら、前に進み出で、「はいはい」と言っただろうに。どうして、そう言うかをちょっと言ってみよ。雪峰と仏性についてコトバでいくら論争しても言い足りないし、三聖に譲っても言葉は心の中に溜《たま》るだろう。

⇩《評言》 雪峰や三聖とが、古鏡（仏性）と瑕（表現）について論争すると、言葉では過不足が生じてしまう――つまり、仏性は言葉では表現できず、ただありのままの大宇宙の真実であるというのでしょう。言葉で表現できない時、禅僧はよく詩偈で、象徴的に吐き出します。

54 挙長慶示衆云。浄潔打畳了。近前就我索。驀脊与爾一棒。有這一棒到爾。爾須具大慚愧。若無這一棒到爾。爾向什麼処会。師云。死口喫常住飯。展脚臥長連床。求箇知慚媿者難得。還知長慶棒落地処麼。雷開蟄戸電焼尾。引出崢嶸頭角来。

挙す。①長慶《ちょうけい》、衆に示して云く、「②浄潔、③打畳《たじょう》し了《おわ》りぬ。近前して我れに就《つ》き索《もと》むれば、④驀脊《まくせき》、爾《なんじ》に一棒を与えん。這の一棒の

①長慶＝21の②参照。以下の古則は、『五』七「長慶慧稜」にある。②浄潔＝清浄潔白。③打畳＝折り畳んで始末すること。『碧』九十〝直に須らく六根下を打畳して〟④驀脊＝背骨をまっしぐらにとらえる。『五』七では〝劈脊〟とする。⑤向＝この字はこれまで頻出したが、注をぬかっていた。於

爾に到ること有らば、爾、須《すべか》らく大慚愧《ざんき》を具すべし。若《も》し這の一棒の爾に到ること無くんば、爾、什麼処《いずこ》に⑤向《おい》て会《え》せん。

師云く。⑥死口に⑦常住飯を喫し、⑧脚を展《の》べて長連床に臥す。箇の慚愧《ざんき》を知る者を求むれど得難し。還《ま》た長慶の棒の⑨落地の処を知るや。雷《いかずち》は⑩蟄戸《ちっこ》を開き。電《いなずま》は⑪尾を焼く。⑫崢嶸《そうこう》たる頭角《ずかく》を引出し来る。

と同じ働きの助字。⑥死口＝⑴自由な機略のない死漢の口、⑵黙っている口。⑦常住＝⑴いつも存在する。⑵禅院の公有物。『碧』九十七〝常住の物色、何ぞ作践すること此の如きこと〟⑧展脚臥長連床＝足を伸ばして、連なる単位の上で寝る。『碧』七十八〝長連床上脚を展べて臥す〟⑨落地処＝㊿の⑪参照。⑩蟄戸＝冬ごもりの虫の穴の入口。⑪焼尾＝⑴虎が尾を焼いて人になる。変化自在の喩。『従容録』二十二〝箇の焦尾の大虫を跳出せば又た作麼生〟⑵魚が尾を焼いて龍になる。『碧』六十〝尾を焼く者も雲を拏《つか》み〟⑫崢嶸＝高く嶮しいさま。立派な様子。『碧』九十一〝亦た犀牛の頭角崢嶸なるを見ん〟

《訳》長慶和尚が大衆に述べた。「きれいサッパリと片付けてしまった。長慶《わし》の前に来て法を求めるなら、一棒で背骨をどやしつけてやる。この棒が雲水《おまえ》に下されると、爾《おまえ》は自分の罪過を愧《は》じねばならないぞ。もとこの棒がお前に届かなかったら、雲水《おまえ》はどのように仏法を会得するのじゃ」と。

この古則について、宏智禅師は言った。黙って無駄に寺の食物をくらい。足を伸ばして長連床で寝る。こういう罪過の愧《はじ》を知る奴《やつ》を求めるが、仲々見つからぬ。長慶和尚の一棒がどこに落下して落ちつくか、知っているか。雷（の如き一棒）は、冬ごもりの虫（安逸を貪《むさぼ》る雲水）の戸を開いて、電光（＝厳しい接化）は魚の尻尾《しっぽ》を焼いて龍に化《ばけ》させる。また、すごい煩悩を引っ張り出すのである。

⇩《評言》長慶の一棒は「浄潔打畳了」そのものを指していると解せます。全てをきれいサッパリと捨てきって、本来の面目に帰ることとも解せます。そうすれば、自己が汚濁煩悩《おじょくぼんのう》にまみれていることが判って、慚愧《ざんき》にたえないでしょう。

55 挙盤山垂語云。若言即心即仏。今時未入玄微。若言非心非仏。亦是指蹤極則。師云。有銭不解使。解使却無銭。且道。作麼生得十成去。娶他年少婦。須是白頭児。

挙す。①盤山《ばんざん》の垂語に云く、「若《も》し②即心即仏《そくしんそくぶつ》と言わば、今時、未だ③玄微《げんみ》に入らず。若し④非心非仏《ひしんひぶつ》と言わば、亦《ま》た是れ⑤極則《ごくそく》を⑥指蹤《ししょう》するなり」と。

師云く、銭有れど使を解さず、使を解せば却って銭無し。且らく道え、作麼生《そもさん》か⑦十成を得去《えさ》らん。他の年少の婦《つま》を娶《めと》るは、須らく是れ⑧白頭児《はくとうに》なるべし。

①盤山＝21の③参照。この古則は『五』三「盤山宝積」にある。『碧』三十七〃盤山宝積和尚は乃ち馬祖下の尊宿なり。後に普化《ふけ》一人を出す〃 ②即心即仏＝心こそが仏にほかならぬ。『景』七「大梅法常」〃師（＝大梅）云く、「這の老漢、人を惑乱し未だ了する日有らず。汝に非心非仏を任す。我れは只管即心即仏なり」と。〃 ③玄微＝奥深く微妙。『碧』序〃焉《な》んぞ玄微を悉《つく》さん。〃『洞』153〃玄微は須らく句中の真に透るべし〃 ④非心非仏＝心でもなければ仏でもない。『無門関』三十三〃「如何なるか是れ仏」。（馬）祖曰く、「非心非仏」。〃 ⑤極則＝究極の境。『碧』九〃若し極則に理論せば〃 ⑥指蹤＝あとを指示して教える。適切な指導。 ⑦十成＝42の⑲参照。 ⑧白頭児＝白髪頭の子。

《訳》 盤山和尚が垂語で云った、「もし即心即仏と言ったら、今《いま》どき、まだ奥深く微妙な境地に入っていない。もし非心非仏と言ったなら、適切な指導で究極のところを教示するのである。

この古則について、宏智禅師が言った。銭を持っていても使い方が解らず、使用法が解っても銭がない。（銭と使用法とは一体である）ちょっと言ってみよ、どうしたら十分であろうか、年《とし》若い婦人を嫁《よめ》にするのは、白髪《しらが》の子でなければならない。

⇩《評言》宏智の、銭貨や娶婦《しゅふ》の比喩が、ぴったり訳しきれません。畢竟《ひっきょう》、不合理や非常識なものが、そのまま一であるということでしょうか。

56 挙金峯示衆云。事存函蓋合。理応箭鋒拄。若人道得。金峯分半院与他住。時有僧出礼拝。峯云休休。相見易得好。共住難為人。師云。重賞之下。必有勇夫。這僧擬乎強取。金峯又却不甘。還知蚌鷸相持。尽落漁夫之手。若也弁得函蓋箭鋒。金峯一院両手分付。

挙す。①金峯《きんぽう》の示衆に云く、「②事《じ》は③函蓋合《かんがいごう》に存し、②理《り》は④箭鋒《せんぽう》、拄《しゅ》に応ず。若《も》し人、道《い》い得れば、金峯は⑤半院を分けて他と住せん」と。時に僧有り出でて礼拝す。峯云く、「休《や》めよ休めよ。⑥相見《しょうけん》は得易くて好《よ》く。共住は⑦為人《いにん》たり難し」と。

師云く。⑧重賞の下、必ず勇夫《ゆうぶ》有り。這《こ》の僧、⑨強取を擬するか。金峯、又た却って甘んぜず。還《ま》た知る、⑩蚌鷸《ぼういつ》相い持《じ》し、尽《ことごと》く漁夫の手に落つ。若《も》し也《ま》た函蓋と箭鋒を弁得せば、金峯の一院、⑪両手にて分付せん。

①金峯＝曹山本寂の法嗣の金峰従志《じゅうし》（生没年不詳、五代の人）。以下の古則は『五』十三「金峰従志」にある。②事・理＝相対的差別の事象と絶対無差別の縁起の道理。『碧』五〝事と理は不二、権実並行す。〟③函蓋合＝函《はこ》と蓋《ふた》とがピッタリ合うように、師弟の機が合する喩。『景』三十「参同契《さんどうかい》」〝事は函蓋合に存し、理は箭鋒拄に応ず〟④箭鋒拄＝二人の弓の名手が相い対して箭を放つと、互いの矢じりが空中で当ること。互いに相手を悟らせる喩。機宜一致《きぎいっち》や師資契合《ししかいごう》をいう。『碧』七〝法眼下に之れを箭鋒相い拄うと謂う〟⑤分半院＝住持職を半分譲ること。半座職は首座《しゅそ》のこと。⑥相見＝㊷の⑬参照。⑦為人＝学人を接化すること。『碧』六十六〝本分の宗師は人の為めにす〟⑧重賞＝多くの褒美《ほうび》。『三略』上略〝重賞の下、必ず勇夫有り。〟『碧』二十

六にも同文がある。⑨強取＝力ずくで奪い取る。⑩蚌鷸相持＝ドブ貝とシギとが争って譲らぬこと。『戦国策』にある故事（鷸蚌之争《いつぼうのあらそい》）。⑪両手分付＝両手でもって与える。『碧』七十四〝両手に持し来り、他に付与す〟

《訳》 金峰和尚が大衆に説法した。「相対的な事象は函《はこ》と蓋《ふた》とがピッタリ合うように、道理は矢じりが空中で当る。そのように誰か雲水《おまえ》たちが師家《わたし》と合致したなら、金峰《わし》は住持職を半分わけてその者を首座《しゅそ》に任じて、他《かれ》と仏法を住持しょう」と言うと、一人の僧が前に出て礼拝した。すると金峰和尚は、「やめよ、やめよ。師弟の相見は、たやすいが、金峰《わし》と一しょに法を住持して、人の為めに教化することは難かしいぞ」と言った。

この古則について、宏智禅師は次のように述べた。（半院を分けるような）多くの褒美《ほうび》を与えると、必ず（近前して礼拝する如き）勇ましい雲水が現われる。この僧は褒美を強奪しようとしたが、金峰和尚は承知せず、〝シギとドブ貝とが互いに譲らずにいて、どちらも第三者の漁夫に獲《と》られてしまった〟という故事を知っているか、もし金峰門下の僧が、函蓋と箭鋒の意味をきちんと弁《わきま》えていたら、和尚は両手で一院そっくり与えたであろう。

⇩《評言》 師資合一が如何に難かしいかを語っています。函《はこ》や箭《や》の如き正師のない蓋《ふた》・鋒《やさき》（凡俗）は、ただ、経文や語録の中に存在するはずの無い正師を求めるのみです。

57 挙僧問曹山。仏未出世時如何。山云。曹山不如。僧云。出世後如何。山云。不如曹山。

師云。仏与曹山。賓主互換。出世不出世。各具一隻眼。未有長

①曹山＝45の①参照。②仏未出世時如何＝仏陀がこの世にお出ましにならぬ時は、どうでしたか。『碧』二十一〝僧、霊雲に問うて云く、「仏未だ出

行而不住。長住而不行。還会麽。幽洞不拘関鎖意。縦横那渉両頭人。

挙す。僧、①曹山に問う、「②仏未だ出世せざる時、如何」。山云く、「曹山は③如《し》かず」。僧云く、「④出世後は如何」。山云く。「曹山に如かず」。

師云く、仏と曹山と⑤賓主互換《ひんしゅごかん》す。⑥出世と不出世と各々《おのおの》⑦一隻眼《せきがん》を具す。未だ長行《ちょうぎょう》にして住《じゅう》さず、長住にして行《ぎょう》ぜざるもの有らず、還《ま》た会《え》するや。⑧幽洞⑨関鎖《かんさ》に拘《こだわ》らず、縦横那《なん》ぞ⑩両頭人に渉《わた》らん。

世せざる時如何」。雲、払子を竪起《じゅき》す。僧云く、「出世後は如何」。雲、亦た払子を竪起す。〃この問答の口調は、⑫⑬の蓮華問答に酷似する。③不如＝⑴如実でない、⑵〜に及ばない。④出世＝㉛の③参照。⑤賓主互換＝主人（仏・師家）が主位に執着せず、賓客（学人・曹山）も賓位に固執せずに、互いに円転自在の働きをすること。『碧』三十六〝看よ、他の賓主互換、当機直截を〃⑥出世不出世＝世間に出て仏法を宣揚すること（向下門）と、世に出ずに修証すること（向上門）。『碧』四十三〝曹洞下に出世不出世有り〃⑦一隻眼＝肉眼以上の智慧の眼。『碧』四十四〝頂門上に一隻眼を具して〃⑧幽洞＝静かな洞穴。陳子昂《ちんすごう》「感遇」〝幽洞留行無し〃⑨関鎖＝門の錠。『碧』八十七〝万重の関鎖太だ無端〃⑩両頭人＝生死・迷悟など、相対的な二見にこだわる人。『碧』八十六〝両頭倶に坐断す〃

《訳》僧が曹山和尚に質問した。「仏がこの世に、まだお出ましにならない時は、どうですか」。「曹山《わたし》は、そうじゃない（出世している）」。僧、「仏がお出ましになった後は、どうですか」。曹山、「曹山《わたし》には及ばぬ」。

この古則について、宏智禅師が云った。仏と曹山和尚とは、互いに境位に拘《こだわ》らず、円転自在である。この世に出ても出なくても、仏法の慧眼を一つ具《そな》えている。長く修行して一所に住《とど》まったり、長く住まって修行しない者はない（住と行と円転自在である）。どうじゃ、解るかな。奥深い洞穴や、しっかり閉じた錠前《じょうまえ》など無関係で、縦横自在で、出世と不出世の二見なんかに拘《こだわ》りはしないのだ。

⇩《評言》宏智禅師の言うとおりです。凡俗《わたし》も俗世間にあって、僧堂生活（不出世）を羨望《せんぼう》するような二見に執《と》らわれるのを止《や》めます。

58

挙雲門示衆云。直得触目無滞。達得名身句身一切法空。山河大地是名身。亦不可得。喚作三昧性海倶備。猶是無風。匝匝之波。直得亡知於覚。覚即仏性矣。喚作無事人。更須知有向上一竅在。師云。賓主不諧。二倶有過。各与二十棒。祇如向上一竅。又作麽生。犀因翫月紋生角。象被雷驚花入牙。

挙す。①雲門の示衆に云く、「②直に触目《そくもく》滞《とどこお》ること無く、③名身句身、④一切法、空に達し得て、⑤山河大地是れ身と名づく。亦《ま》た得《う》べからず。⑥三昧も⑦性海《しょうかい》も倶《とも》に備わると喚作《かんさ》す、猶《な》お是れ風無き⑧匝匝《そうそう》の波のごとし。⑨直得す、知を覚《かく》に亡《ぼう》じ、覚は即ち仏性なり。⑩無事の人と喚作し、更に須らく⑪向上の一竅《いっきょう》の在ること有るを知るべし。

師云く、⑫賓主諧《かな》わず、二倶《とも》に過有り。各ゝ《おのおの》二十棒を与えん。祇《た》だ向上の一竅の如し。又た作麼生《そもさん》。⑬犀《さい》は翫月《がんげつ》に因って、紋《もん》、角《つの》に生じ、象は⑭雷《いかずち》に驚かされて花、牙《きば》に入る。

①雲門＝⑪の⑥参照。②直得触目無滞云々＝『五』十五「雲門文偃」に同文有り。③名身句身＝不明。④一切法＝あらゆる法（存在）。『碧』二十一〝爾《なんじ》一切の法を摂す。一切の法は爾を摂することを得ず〟（お前は全宇宙の森羅万象を受け容《い》れるが、一切の物はお前を受け容れはせぬ）⑤山河大地＝『碧』二〝山河大地一一転じて自己に帰す。〟⑥三昧＝心をしずめて統一すること。禅定。⑦性海＝平等一如の涅槃を海に喩えたもの。⑧匝匝＝あまねく。⑨直得＝⑴〜という結果になった、⑵たとい〜であっても。⑩無事人＝本来の自己にたち帰った人。『碧』十二〝各ゝ灑灑《おのおのしゃしゃ》落落地にして、箇の無事の人と作《な》し去らしめん〟⑪向上一竅＝㉒の⑦参照。⑫賓主＝㉕

の③と57の⑤参照。　⑬犀因翫月云々＝犀は月を賞すると、月光が角の中に入って紋様を作る。『従容録』三〝雲犀、月を翫んで璨として輝を含む〟　⑭象被雷驚云々＝何の喩か不明。花芽は蕾（つぼみ）のことで雷と同音。

《訳》　雲門和尚が大衆に説いた、「目をさえぎる物はなく、名も語句も身体も、一切の存在は空《くう》であり、そういう境地に達すると、山河大地と自分の身体が一体である。しかし、そこまで会得できない。禅定も平等一如の涅槃境《さとり》も備わっていると言うのは、まるで無風の時の波のようでもある。その結果、知覚の分別知を亡《な》くすると覚（さとり）になり、覚はとりもなおさず仏性である。そういう人を無事の人と喚《よ》ぶのである。さらに仏法の奥義があることを知らねばならない」。

　この古則について、宏智禅師が述べた。客（雲水）と主（師家）とが、ピッタリ合わないのは、賓と主に過《あやま》ちが有るのだ。夫々《それぞれ》二十棒ずつ喰《く》らわしてやろう。仏法の奥義とはどんなものじゃな。それは、犀《さい》が月を賞《め》でると、月光が角《つの》の中に入って紋様ができ、象が雷に驚かされて花が牙《きば》の中に入るような、大自然の摂理なのじゃ。

⇩《評言》　語注③の「名身句身」を正解し得なかったのが、古則全体の解釈に響いたようです。

59　挙乾峯示衆云。挙一不得挙二。放過一著落在第二。雲門出衆云。昨日有人従天台来。却往径山去。峯云。来日不得普請。師云。坐断十方。千差路絶。放開一線。万派朝宗。二尊宿。開拓家風。方見衲僧去就。還端的麼。太平天子寰中旨。血汗将軍塞外心。

①乾峯＝22の①参照。以下の古則は『五』十三「越州乾峯」及び『碧』二十四にある。　②挙一＝物事の一端をあげる。『碧』一〝一を挙げ三を明らかにす〟　③一著＝師家が弟子に向上の一句を示すこと。『碧』二一〝頼《さいわ》いに這の

挙す。①乾峯《けんぽう》の示衆に云く、「一②を挙《あ》げて二を挙げ得ず、③一著《いちじゃく》を④放過すれば、第二⑤に落在⑥す」と。雲門⑦、衆より出て云く、「昨日、人有りて天台⑧より来り、却《かえ》って⑨径山《きんざん》に往き去る」。峯云く、「来日、普請《ふしん》し得ざれ」。

師云く、十方⑩を坐断し、千差⑪の路絶《た》ゆ。一線⑫を放開⑬し、万派⑭朝宗⑮す。二尊宿は家風を開拓し、方《まさ》に衲僧《のうそう》の去就⑯を見る。還《ま》た端的⑰なりや、太平の天子⑱寰中《かんちゅう》の旨、血汗⑲の将軍⑳、塞外《さいがい》の心。

一著有り。〃 ④放過＝[38]の④参照。⑤第二＝向上の第一でない働き、第二義門。『碧』二十〃放過して人に与う。已に第二に落つ〃分別知をいう。⑥落在＝[50]の⑭参照。⑦雲門＝[11]の⑥参照。⑧天台＝浙江省の天台山。⑨径山＝浙江省杭州にあり、径《みち》が天台山に通じるのでこの名がある。中国五山第一の興聖万寿寺《こうしょうまんじゅじ》がある。『正』深信因果〃杭州径山大慧禅師宗杲和尚の頌にいはく〃 ⑩坐断十方＝一切の束縛から超越して坐りつくす。『碧』三十六〃須らく是れ十方を坐断する底の人にして〃 ⑪千差＝あらゆる差別。『碧』六〃千差を坐断して凡聖を通ぜず〃 ⑫一線＝正法の一すじの道。『碧』二十三〃一線道を放って第二義門に於て〃 ⑬放開＝学人に一切を許して自由にさせる。『碧』二十〃臨済も翠微も只だ把住することを解して、放開することを解せず〃 ⑭万派＝あらゆる支流や門派。⑮朝宗＝河水が海に注ぐこと。『碧』三十八〃白浪滔天、尽く去って朝宗すとも〃 ⑯去就＝[24]の③参照。⑰端的＝[37]の⑨参照。⑱寰中旨＝天子の直轄地《ちょっかつち》を治める勅旨。第一義諦の喩。『従容録』四十四〃寰中は天子、塞外は将軍〃 ⑲血汗＝非常な努力や苦労の喩。『後漢書』崔駰伝〃汗血し時を競う。〃 ⑳将軍塞外心＝塞外にいて平和を守る将軍の心。学人が師家に対して、その本分を守る喩。『碧』七十三〃寰中は天子の勅、塞外は将軍の令。〃

《訳》 乾峯和尚が大衆に示された、「一を挙《あ》げ更に二を挙げては真如は会得できぬ、学人が二を挙げるのをゆるして自由にさせると、正法の第一義から外《はず》れてしまう」。すると雲門文偃《ぶんえん》が大衆の中から前に出て言った、「昨日、天台山から人が来て、又た径山《きんざん》に行ってしまいました（一（天台）を挙げて更に二（径山）を挙げました〉と述べると、乾峯は、「〈第一義を尊重せんのじゃ〉明日の作務は止《や》めじゃ」と言った。

この古則について、宏智禅師が述べた、一切の束縛を超えて坐《すわ》りきると、千差万別の路〈天台や径山への道〉も断絶して真如と一つになる〈第一義となる〉。一すじの正法の道を学人にゆるすと、あらゆる法は第一義に帰す。乾峯と雲門のお二人の師家は、それぞれ家風を開いて、雲水の進退を見ておられる。どうじゃズバリ分ったかな。太平の天子〈師家〉は直轄地を平和に治《おさ》める勅旨を出し、国境にいる将軍〈雲水〉は、汗血を流すような修行（坐断十方）をするのである。

⇩《評言》乾峯と雲門の会話がさっぱり分りません。〈　〉で補って言語で理解しようとしましたが、それこそ、第二義門どころか、第三第四に堕していることでしょう。

60

挙巌頭辞徳山。山云。子什麼処去。頭云。暫辞和尚下山去。山云。子他後作麼生。頭云。不忘和尚。山云。子憑何有此語。頭云。豈不聞。智与師斉。減師半徳。智過於師。方堪伝授。山云。如是如是。善自護持。

師云。徳山尋常棒下。不立仏祖。洎乎到這時節。得恁麼老婆。雖然是養子之縁。争免得後人撿責。待伊道智過於師方堪伝授。拄杖驀脊便打。

挙《こ》す。①巌頭《がんとう》、②徳山《とくさん》を辞す。山云く、「子、什麼処《いずこ》にか去《ゆ》く」。頭云く、「暫らく和尚を辞し、下山し去《ゆ》かん」。山云く、「子、他後《たご》

①巌頭＝巌頭全豁《ぜんかつ》（八二八〜八八七）。豁は奯と同じ。雪峰や欽山と道交し、仰山慧寂《ぎょうざんえじゃく》に参じた後、徳山宣鑑の法を嗣ぐ。以下の話は『景』十六と『五』七の「巌頭全豁」にある。なお、『同』134に、巌頭が徳山に参じた時の話頭がある。②徳山＝徳山宣鑑《せんかん》（七八〇〜八六五）。『金剛経』に通達し、周金剛と称される。龍潭崇信《りゅうたんすうしん》の嗣。③智云々＝『碧』十一〝「百丈云く」「見、師と斉しければ、師の半徳を減ず、智、

作麽生《そもさん》」。頭云く、「和尚を忘れざらん」。山云く、「子、何を憑《たの》んで此の語有らん」。頭云く、「豈《あ》に聞かずや、智③、師と斉《ひと》しければ、師の半徳を減ず。智、師を過ぐれば、方《まさ》に伝授に堪えん」。山云く、「如是《にょぜ》、如是。善く自《み》ら護持せよ」と。

師云く、徳山の④尋常の⑤棒下、仏祖を立てず。這《こ》の時節に到るに洎《およ》び、恁麽の⑥老婆を得たり。然りと雖も是の⑦養子の縁、争《いか》でか後人の⑧撿責《けんせき》を免れ得ん。伊《かれ》の道《ことば》を待てば、智、師に過ぐれば、方《まさ》に伝授に堪《た》え、拄杖を拽《ひ》いて、⑨驀脊《まくせき》便ち打つ。

師を過ぐれば、方に伝授に堪えん」〞④尋常＝ふだん、いつも。『碧』十四〝雲門尋常一句の中に、須らく三句を具すべし。〞⑤棒下＝『碧』五〝我れ（＝雪峰）当時徳山の棒下に在って、桶底《つうてい》の脱する如くに相い似たり〞⑥老婆＝老婆のように親切に学人を導く者。『碧』一〝雪竇忒煞《はなは》だ老婆重重為人の処なり〞⑦養子之縁＝老婆が子を養うのに可愛がり過ぎて、子を傷《そこな》うこと。師家の慈悲の過剰な喩。『碧』三〝可殺《はなは》だ新鮮、養子の縁〞⑧撿責＝責任を問う、批判する。『碧』六十六〝千古の下、検責を免れ得ん〞⑨驀脊＝54の④参照。

《訳》　巌頭全豁《ぜんかつ》（豁）が師の徳山和尚の会下《えか》を辞去した。徳山、「お前はどこへ行くのじゃ」。巌頭、「しばらく和尚のもとを辞し、寺から出て行きます」。徳山、「それから、どうするのじゃ」。巌頭、「和尚のお教えは忘れません」。徳山、「巌頭《おまえ》はどうしてそんな事を言うのじゃ」。巌頭、「お聞きになったことはありませんか。智慧が師匠と同じなら、師匠の半分も働きはできず、智が師匠以上になると、やっと正法を伝授することが出来るということを」。徳山、「そうじゃ、その通りである。よくその事を守って行《ぎょう》持《じ》せよ」。

この古則について、宏智禅師が述べた。徳山和尚の、ふだんの棒の下では、仏祖も立ってはおれぬほど厳しい。こういう（因縁が熟した）時節になって、こんな徳山の慈悲深い接化を得たのである。しかし、溢《あふ》れる弟子への慈悲の縁は、どうして後世の者の批判を免れることが出来よう。巌頭の語によると、智慧が師匠以上だと、正法をその弟子に伝授することが出来、拄杖を引きよせて弟子の背をどやしつけるのである。

⇩《評言》『学道用心集』に、〝正師が得られなければ、学ばざるにしかず〟とありますが、徳山と巌頭との師弟は、まことに羨ましい限りです。凡俗はただ書物の中に、正師を求めるのみです。

61 挙南泉垂語云。王老師。牧一頭水牯牛。擬向渓東去。不免官家苗税。擬向渓西去。不免官家苗税。争如随分納些些。総不見得。師云。南泉牧牛。可謂奇特。直得一切処関防不得。為什麼如此。是他随分納些些。

挙す。①南泉《なんせん》の垂語②に云く、「王老師③、一頭の水牯牛④《すいこぎゅう》を牧《か》い、渓東に向かって去《ゆ》かんと擬《ぎ》すれば、官家の苗税⑤《びょうぜい》を免れず、渓西に向かって去かんと擬すれど、官家の苗税を免れず。争《いか》でか分に随って、⑥些些《しゃしゃ》を納むるに如《し》かん。⑦総《すべ》て見得せず。

師云く、南泉の牧牛、⑧奇特《きどく》と謂《い》うべし。⑨一切処を直得《じきとく》し、関防⑩を得ず。什麼《なん》と為《し》てか、此《かく》の如くならん。是れ他、分に随って些些を納むるなり。

①南泉＝4の①参照。②垂語＝7の②参照。③王老師＝王姓の南泉普願のこと。④水牯牛＝水牛の一種。修行者や本分の面目を行ずる人の喩。『碧』二十四〝潙山道《い》わく、老僧百年後、山下の檀越家に向《おい》て、一頭の水牯牛と作《な》り〟⑤苗税＝用語例不明。牧草等にかかる税か。⑥些些＝少し、些子に同じ。『碧』六十五〝王老師猶お些子に較《あた》れり。〟⑦総不見得＝『碧』七十六〝頭辺は総て未だ見得せず〟⑧奇特＝すばらしい。⑨一切処＝あらゆる場所。『碧』三十六〝一切処都《すべ》て是れ這の境界。〟⑩関防＝官印の代りに用いる関防印か。『勅修清規』三「入院」〝財穀を計算し、簿書分明なり。関防幣を作る〟

《訳》 南泉和尚が垂語で述べた。「王老師《わたし》は一頭の水牯牛を飼育しており、牛をつれて谷川の東に行こうとすると、お上《かみ》に苗税を取られ、谷川の西に行こうと思っても、苗税が課せられる。こんなことなら分相応に少しでも苗税を納めた方がましだ。すべて分らぬ。

この古則について、宏智禅師が言った。南泉和尚の牛飼いは、何とすばらしいことだろう。一切の場所が分って、官公《おかみ》の関防印を得ない。どうしてこのようなのだろう。それは南泉和尚が分に応じて、わずかの苗税を納めているからである。

⇩《評言》 南泉普願は南泉山（安徽《あんき》省池陽《ちよう》）で牛を飼い田を耕していましたが、池陽陸公亘らの要請で山を下り、宗風を挙揚しました。苗税を納めて随所（官有地）随縁に、牛を飼う（雲水を接化する）禅者の、随縁の生き方を参究しなければなりません。

[62] 挙黄蘗問百丈。従上相承底事。和尚如何指示於人。丈拠坐。蘗云。後代児孫。将何伝授。丈云。将謂爾是箇人。便帰方丈。

師云。言満天下無口過。行満天下無怨悪。還他百丈。黄蘗不是不知有。且祇要此話大行。還会百丈帰方丈麽。林間風葉落。化外水天秋。

挙す。①黄檗《おうばく》、②百丈《ひゃくじょう》に問う。「③従上《じゅうじょう》④相承底の事、和尚如何に人に指示せん」。丈、⑤拠坐《こざ》す。檗云く、「後代の児孫、何を将《もっ》て伝授せん」。丈云く、「将《まさ》に謂《おも》えり、爾《なんじ》は是れ⑥箇の人なり」と。便

①黄檗＝[3]の⑤参照。 ②百丈＝[3]の①参照。 ③従上＝これまでの。達磨以来の。『碧』十一〝黄檗、一日又た百丈に問う、「従上の宗乗、如何が指示せん」。〟 ④相承底＝承け継いできたも

ち方丈に帰る。
師云く、言は天下に満ち、口過無し。行《ぎょう》も天下に満ち、⑦怨悪《おんお》無し。還《ま》た他の百丈と黄檗、不是不知有りや。且《しば》らく祇《た》だ此の話、大行せんと要す。還た百丈、方丈に帰りしを会するや。林間に風葉落ち、⑧化外《けげ》は⑨水天の秋。

の。ここは正法のこと。⑤拠坐＝居《い》ずまいを正す。『碧』八十四〝亦た黙然、拠坐と説かず〟 ⑥箇人＝今、話している、その人、真如の人。『碧』六十一〝三千里外、箇の人有り〟 ⑦怨悪＝うらみと憎しみ。⑧化外＝仏法の教化が及ばない地域。『従容録《しょうようろく》』四〝化外自ずから来賓す。〟 ⑨水天＝水と空。白居易「宿湖中」〝水天晩に向かって碧沈沈〟

《訳》黄檗希運が師の百丈和尚に質問した、「これまで承《う》け継がれてきた正法を、和尚はどのように示されるのですか」。百丈は居ずまいを正して黙っていた。黄檗、「後世の禅僧は何を伝えたらよいのですか」。百丈、「黄檗《おまえ》がその伝授する人間じゃ」と言って方丈に帰った。
　この古則について、宏智《わんし》禅師は述べた。言句は天下に満ちて、その口に過誤は無く、行持は天下に満ちて、人から怨《うら》まれ憎《にく》まれることが無い。かの百丈と黄檗の師弟がこれを知らぬことはない。ちょっとこの古則は天下に大いに行なわれねばならぬ。百丈和尚が方丈に帰った意味が会得できるかな。林の中は風が葉を散らし、化外の地は水と天とが青一色になる秋である。

⇩《評言》正法は言葉で伝えられるものではなく、また特別変った行為でもありません。大自然のありのままなのです。水天の秋のような大自然の摂理に従うことが正法なのです。

63 挙仰山問僧。近離甚処。僧云廬山。仰云。曽到五老峯麽。僧云不曾到。仰云。闍梨不曾遊山。雲門云。此語皆為慈悲之故。有落草之譚。

師云。雲門雖然識得仰山底裡。争奈祇知其一不知其二。且道。仰山意作麼生。無限風流慵売弄。免人指点好郎君。

挙す。仰①山、僧に問う、「近②離《きんり》甚処《いずこ》ぞ」。僧云く、「廬③山《ろざん》なり」。仰云く、「曾《かつ》て五④老峯《ごろうほう》に到るや」。僧云く、「曾て到らず」。仰云く、「⑤闍梨《じゃり》、曾て遊山せず」と。雲門云く。「此の語、皆な慈悲の為めの故に、⑥落草《らくそう》の譚《たん》有り」と。

師云く、雲門は仰山⑦底裡《ていり》を識得すと雖然《いえど》も、争奈《いかん》せん。祇《た》だ其⑧の一を知るのみにて、其の二を知らず。且《しば》らく道《い》え、仰山の意作麼生《そもさん》。無限の風流、⑨売弄《まいろう》に慵《ものう》く、人の⑩指点を免ずる⑪好郎君《こうろうくん》。

①仰山＝㉓の②参照。以下の古則は、『五』九「仰山慧寂」と、『碧』三十四にある。②近離甚処＝何処から来たのか。雲水の修行の境地を験《ため》すために禅院でよく用いる語。『碧』十〝睦州、僧に問う、近離甚処ぞ。〟③廬山＝江西省九江に接する山。山中に東林寺などの寺があり、李白・蘇軾《そしょく》等が名句を多く残す。李白「望廬山瀑布水」〝飛流直下す三千尺　疑うらくは是れ銀河の九天より落つるかと。〟蘇軾の〝山色豈に清浄身に非ずや〟の句は禅林で膾炙。④五老峯＝廬山の名峰で、李白の蟄居地。なお石川県能登の永光寺開山堂伝灯院の別称を五老峰という。⑤闍梨＝阿闍梨の略。僧の第二人称によく用いる。⑥落草＝凡愚に即しての接化指導。第二義門に落ちること。『碧』三十六〝今日一日、只管に落草〟⑦底裡＝奥に秘めた真実、内実。『碧』三教老人序〝底裡悉く見え〟⑧知其一云々＝59の②参照。⑨売弄＝自慢し誇示すること。『碧』四十九〝売弄出し来る〟⑩指点＝指摘すること。『従容録』四十八〝指点するに一任す〟⑪好郎君＝貴公子。

《訳》仰山和尚が僧に尋ねた、「どこから来たのか（脚下の一大事はどうか）」。僧、「廬山から参りました」。仰山、「廬山の五老峰に登ったことがあるか」。僧、「いいえ、行ったことがありません」。仰山、「お前は遊山もしなかったのか（何の為めに行脚《あんぎゃ》したのじゃ）」。雲門和尚が批評した、「この問答はみな仰山の慈悲心から出たもので、第二義門に降《お》り、凡愚の為めの問答であるぞ」と。

この古則について、宏智禅師が述べた。雲門は仰山の心中を知っているが、一を知って二を知らないのである。ちょっと言ってみよ、仰山和尚の真意（一の奥の二の意思）は何であるか。無限の風流（言句で表し尽くせぬ真意）は、自慢らしく誇示するのは慵《ものう》く、（雲門のような）人の指摘をゆるす貴公子のよう。

⇩《評言》真実や底裡には述語は不要です。いや述語する言句がありません。無始無終の無限定なモノで、大自然の〝無限の風流〟なのですが、分別知に凝《こ》り固まっている凡俗《わたし》は、誰が〝好郎君〟なのか分別できないままで、この[63]の筆を擱《お》きます。

[64] 挙三聖云。我逢人即出。出即不為人。興化云。我逢人即不出。出則便為人。

師云。堕也堕也。今日不是滅古人声光。且要長後人節概。若是本色漢。提祖師印。転鉄牛機。把拄杖一時穿却。方見衲僧手段。

挙す。①三聖《さんしょう》云く、「我れ人に逢えば即ち出《い》で、出《いず》れば即ち②為人《いにん》せず」と。③興化《こうけ》云く、「我れ人に逢えば即ち出でず。出れば即ち人の為めにす」と。

師云く、④堕《だ》や堕や。今日、是の古人の⑤声光を減ぜず。且《しば》らく後人をして⑥節概《せつがい》を要せしむ。若《も》し是れ⑦本色《ほんじき》の漢ならば、⑧祖師の印を提《さ》げ、⑨鉄牛の機を転じ、拄杖を把《と》って一時に⑩穿却《せんきゃく》す。方《まさ》に衲

①三聖＝三聖慧然《えねん》（生没年不詳、唐代の人）。臨済義玄の法嗣。[53]の②参照。以下の古則は『五』十一「三聖慧然」にある。②為人＝⑴学人を接化する。⑵接化の方法。『碧』一〝雪竇這裏に到って、為人の赤心片片たるを妨げず〟③興化＝臨済の法嗣の興化存奨《ぞんしょう》（八三〇～八八九）。④堕也＝おちる。『碧』九十六〝師云く、「破也破也、堕也堕也」と。侍者忽然と大悟す〟⑤声光＝[47]の⑧参照。⑥節概＝節操と気概。⑦本色＝[10]の⑥参照。⑧祖師＝⑴達磨、⑵正伝の師家。『碧』六十

僧の手段を見ん。

九〝祖師の心印、状は鉄牛の機に似たり〟 ⑨鉄牛機＝黄河の氾濫を防ぐ鉄製の牛のような大きな働き。『従容録』二十九〝鉄牛の機、印住印破〟 ⑩穿却＝（鉄牛の）鼻の穴をあけること、師家の大接化の喩。

《訳》 三聖慧然が云った、「私は人に逢《あ》うとすぐ玄関に出て行く、出てもその人を導かない」。同門の興化存奨は云った、「私は人に逢っても彼れの面前に出て行かない。出るとすると、それが人の為めの行為なのだ」と。

この古則について、宏智禅師が述べた。人の為めに第二義門に堕《お》ちよ（人を救済せよ）。すると今日でも、古人（三聖と興化）の輝かしい声価を減じはしない。とにかく何時《いつ》までも後世の者に気概節操《きがいせっそう》を保《も》たせることになる。もし本物の禅僧なら、祖師正伝の心印を授け、鉄牛のような大きな機《はたらき》を働かせ、拄杖で雲水に本来の面目を覚《さと》らせる、そんな禅僧の手段を見るであろう。

⇩《評言》 第一義門（向上門）を守るのも、第二義門（向下門）に下《くだ》るのも。宏智禅師は称揚しているのでしょう。いや、向上・向下は一如なのです。

65

挙声明三蔵見閩王。王請玄沙験之。沙背後以銅火筯。敲鉄火爐。問云。是什麼声。蔵云。銅鉄声。沙云。大王莫受外国人瞞。

師云。理契則神。貧子獲衣中之宝。情封則物。力士失額上之珠。三蔵祇解瞻前。玄沙不能顧後。還知麼。誣人之罪。以罪加之。

挙す。①声明三蔵《しょうみょうさんぞう》、②閩《びん》王に見《まみ》ゆ。王、③玄沙《げんしゃ》に請《こ》い、之を験せしむ。

①声明三蔵＝印度から来た学問僧。声明は、言語・文学・音韻を研究する学問。以下の古則は『景』十八と『五』七の「玄沙師備」にある。 ②閩王＝福建省（閩）辺を領する王。『景』『五』は閩帥王審知とする。 ③玄沙＝[9]の

沙、背後に銅の④火筋《かちょ》を以て鉄の火爐《かろ》を敲《たた》き、問うて云く、「是れ什麼《なに》の声ぞ」。蔵云く、「銅鉄の声なり」。沙云く、「大王、外国人の瞞を受くること莫《なか》れ」と。

師云く、⑤理《り》契《かな》えば則ち神《しん》、貧子、⑥衣中の宝を獲《え》て、⑦情封ずれば則ち物なり。⑧力士、額上《がくじょう》の珠を失なう。三蔵祇《た》だ⑨瞻前《せんぜん》を解するのみ。玄沙は⑨後を顧みること能《あた》わず。還《ま》た知るや、⑩誣人《ぶにん》の罪は罪を以て之に加う。

①参照。閩の玄沙院に住していた。④火筋＝火箸《ひばし》。⑤理契＝仏法の理に合致する。『碧』二十五〝他、道《い》い得て自然に理に契い機に契う〟『参同契《さんどうかい》』〝理に契うも亦た悟りに非ず〟⑥衣中之宝＝自分では気付かぬ自己本来の面目の喩。『法華経』五百弟子受記品〝無価の宝珠を以て其の衣裏に繋ぎ、之に与えて去る〟⑦情封則物＝不明。『碧』三十四〝理極まって情識を忘ず〟（真理の真只中に入ると情も知識も一切なくなる）と同じ境地か？⑧力士失額上之珠＝正師の教えを受けないため、自己本来の面目を見失なった力士のこと。『伝心法要』〝力士の額内の珠に迷うて、外に向かって求覓す。〟『碧』十一〝黄檗は身長七尺、額に円珠有り、天性禅を会す。〟⑨瞻前……顧後＝『碧』五十四〝這の僧、只だ前を瞻るを解して、後を顧みること能わず〟⑩誣人之罪＝人を落しいれる罪。

《訳》天竺の声明三蔵法師が閩王にお目にかかった。閩王は領内の玄沙和尚に請い、三蔵の仏法力を験《ため》させた。玄沙は背の後で、銅の火箸《ひばし》で鉄の爐を叩《たた》いて、「これは何の音か」と質《たず》ねた。三蔵が、「銅と鉄の音です」と答えると、玄沙は、「大王よ、外国の天竺人に瞞《だま》されてはなりませぬ」と申し上げた。

この古則について、宏智禅師が言った。真理に契《かな》うとそれは神《しん》である。『法華経』の貧窮者《ひんぐうしゃ》が衣裡の宝（真理）を得て、自己の情識を封じこめると物（衣裡の宝珠、即ち本来の面目）そのものである。力士は額《ひたい》の中に珠が入ってしまって見失っている。声明三蔵もただ前を見るだけで、玄沙は後を顧みることが出来ない。どうだ分るか。他人を無実の罪に陥《おと》す者（玄沙か？）の罪は加重するのである。

⇩《評言》〝情封則物〟の意味は、口語訳のカッコ内の解釈で好かったでしょうか？　さあ、十時になり、里山散策の時間です。山と空を眺め、落葉をふみしめて、この拈古を参究してきます。（逃走のようです）

66

挙僧問長沙。作麼生転得山河大地。帰自己去。沙云。作麼生転得自己。帰山河大地去。

師云。雖然主賓互換。要且泥水不分。或然裂転鼻孔。恁麼不恁麼総不得。又合作麼生。如今王令稍厳。不許人攙行奪市。

挙す。僧、①長沙《ちょうさ》に問う、「作麼生《そもさん》か②山河大地を転じ得て、③自己に帰《き》し去らん」。沙云く、「作麼生か自己を転じ得て、山河大地に帰し去らん」と。

師云く、④主賓互換《しゅひんごかん》すと雖然《いえど》も、⑤要且《か》つ⑥泥水分れず。或は然《しか》らば⑦鼻孔を裂転す。⑧恁麼《いんも》も不恁麼《ふいんも》も総て得ず。又た⑨合《は》た作麼生。如⑩今王令稍《やや》厳しく、人の攙行奪市《ざんこうだっし》を許さず。

①長沙＝長沙景岑《けいしん》（生没年不詳、唐代の人）。南泉普願の法嗣で、湖南省長沙山で教化につとめ、仰山から〝岑大虫〟と称された。以下の古則は『景』十と『五』四の「長沙景岑」にあるが、それは山河国土と記す。②山河大地＝宇宙の大自然全体。58の④参照。③帰自己＝結局は自己自身の問題のこと。『碧』八十九〝百丈云く、一切の語言文字、倶《とも》に皆な宛転して自己に帰す〟④主賓互換＝賓主互換と同じ。主人も賓客もその位地に固執せず、互いに円転自在の働きをすること。『碧』三十六〝看よ、他の賓主互換、当機直截、各〻相い饒《ゆる》さざるを〟⑤要且＝ともかく、要するに。『碧』二十〝要且つ祖師西来の意無し。〟⑥泥水＝⑴泥と水、⑵俗世に入って衆生を救うことを、入泥入水とか和泥合水という。⑦裂転鼻孔＝鼻をねじり、ひき裂く。『碧』九十三〝他の鼻孔を裂転し来たって人を瞞ず〟⑧恁麼不恁麼総不得＝真実はこうだ、そうでもないと、言葉では表せないこと。『碧』三〝恁麼も也《ま》た得ず、不恁麼も也た得ず〟⑨合＝はた、そもそも。発問の語。⑩王令稍云々＝王の法令が厳しくて、行商人から商品を奪うようなことは許

さぬ。『碧』五〝王令稍厳にして、行市を攙奪するを許さず〟王令は「真如」、攙奪行市は「問答商量」の喩か？

《訳》僧が長沙和尚に質問した。「どうすれば山河大地を自己に転じられますか」。長沙和尚は、「どうしたら自己を山河大地に転じること（自己と大自然とが一体になること）が出来るのじゃ」と、同じようなことを問い返した。

この古則について、宏智禅師が言った、主位（長沙）と賓位（質問僧）とが、円転自在の法談を交《か》わしているのだが、要するに、泥水は泥と水と分離できぬ如く、主賓の問答は一しょで、俗世の衆生を救済している。もしそうなら、二人の鼻（本来の面目と思いているもの）を引き裂いてやる。真実は、ああじゃこうじゃと、言葉では会得できないのだ。では、そもそもどうなんだ。いまや傍若無人《ぼうじゃくぶじん》の問答話など許さんぞ。

⇩《評言》凡俗《わたし》は、僧と長沙和尚との問答は、近寄り難い難会得の境地だと思っていますのに、宏智はこの二人の問答（即ち答）さえも、〝不許〟なのです。徹底した不思量を求めているのです。

67 挙灌溪垂語云。我在臨際処得一杓。我在末山処得一杓。又云。十方無壁落。四面亦無門。露躶躶赤灑灑没可把。

師云。灌溪恁麼説話。且道。是臨際処得底。末山処得底。雖然一箭双雕。奈有時走殺有時坐殺。且作麼生得恰好去。捏聚放開都在我。拈来抛去更由誰。

挙す。①灌溪《かんけい》の垂語に云く、「我れ②臨際《りんざい》の処に在って③一杓《いっしゃく》を得、

①灌溪＝灌溪志閑《しかん》（?～八九五）。臨済義玄の法嗣で、湖南省長沙の灌溪に住す。以下の古則は『五』十一「灌溪志閑」にあり、『永平広録』九「頌古」に詠われる。㉕の①参照。②臨際＝臨済義玄。③一杓＝木杓に一杯の水。④末山＝高安

我れ④末山《まつざん》の処に在って一杓を得たり」と。又た云く、「十方⑤壁《へき》落《らく》無く、四面も亦《ま》た門無し。⑥露裸裸《ろらら》、⑦赤灑灑《しゃくしゃしゃ》。把《と》るべきもの没《な》し」と。

師云く、「灌渓の恁麽の説話、且《しば》らく道《い》え、是れ臨際の処にて得し⑧底《もの》か、末山の処にて得し底か。⑨一箭双雕《いっせんそうちょう》と雖然《いえど》も、有る時は走殺し、有る時は⑩坐殺するを奈《いか》んせん。且つ作麽生が⑪恰好《かっこう》に去るを得ん。⑫捏聚放開《ねつじゅほうかい》は都《すべ》て我れに在り。⑬拈来抛去《ねんらいほうこ》は更に誰にか由《よ》らん。

大愚の嗣の末山尼了然《りょうねん》。『正』礼拝得髄〝末山は高安大愚の神足なり〟⑤壁落＝壁と垣根。『碧』三十六〝十方壁落無く、四面亦た門無し〟⑥露裸裸＝[8]の⑥参照。⑦赤灑灑＝ありのままで自由無礙《むげ》。『碧』九〝荊棘林を出得して、浄裸裸赤灑灑なるべし〟⑧底＝的と同じく、上の語を名詞化する。⑨一箭双雕＝一矢で二羽の鷲を射止めるように、師家の接化の自在なこと。『碧』八十七〝双剣空に倚って飛び、一箭双雕を落とす〟⑩坐殺＝しっかり坐る。『碧』六十二〝瞠眉努眼の処に向《おい》て坐殺せば〟⑪恰好＝適切。⑫捏聚＝[15]の③参照。⑬拈来抛去＝収来放去に同じ。とり上げたり手放したりすること。『碧』二十四〝放去は太《はなは》だ速く、収来は太だ遅し。〟

《訳》　灌渓和尚が垂語した。「私は師の臨済禅師の所で柄杓《ひしゃく》一杯の水を飲み（教えを受け）、末山尼《まつざんに》の所でも一杯の水を飲んで修行したのだ」。又た云った、「四方八方、壁も垣も無く、東西に門も無い。ありのままむき出しで、自由無礙で、つかまえられぬ境地じゃ」と。

　この古則について、宏智禅師が言った。灌渓和尚のこの話は、臨済禅師の所で得た境地か、末山尼の所で会得した境地か、ちょっと言ってみよ。一本の矢で二羽の鷲《わし》を射るような師家の自在の接化《せっけ》でも、ある時は自由に行脚《あんぎゃ》して回り、ある時はどっかと坐りきるのじゃ。どっちが適切なのか、把住放開は（師家ではなく）全て自分自身にあるのである。拈来放去は誰に由《よ》るのでもなく、自己に帰すのだ。

⇩《評言》自由無礙の境地は、灌溪のように師家（臨済と末山尼）から接化されて会得するのでなく、自分自身で得るのです。法灯明《ほうとうみょう》は自灯明《じとうみょう》によって会得するのです。

68

挙僧問睦州。祖意教意是同是別。州云。青山自青山。白雲自白雲。

師云。若向這裡識得睦州。釈迦出世達磨西来。総是不守本分底漢。還識得麼。臂長衫袖短。脚痩草鞋寛。

挙す。僧、①睦州《ぼくしゅう》に問う、「②祖意と③教意、是れ同じか是れ別か」。州云く、「④青山は自《おの》ずから青山、白雲は自ずから白雲」と。

師云く、若《も》し這裡《しゃり》に向《おい》て睦州を識得せば、釈迦の⑤出世も達磨の西来も、総じて是れ⑥本分を守らざる底の漢なり。還《ま》た識得するや。臂《ひじ》長ければ⑦衫袖《さんしゅう》短かく、脚痩《や》せれば草鞋寛《そうあいひろ》し。

①睦州＝⑮の①参照。以下の古則は『景』十二、『五』四の「陳尊宿」にあり、また、『正』仏教で、巴陵顥鑑の語にある。②祖意＝祖師西来意の略。③教意＝仏の教えの本意。『碧』二十九〝這の僧、只だ教意に拠り来問す〞④青山＝不動の青山は白雲の体をいう。『洞山録』〝青山は白雲の父、白雲は青山の児、白雲は終日倚り、青山は総て知らず〞⑤出世＝㉛の③参照。『碧』九十八〝諸仏未だ出世せず、祖師未だ西来せず〞⑥本分＝㊳の③参照。⑦**衫袖＝衣のそで。『禅苑清規』「赴茶湯」〝右の大指を以て左の衫袖を圧し〞**

《訳》僧が睦州和尚に質問した。「祖師西来の意と仏陀の教説の本意と、同じですか別ですか」。睦州の答、「不動の青山は青山であり、自由無礙の白雲は白雲である。（諸法実相、あらゆる存在はそのありのままが真実である）」と。

この古則について、宏智禅師が云った。もしこの古則によって、睦州という和尚を識《し》るなら、釈迦の出世や達磨の西来は、みな自己本来の面目を守らぬ者のしわざである。どうだ分るかな。腕が長いと衣の袖は短かくて、脚が痩せて小さいと草鞋《わらじ》はブカブカで履《は》きにくい。

⇩《評言》 睦州の「青山云々」、宏智の「臂長云々」の二つの偈頌《げじゅ》をどう解すればよいのでしょう。

凡俗の現在の境涯では、〝主観をまじえない諸法実相〟を詠《うた》っているのだと解しておりますが――。

[69]

挙南園一日自焼浴。僧問。和尚何不使沙弥童行。園撫掌三下。僧挙似曹山。山云。一等是箇撫掌拍手。就中南園奇怪。倶胝一指頭禅。蓋為承当処不諦。僧却問。南園撫掌。豈不是奴児婢子辺事。山云是。僧云。向上更有事也無。山云有。僧云。如何是向上事。山咄云。這奴児婢子。師云。識尊卑知貴賤。南園是作家。分玉石弁金鍮。曹山不出世。這僧雖解切瑳琢磨。也祇向奴児婢子辺著到。還知麼。放曠淋漓両不傷。猶是夜明簾外客。

挙す。①南園、一日、自ら浴を焼《た》く。僧問う、「和尚何ぞ②沙弥《しゃみ》③童《ずん》行《なん》を使わざる」。園、④撫掌《ぶしょう》三下す。僧、⑤曹山に挙似《こじ》す。山云く、「⑥一等に是れ箇の撫掌拍手なり。就中《なかんずく》南園は奇怪なり。⑦倶胝《ぐてい》の一指頭禅《しとうぜん》、蓋《けだ》し⑧承当を為《な》す処諦《あきら》めず」。僧却《かえっ》て問う、「南園の撫掌、豈《あ》に是れ⑨奴児婢子《ぬじひし》辺の事ならずや」。山云く、「是《ぜ》」。僧云く、「⑩向上更《さら》に事有りや無しや」。山云く、「有り」。僧云く、「如何が

①南園＝不明。恐らく馬祖道一の法嗣の西園曇蔵《さいおんどんぞう》（生没年不詳）であろう。以下の古則は『五』三「南嶽西園曇蔵」及び『曹山本寂語録』上にある。②沙弥＝十戒は受けたが、まだ具足戒を受けていない小僧、『碧』十一〝〔大中天子〕剃度して沙弥と為《な》る〟③童行＝未得度の童子行者。『碧』九十九〝沙弥童行の見解なること在り〟④撫掌＝⑴掌をなでる、⑵拍手する『碧』六十〝掌を撫して一下する〟⑤曹山＝[45]の①参照。⑥一等＝[37]の⑩参照。⑦倶胝＝唐代の僧で、常に倶胝観音呪を誦していた。『従容録』八十四〝倶胝和尚、凡そ所問あらば只だ一指を竪《た》つ。〟⑧承当＝[36]の⑫参照。『碧』十九〝先曹山云く、「倶胝承当の処莽鹵《ぼうろ》なり」〟⑨奴児婢子＝男と女の召使い。『碧』二十

是れ向上の事」。山、⑪咄《とつ》して云く、「這《こ》の奴児婢子」と。
師云く、「⑫尊卑を識り、貴賤を知る、南園は是れ作家《さっけ》なり。玉石を分け、⑬金鍮《きんちゅう》を弁ず。曹山は出世せず。這の僧、⑭切磋琢磨《せっさたくま》を解すと雖《いえど》も、也《ま》た祇《た》だ奴児婢子辺に向《おい》て著到す。還《ま》た知るや、⑮放曠《ほうこう》と⑯淋漓《りんり》と両《ふたつ》ながら傷《やぶ》らず、猶《な》お是れ⑰夜明簾外《やみょうれんがい》の客のごとし。

二〝奴は婢を見て慇懃〟⑩向上＝㊷の⑫参照。『洞』111に、洞山良价が曹山本寂に〝「向上更に道え」〟と迫った話がある。⑪咄＝⑴チェッと舌打ちする、⑵文言の及ばない所。『碧』十一〝師、咄して云く、這の自了漢〟⑫尊卑＝身分や地位の高低。『碧』二十七〝若し尊卑去就を知らずして〟⑬弁金鍮＝金と真鍮を見別ける。『碧』十二〝只だ是れ金鍮弁じ難く、魚魯参差《しんさ》す。〟⑭切磋琢磨＝⑴修錬すること、⑵互いに励まし合うこと。⑮放曠＝限りなく広いこと。自由なこと。『景』十七「曹山本寂」〝縁に随い放曠〟⑯淋漓＝⑴したたるさま、⑵元気盛んなさま。⑰夜明簾＝白玉・水晶で造った簾で、夜も明るく光る。『従容録』三十五〝夜明簾外、風月昼の如し〟

《訳》西園曇蔵和尚が一日、自分で風呂を焚《た》いた。僧の質問、「和尚はなぜ小僧にやらせんのですか」。西園は手を三つ拍《う》った。この話を僧が曹山和尚に示すと、曹山、「みな同じように手を拍つが、西園の撫掌はおもしろい。あの倶胝の一指頭の禅を承知していて、真実正当でない（悪口即ち称揚）」。僧は又た質問する、「西園の撫掌は、男女の召使いを呼んだ（つまり、向下門）のではなかったのですか」。曹山、「そうだ」。僧、「（撫掌に）仏法を究《きわ》める事が有ったのですか」。曹山、「有った」。僧、「どういう向上門の事ですか」。曹山はチェッと舌打ちして、「この召使いめ（わからん奴《やつ》じゃ）」と言った。

　この古則について、宏智禅師が述べた。（沙弥・童男や奴児婢子と、西園《じぶん》・倶胝という）尊卑や貴賤を知っている西園和尚は勝《すぐ》れた師家だ。玉と石、金と真鍮を弁別している。曹山和尚は世間（向下門）に出ない。この質問僧は向上門は理解しているが、やはり召使いの段階に停《とど》まっている。どうだ、知っているか？

自由無礙の放曠（向下門）も、勢い盛んな向上門も、どちらも傷《そこな》わないで夜明簾の外にいる客のような者を（知っているか）。

⇩《評言》夜明簾（夜に光る簾《すだれ》）について、『永平広録』九-88に、丹霞子淳《たんかしじゅん》が「如何が是れ空劫已前の自己」（一三七億年前の宇宙のビッグバンより以前の自分自身はどんなだったか）と問うと、宏智禅師は、「井底の蝦蟆月を呑吐して、三更に夜明簾を借らず」（井の中の蛙が真如の月を呑みこんで、夜中でも夜明簾の光など借らないで、自分自身で真実に輝いている）と答えています。八十三歳の凡俗《わたし》もありのままの真実の教えに依って、自灯明を輝かして（自灯明の具有を覚《さと》って）余生を送りたいものです。

70　挙雲門示衆云。十五日以前即不問。十五日以後道将一句来。自云。日日是好日。

師云。属虎人本命。属猴人相衝。

挙す。雲門①の示衆に云く、「十五日以前は即ち問わず、十五日以後、一句②を道《い》い将《も》ち来れ」。自ら云く、「日日是れ好日」と。

師云く、虎③に属する人は本命④、猴⑤《さる》に属する人は相い衝《つ》く。

①雲門＝⑪の⑥参照。以下の古則は『五』十五「雲門文偃」及び『碧』六にある。　②一句＝一句子に同じ。⑱の⑦参照。　③虎＝機鋒が鋭く、威風堂堂たる人物の喩。虎を大虫とも称す。『碧』八十五〝大雄山下に一虎有り〟

④本命＝生まれ年の干支《えと》。自己の本分。　⑤猴＝さる、獮猴。『碧』六十八〝這の獮猴各〻一面の古鏡を佩ぶ。〟

《訳》雲門文偃《ぶんえん》和尚が説示した。「七月十五日の解制以前のことは（懺悔《ざんげ》したのだから）尋ねぬ。今日十五日から後はどうするのか、ズバリ仏法を表わす一句で言ってみよ」。（誰も答えなかったので）雲門和尚は自分で、「一日一日が最高の日である」と言った。

この古則について、宏智禅師が述べた。虎の如く機鋒鋭く威風堂堂たる人物は、自己の本来の面目に落ち着いており、猿のように落ちつかず、心が噪《さわ》ぐ人間は衝《つ》き当るのである。

⇩《評言》 宏智禅師の拈古《コメント》が分りません。日日是好日でも、虎と猴《さる》の如き人は異なるというのでしょうか。そんな相対的二見で人間を見ていないハズです。凡俗は一日の中でも、時間によって、因縁によって、虎人間になったり、猴人間になったりする刻々の現実です。

71 挙寿聖云。月半前用鉤。月半後用錐。僧便問。正当月半時如何。聖云。泥牛踏破澄潭月。

師云。両頭得用。寿聖作家。直下忘功。是誰体得。放行也互換尊賓。把住也不留朕跡。還有体得底麽。玉女夜抛梭。織錦於西舎。

挙す。①寿聖云く、「②月半前は③鉤《こう》を用い、月半後は④錐《すい》を用う」と。僧、便ち問う、「正当月半の時は如何」。聖云く、「⑤泥牛踏破す⑥澄潭《ちょうたん》の月」と。

師云く、⑦両頭用い得る寿聖は⑧作家《さっけ》なり。⑨直下《じきげ》に功を忘る、是れ誰か体得せん。⑩放行も也《ま》た⑪尊賓を⑫互換し、⑬把住《はじゅう》も也た⑭朕跡《ちんせき》を留《とど》めず。還《ま》た体得する底《もの》有りや。⑮玉女は夜、⑯梭《さ》を抛《な》げ、⑰錦を西舎に織《お》る。

①寿聖＝不明。②月半＝月のなかば、十五日。③鉤＝魚を釣る針。雲水の質問を引き出す師家の接化手段の喩。『碧』十二〝鉤を四海に垂れて、只だ獰龍を釣る。〟④錐＝きり。針錐は厳しく学人を接化すること。⑤泥牛＝泥で作った牛。すぐ形を失なうので、没蹤跡《もつしょうせき》の喩。『五』十三「曹山本寂」〝泥牛水面に吼《ほ》え、木馬風を逐うて嘶《いなな》く〟⑥澄潭＝澄みきった水のふち。『碧』四十〝誰と共にか澄潭影を照らして寒き〟⑦両頭＝相対的な二見。『碧』八十六〝両頭倶《とも》に坐断す〟⑧作家＝44の⑩参照。⑨直下＝39の⑤参照。⑩放行＝24の⑨参照。⑪尊賓

＝尊い賓客。ここは尊宿と賓客か？ ⑫互換＝互いにかわること。『碧』七十五〝賓主互換縦奪時に臨む。〟 ⑬把住＝㉔の⑨参照。 ⑭朕迹＝朕蹤に同じ、あとかた。『碧』十三〝雪は蘆花を覆いて朕迹を分ち難し〟 ⑮玉女云々＝『景』十六や『五』六の「韶山寰普」にある偈頌。 ⑯抛梭＝機《はた》織りの梭《ひ》を投げ出すこと。光陰の速やかな喩。『雲笈七籤《うんきゅうしちせん》』〝流年一に梭を擲つ〟 ⑰織錦＝美しい錦を織る。李白「烏夜啼」〝機中錦を織る秦川の女〟

《訳》 寿聖和尚が言った、「十五日以前は、雲水の質問を引き出して指導し、十五日以後は錐で突きさすように厳しく接化するのだ」。僧の問い、「ちょうど十五日にはどうなさいますか」。寿聖、「泥製の牛が澄潭に映る月（真如）を踏むように、（接化と修行の痕跡がなくなるように）するのじゃ」。

この古則について、宏智禅師が言った。鉤と錐の二つを用いる寿聖和尚は勝れた師家である。そして、すぐ鉤錐の功果など念頭から無くなっている。このような境地は、誰が体得しているだろう。修行者を自由にさせて、尊（師家）と賓（雲水）が自由に入れ替り、修行者の妄見を摑《つか》み取って、跡形《あとかた》を残さない。こんな境涯を体得している者がいるだろうか。機《はた》を織《お》っている美女は梭《ひ》を投げ捨て（修証を念頭におかず）西の小舎で錦を織っている（日々好日を過ごす）。

⇩《評言》（修行の成果も）接化の功果など考えずに、只管《ひたすら》に学人を導く師家（寿聖和尚）を称賛しています。そもそも、成果とは何でしょう。接化とか修行の成果として、凡俗が思い描いているものは、所詮、人為的な、いわゆる悟境にすぎないのです。

72 挙僧問曹山。世間什麼物最貴。山云。死猫児最貴。僧云。為什麼死猫児最貴。山云。無人著価。

師云。曹山物貨不入行市。子細看来。直是一銭不直。曹山遇賎則貴。我這裏遇貴則賎。且道還有相違処麼。

挙す。僧、曹山①に問う、「世間、什麼《なに》物か最も貴《とうと》からん」。山云く、「死猫児②最も貴し」。僧云く、「什麼《なん》と為《し》てか、死猫児最も貴からん」。山云く、「人の価に著《じゃく》すること無し」と。

師云く、曹山の物貨、行市③に入らず。子細に看来《みきた》れば、直《た》だ是れ一銭にも直《あたい》せず。曹山は賎④《せん》に遇《あ》えば則ち貴く、我が這裏《しゃり》は貴に遇えば則ち賎《いや》し。且《しば》らく道《い》え、還《ま》た相違する処有りや。

①曹山＝㊺の①参照。以下の古則は『曹山録』上、及び『五』十三「曹山本寂」にある。②死猫児＝死んだ猫。『従容録』二〝羞珍異宝、用うるを著《え》ず、死猫児頭拈出す、看よ〟 ③行市＝㉔の④参照。④遇賎則貴＝相手によって自在の働きをすること。『碧』四十九〝強に逢うては即ち弱、賎に遇うては即ち貴〟

《訳》僧が曹山和尚に質問した。「この世で何が一番貴《とうと》いのですか」。曹山、「死んだ猫じゃ」。僧、「どうして死んだ猫が最高に貴いのですか」。曹山、「値段《ねだん》がつけられずに、価値に執着しないからじゃ」。

この古則について、宏智禅師が述べた。曹山の貨物は市場には入らぬ。詳しく見てみると、一銭の値打ちも無いからだ。曹山和尚は安物《やすもの》にあうと高く値《ね》をつけ、宏智《わたし》の所では高い物は安く売買する。ちょっと言ってみよ、曹山和尚と宏智《わし》と違いがあるかな。

⇩《評言》曹山和尚も宏智禅師も、無価の珍（本来の面目）を有していて、相違する所は全くありません。『証道歌』に〝無価の珍は用うれども無尽　物を利し時に応じて終に悋《おし》まず〟とあります。『碧巌録』六十二の〝迷人は外に向って求め、内に無価の宝を懐いて、識らずして一生休す〟という迷人にならぬように、凡俗《わたし》も気をつけます。

73

挙大慈示衆云。山僧不会答話。祇是識病時有僧出。慈便帰方丈。雪竇云。雪竇識病不答話。或有僧出。劈脊便打。
師云。大慈雪竇。二倶作家。要且祇顧目前不防脚下。或有箇不識好悪。不問東西底漢。出来便掀倒禅床。直饒爾全機大用。也祇恐著手脚不弁。正当恁麼時。還有識病底眼麼。

挙す。①大慈《だいじ》の示衆《じしゅ》に云く、「山僧は答話②を会《え》せず。祇《た》だ是れ病③を識るのみ」。時に僧有りて出《い》づ。慈、便《すなわ》ち方丈に帰る。雪竇④云く、「雪竇は病を識って答話せず」と。或るとき僧有りて出づ。⑤劈脊《ひっせき》に便ち打つ。

師云く、大慈と雪竇と二《ふた》り倶《とも》に作家なり。要且《か》⑥つ祇だ目前を顧みて脚下を防がず。或は箇有りて好悪《こうお》を識らず、東西を問わざる底《てい》の漢、出で来れば便ち禅床⑦を掀倒《きんとう》⑧し、直饒爾《たといなんじ》の全機大用《だいゆう》⑨なりとも、也《ま》た祇だ手脚⑩を著し弁ぜざるを恐る。正当恁麼の時、還《ま》た識病の眼有りや。

①大慈＝大慈寰中《かんちゅう》（七八〇～八六二）。百丈懐海の法嗣。会昌《かいしょう》の法難で一時還《げん》俗《ぞく》したが、杭州の大慈山で宗風を振興する。以下の古則は『五』四「大慈寰中」にある。②答話＝32の⑤参照。③識病＝(1)病を知る、(2)自己を見つめる、(3)答話にかかずらうこと。④雪竇＝3の⑦参照。⑤劈脊＝背をめがけて。『碧』二十八〝劈脊に便ち棒して〟⑥要且＝66の⑤参照。⑦禅床＝説法や法要の時の椅子。『碧』四〝禅床を掀倒して大衆を喝散す〟⑧掀倒＝6の⑨参照。⑨全機大用＝禅者の大きな働き。『碧』十五〝古人這《こ》の境界に到って全機大用す〟⑩手脚＝小細工。7の⑨参照。

《訳》大慈和尚が大衆に説示した。「大慈《わし》は応答の語を会得していない。ただ答話に煩《わずら》わされずに自己を見つめるだけだ」。すると一人の僧が（質問しようと）前に出て来た。しかし、大慈和尚はスーッと方丈へ帰って行った。雪竇重顕《せっちょうじゅうけん》も、「わしは病を識っていて答話しない」と言っていて、ある時、僧が質問のために前に出ると、背中をどやしつけて出て行った。

この古則について、宏智禅師が言った。大慈と雪竇の二人の和尚は、勝《すぐ》れた師家である。要するに、眼前のことだけ顧みて、自己の足元《あしもと》を防がない（それが識病なのだ）。ある者が善悪を知らず、東西も弁《わきま》えずに、質問しょうと前に出てくると、二和尚は曲彔《きょくろく》を蹴《け》倒《たお》して、たとえ質問僧《あいて》が大きな機用《はたらき》を有していても、身近《みぢか》の自己自身（本来の面目）を弁えないのを心配するのである。正《まさ》にそういう時、〝病を識る〟眼があるかどうじゃ。

⇩《評言》 自己自身を見つめること（脚下照顧《きゃっかしょうこ》）を強く求めているのです。道元禅師も『正法眼蔵』で〝仏道をならふといふは自己をならふなり〟（「現成公案《げんじょうこうあん》」）、〝尽十方界《じんじっぽうかい》は是れ自己なり〟（「光明」）というように、「識病」を繰り返し説いています。

74

挙僧問雪峯。声聞人見性。如夜見月。菩薩人見性。如昼見日。未審。和尚見性如何。峯打三下。後問巌頭。頭打三掌。雪竇云。応病与薬。且打三下。拗令而行。合打多少。

師云。雪竇一期趁快。往往後人作行令会。却殊不知。雪峯巌頭是箇無固必漢。

挙す。僧、雪峯①に問う、「②声聞《しょうもん》の人の見性③は、夜に月を見るが如し。④菩薩の人の見性《けんしょう》は、昼に日を見るが如し。未審《いぶかし》、和尚

①雪峯＝⑪の①参照。 ②声聞＝仏説を聞いて修行すること、またその人、自利だけで利他がない。『伝心法要』〝声聞教に因って悟る者、之を声聞と謂う〟 ③見性＝自己具有の仏性を見ること。『碧』一〝不立文字、直指人心、見性成仏〟 ④菩薩＝菩提薩埵《ぼだいさった》の略。上求菩提《じょうぐぼだい》（自利）と下化衆生《げけしゅじょう》（利他）の二を行じる。『碧』十九〝来日、肉身の菩薩有り

の見性如何」。峯、打つこと三下なり。後に⑤巌頭《がんとう》に問えば、頭、打三掌なり。⑥雪竇云く、「⑦病に応じて薬を与え、且つ打三下、⑧令に拠《よ》りて行《ぎょう》ず。合《は》た打多少ぞ」と。師云く、雪竇は一期《いちご》に快に趁《はし》り、往々後人行令⑨と作《な》して会《え》し、却《かえ》って殊に知らず。雪峯と巌頭は、⑩是箇《ぜこ》⑪無固必漢なり。

来って、和尚の為めに説法せん。〞⑤巌頭＝60の①参照。⑥雪竇＝3の⑦参照。⑦応病与薬＝仏や菩薩が、衆生の病苦（煩悩）に適応した薬（教え）を与えること。『碧』四〞時節因縁、亦た須らく病に応じて薬を与うべし〞⑧拠令而行＝おきて通りに行なう。『碧』三十四〞仰山何ぞ令に拠って行ぜざる〞⑨行令＝おきて通りに（棒や喝を）行なう。⑩是箇＝⑴～というものは、⑵あらゆる～は。⑪無固必漢＝不明。型にはまらない自由無礙の者か。

《訳》　僧が雪峰和尚に質《たず》ねた。「声聞の人の見性は、夜に月を眺めるようなものです。菩薩の見性は昼に太陽を見るようなものです。和尚さまの見性はどうですか」。雪峰はその僧を三べん打った。後に僧が巌頭に同じ質問をすると、巌頭に三つ殴られた。雪竇が言った、「僧の煩悩に応じて接化し、三つ殴ったのである。掟《おきて》通りでは何発殴るのかな」。

この古則について、宏智禅師が言った。雪竇は一生涯。早く走って、往々にして後世の人は掟《おきて》通りに行《ぎょう》じて会得するが、かえって真実を知らない。しかし雪峰と巌頭は、掟にはまらぬ自由無礙の師家である。

⇩《評言》　夜の月光と昼の日光と分別しなくてもよく、掟通りにしない自由無礙の接化が望ましいのでしょう。凡俗も欲望のままの自由でなく、大自然の摂理、因縁のままの自由とは、〈この今の時点で〉何なのかを、無作為、無所得にならねばなりません。

75

挙雲巌院主遊石室回。巌云。汝去入到石室裡看。為什麼便祇回。院主無対。洞山代云。彼中已有人占了也。巌云。汝更去作什麼。山云。不可人情断絶去也。

師云。低頭失却針。開眼拾得線。線無頭而莫度。針無穴以難穿。到這裏。鸞膠続絃。須是洞山始得。

挙す。雲巌①と院主②《いんじゅ》と石室③に遊び回る。巌云く、「汝、去《ゆ》きて石室の裡《うち》に入り到って看《み》、什麼《なん》為《す》れぞ便ち祇《た》だ回る」。院主対《こた》うる無し。洞山④代って云く、「彼の中に已《すで》に人有りて、占了するなり」。巌云く、「汝、更に去《ゆ》きて什麼《なに》をか作《な》す」。山云く、「人⑤情断絶すべからずして、去るなり」と。

師云く、低頭《ていず》して針を失却し、開眼⑥《かいげん》して線を拾得す。線に頭無くして度《わた》ること莫《な》く、針に穴無くして以て穿《うが》ち難し。這裏《しゃり》に到って鸞膠続絃⑦《らんこうぞくげん》、須《すべか》らく是の洞山にして、始めて得べし。

①雲巌＝51の⑤参照。以下の古則は『五』五「雲巌曇晟」にある。②院主＝寺院の事務を司る僧。『碧』三〝院主問う、「和尚近日尊候如何」。〟③石室＝石の室《むろ》。『五』十三「洞山良价」〝澧《れい》陵《りょう》攸《ゆう》県に石室相い連なり、雲巌道人有り〟 ④洞山＝5の①参照。雲巌の法嗣。⑤人情＝人の心情。⑥開眼＝真実を見る眼を開くこと。⑦鸞膠続絃＝鸞から造った膠《にかわ》で、切れた糸をつなぐこと。『碧』七十〝人は鳳喙麟角《ほうかいりんかく》を取って続弦膠を煎ず〟

《訳》 雲巌和尚と院主とが、石室《いしむろ》に散歩に行った時、雲巌が言った、「院主《おまえ》は石室の中に入って、どうして引き返して来たのだ」。院主は何も返答しなかった。弟子の洞山良价が代りに云った、「あの石室の中には、もう人がいて石室を独占していました」。雲巌、「洞山《おまえ》は更《あら》めて入って行って、何をしたのじゃ」。

洞山、「人の心情は断絶してはならないので退去しました」。

この古則について、宏智禅師が言った。(院主は) 頭《こうべ》を低《た》れて (正法をつぐ) 針を失なったが、(洞山は) 真実を見る慧眼を開いて、(正法を伝える) 糸を拾ったのである。糸に頭《さき》がないと正法を渡すことは出来ず、針に穴《めど》が無いと後世に通すことができぬ。そこで、鸞《らん》の膠《にかわ》で切れた琴糸 (法系) を接着する如き正法伝承は、洞山によってでなければならなかった。

⇩《評言》 凡俗は苦しまぎれに (カッコの語) を補って解釈しましたが、宏智の正法精神を損じていることでしょう。まさに正法の大賊と慚愧しています。

[76] 挙南泉与趙州翫月次。州云。幾時得似這箇去。泉云。王老師二十年前。也曾恁麼来。
師云。二十年前且置。二十年後又作麼生。還知王老師行履処麼。屋裏無霊床。渾家不著孝。

挙す。①南泉、②趙州《じょうしゅう》と③翫月《がんげつ》の次《とき》、州云く、「幾時か這箇《しゃこ》の似《ごと》きに去《ゆ》き得ん」。泉云く、「④王老師二十年前、也《ま》た曾《かつ》て⑤恁麼来《いんもらい》なり」と。

師云く、二十年前は且《しば》らく置く、二十年後は又た作麼生《そもさん》。還《ま》た王老師の⑥行履《あんり》の処を知るや。⑦屋裏に⑧霊床無く、⑨渾家《こんか》、孝に著《じゃく》せず。

①南泉=[4]の①参照。以下の古則は、『景』八と『五』三の「南泉普願」にある。②趙州=[24]の①参照。③翫月=月を賞《め》でること。『碧』三十六〝一日、長沙と同じく月を翫ぶ次、仰山、月を指して云く〟④王老師=[61]の③参照。⑤恁麼来=このように来た。『景』五「南岳懐譲」〝什麼物、恁麼来〟⑥行履=行住坐臥の履践。修行の経過をいう。『碧』八十二〝便ち是れ向上の人の行履の処なり〟⑦屋裏=(1)家の中、(2)自分自身のこと。『碧』八〝看よ、他の屋裏の人、自然に他の行履の処を知

り〃 ⑧霊床＝死者の霊（屍）をのせる台。ここは仏性。 ⑨渾家＝家全体。全身全霊。

《訳》 南泉和尚が法嗣の趙州従諗《じゅうしん》と月を賞《め》でている時、趙州が、「いつこのような満月（大円鏡智）になれるのだろうか」と言うと、南泉和尚は、「王老師《わたし》は二十年前もこのようだった」と述べた。

この古則について、宏智禅師が述べた。二十年前のことは、且《しば》らく言及せずに置いといて、今から（修行を重ねて）二十年後にはどうだろう。南泉和尚の行状（境地）がわかるかな。自分自身に仏性というモノは無く、全身全霊、孝（師匠たる南泉の境地を継ぐこと）には執著《しゅうじゃく》しない。（趙州はそんな境地になっているだろうか）

⇩《評言》 満月（大円鏡智）というのも、コトバで作為した境地です。恁麼来というほかありません。『正法眼蔵』の「恁麼」の巻で、道元は、〝恁麼〟を、〝真如のありのままの当体〟としております。凡俗は、真如をさす指（コトバの仏法）ばかりに目を奪われがちの日々です。

七十六篇の拈古を読み重ねて、筆者の禅の知識も変化しました（しかし知識はまだ智慧になりませんが――）。凡俗の考える〝禅の境地〟というのは、坐禅を重ねて作為した悟境を想像したものでした。そして正師のもと、僧堂で蒲団を坐破せぬ自分を常に卑下していました。それらの妄想が溶融して〝南無、南無〟と、大自然の摂理（因縁の理《ことわり》）に従ったらよいのだと、肩の力がぬけました。これも凡俗の一時的な幻影空華かも？――

真州長蘆覚和尚拈古

77 挙僧問玄沙。如何是無縫塔。沙云。這一縫大小。

師云。見成公案。爾若道抝欵結案。我知爾未識玄沙。若有人問

①玄沙＝⑨の①参照。以下の古則は『五』七「玄沙師備」にある。②無縫

長蘆。祇向道。四稜榻地。且道。識玄沙不識玄沙。具眼者弁看。

挙す。僧、①玄沙に問う、「如何なるか是れ②無《む》縫塔《ほうとう》」。沙云く、「這《こ》の③一縫④大小なり」と。

師云く、⑤見成公案《げんじょうこうあん》、爾若《なんじも》し⑥欵《かん》に拠《よ》り案を結《けっ》せば、我れ爾の未だ玄沙を識《し》らざるを知る。若し人有りて⑦長蘆《ちょうろ》に問わば、祇《た》だ向って⑧四稜榻地《しりょうとうち》を道《い》わん。且《しば》らく道え、玄沙を識るか、玄沙を識らざるか、⑨具眼の者、弁じ看《み》よ。

塔＝縫い目や稜《かど》が無い塔。ここは無限定無形の、即ち天地一ぱいがそのまま塔墓であること。天地と自己とが一如であることの象徴。『碧』十八〝国師云く、「老僧が与《ため》に箇の無縫塔を作れ」〟 ③一縫＝ひとぬい。『碧』十八〝這の一縫大小大〟 ④大小＝⑴いずれにしろ、⑵たいしたことはない。 ⑤見成公案＝目の前に在るものが、そのままで真実であること。『碧』九〝見成公案、還た見るや〟 ⑥拠款結案＝罪人の白状に拠り判決する。転じて、言動によって修行の深浅を見破ること。『碧』一〝拈古は大綱、款に拠って案を結するのみ〟 ⑦長蘆＝五台山長蘆寺に住した宏智正覚の自称語。 ⑧四稜榻地＝椅子の四脚が大地を踏まえていること。安心不動のさま。四稜（四つの角）は、すなわち無縫に対する語で、表現の妙がある。『枯崖漫録』下〝四稜蹋地に至るに及び、力を尽くし提持〟 ⑨具眼＝真実を見る眼を具えていること。『碧』一〝具眼の者は看よ。〟

《訳》 僧が玄沙和尚に質《たず》ねた。「無縫塔というのは、どんな物ですか」。玄沙、「一縫《ひとぬ》いで出来ていて、大《たい》した物じゃない」。

この古則について、宏智禅師が言った。目前の在るがままが、真実である。お前がもし玄沙の言葉によって、境地の深浅を見ぬくなら、宏智《わし》は、雲水《おまえ》がまだ玄沙和尚そのものを識《し》っていないということがわかる。もし人が長蘆《わたし》に（玄沙和尚のことを）問うたら、ただ椅子のように大地をしっかり踏まえる不動の境地であると答えるだろう。ちょっと言ってみよ、（長蘆《わし》が）玄沙和尚そのものを識っているかどうかを、慧眼でしっかり弁別してみよ。

⇩《評言》「宏智《わし》は玄沙の深い境地を理会《りえ》しているぞ」という宣言でしょうか。しかし最後は、「人それぞれ」つまり、諸法実相であると言っています。

78

挙古徳垂語云。終日拈香択火。不知身是道場。

師云。弄精魂漢。有什麼限。

玄沙云。終日拈香択火。不知真箇道場。

師云。奇怪八十翁翁出場屋。不是小児戯。且道。利害在什麼処。有智無智。較三十里。


挙す。①古徳の垂語に云く、「終日、②香を拈《ねん》じ③火を択《えら》ぶ。身は是れ④道場なることを知らず」と。

師云く、⑤精魂を弄《ろう》する漢、何の限りか有らん。

玄沙云く、「⑥終日拈香択火し、真箇の道場たるを知らず」と。

師云く、⑦奇怪なり。⑧八十の翁翁場屋《じょうおく》に出《い》づ。是れ小児の戯にあらず。且《しば》らく道《い》え、利害什麼処《いずこ》に在りや。有智と無智と⑨三十里に較《あた》れり。

①古徳＝昔の徳の高い人。ここは宝誌《ほうし》（四一八～五一四）のこと。この垂語は『五』二「宝誌禅師」にある。②拈香＝道場を浄めるため、香をつまんで焼香する。③択火＝火を択ぶ。嗣法の師をえらぶことか？④道場＝⑴釈尊が成道した所、⑵修行の場所、寺院。『碧』八十九〝世尊初めて正覚を成じて、菩提道場を離れずして〟⑤弄精魂＝⑴心力をついやす、⑵純一工夫する、⑶妄想分別する。『碧』八十一〝一死更に再活せず、精魂を弄する漢〟⑥終日云々＝『五』七「玄沙師備」にある語。古徳（＝宝誌）の語と全く同じ。⑦奇怪＝32の⑩参照。⑧八十翁翁云々＝老翁が八十歳になって、科挙《かきょ》の試験に（命がけで）臨むこと。『景』十七「雲居道膺」〝八十の老人、場屋に出づ。是れ小児の戯にあらず〟⑨較三十里＝遠く隔絶することか。『碧』七十九〝投子も也《ま》た須らく倒退三千里すべし〟『碧』八十九〝拈じ来って猶お十万里に較れり〟

《訳》　昔の高徳の人（＝宝誌《ほうし》）が説法した。「道場で終日香をつまんで、〝どの火にくべて、嗣法の師を決めようか。〟と択《えら》び迷っている。自分自身が成仏する所であることを知らずに――」と。

　この古則について、宏智禅師が言った。妄想分別する雲水はこの限りではない。

玄沙和尚が云った。「終日、香をつまんで、どの火にくべようかと、択び迷っている。自分自身が真の道場である事を知っていない」と。

　この古則について、宏智禅師が言った。常識では考えられないが、八十歳の老翁が科挙《かきょ》の試験場（道場）に出ている。子供の戯《ざ》れごとではないのだ（仏道に命がけなのだ）。ちょっと言ってみよ、古徳と玄沙和尚の利益と害悪はどこに在るのだろう。有智と無智との差は、三十里に相当しているぞ。

⇩《評言》　**古徳（＝宝誌）と玄沙和尚、有智と無智とを、相対的に比較しているのではないでしょう。二古則を並記した宏智禅師の意図が、凡俗は残念ながら洞察できません。たぶん、〝嗣法の師を決めることが、自分の本来の面目を覚る所をきめることである〟ことなのでしょう。**

79　挙僧問龍牙。如何是祖師西来意。牙云。待石烏亀解語。即向汝道。僧問香林。如何是祖師西来意。林云。坐久成労。

師云。一句子仰之弥高。一句子鑽之弥堅。一句子瞻之在前。一句子忽焉在後。還弁得麼。赤心片片知人少。覿面堆堆覩者稀。

挙す。僧、①龍牙《りゅうげ》に問う、「如何なるか是れ②祖師西来《そしせいらい》の意《い》」。牙云く、「③石烏亀《せきうき》の解語《げご》を待ち、即ち汝に向かって道《い》わん」。僧、④香《きょう》

①龍牙＝龍牙居遁《こどん》（八三五～九二三）。洞山良价の法嗣。以下の古則は『景』十七、及び『五』十三の「龍牙居遁」にある。②祖師西来意＝達磨が西天から東土に来た意義。仏法の奥義。古来、多くの師家の応答語がある。③石烏亀＝石造の黒い亀。情識分別を絶したものや、役に立たぬ者の喩。『碧』

林《りん》に問う、「如何なるか是れ祖師西来の意」。林云く、「坐⑤久しく労を成す」と。

師云く、「⑥一句子、之を仰⑦げば弥々《いよいよ》高く、一句子、之を鑽⑦《き》れば弥々堅し。一句子、之を⑧瞻《み》れば前に在り、一句子、忽焉《こつえん》として後に在り。還《ま》た弁じ得るや。⑨赤心片片《せきしんへんぺん》として、人の知ること少なく。⑩覿面堆堆《てきめんたいたい》として覩《み》る者稀《まれ》なり。

《訳》僧が龍牙和尚に質問した。「達磨大師が西天から来た究極の意味は何ですか」。龍牙、「石の黒亀《くろかめ》が口をきいたら、お前に教えてやろう」。同じ僧が香林和尚に尋ねた、「仏法の究極は何ですか」。香林、「達磨は長い間、打坐《たざ》して、ご苦労さまじゃ（お前も只管打坐《しかんたざ》せよ）」。

この古則について、宏智禅師が云った。祖師西来意を表明する一句は、仰ぐと益々《ますます》高く、鑽《き》ると愈々《いよいよ》堅い（とても言い表わせぬ）。仏法の究極を表す一句は、目前に在るかと思えば、忽《たちま》ち後にあって、捉《とら》えれぬ。どうじゃ、弁道できるかな。祖師の溢《あふ》れるばかりの慈悲心は、人は殆《ほと》んど知らず、眼前に高く存在しているのに、それを見る者はメッタにおらぬ。

⇩《評言》本当に、因縁の理《ことわり》、即ち大自然の摂理に、すなおに従えば心安らかに生死できるのに、それを示して下さった「祖師西来意」を凡俗《わたし》たちは、素直に観《み》ないのです。

三〝須弥座下の烏亀子、重ねて点額に遭うて〟 ④香林＝香林澄遠《ちょうおん》（九〇八～九八七）、雲門文偃の法嗣。⑤坐久成労＝長らく打坐してご苦労さま。『碧』十七にある香林の語。⑥一句子＝⑱の⑦参照。⑦仰之弥高、鑽之弥堅＝尊敬する道を、努力して探求する喩。『論語』子罕〝之を仰げば弥々《いよいよ》高く、之を鑽れば弥々堅し〟 ⑧瞻之在前＝将来を思うこと。『楚辞』離騒〝前を瞻て後を顧みる〟 ⑨赤心片片＝慈悲心があふれていること。『碧』一〝雪竇、這裏に到って、為人の赤心片片たるを妨げず〟 ⑩覿面堆堆＝眼の前に高く不動のさま。『景』七「盤山宝積」〝覿面相い呈し、更に余事無し〟

80

挙良禅客問欽山。一鏃破三関時如何。山云。放出関中主看。良云。恁麼則知過必改。山云。更待何時。良云。好箭放不著所在。便出。山云且来闍梨。良回首。山把住云。一鏃破三関即且置。試与欽山発箭看。良擬議。山打七棒云。且聴。這漢疑三十年。

師云。山堆嶽積来。瓦解氷消法。則是人知有。与我放出関中主看。且合作麼生。有底道。当時便喝。当時便掌。然則一期瞎用則得。要且未是関中主在。還体得麼。当堂不正坐。那赴両頭機。

挙す。①良禅客《りょうぜんかく》、②欽山《きんざん》に問う、「③一鏃破三関《いちぞくはさんかん》の時、如何」。山云く、「④関中の主を放出せよ、看ん」。良云く、「恁麼《いんも》なれば、則ち過を知って必ず改めん」。山云く、「更に何時をか待たん」。良云く、「⑤好箭《こうせん》放って所在を著《え》ず」。便ち出《い》づ。山云く、「⑥且来《しゃらい》、⑦闍梨《じゃり》」。良、回首《かいしゅ》す。山、⑧把住《はじゅう》して云く、「一鏃破三関は即ち且《しば》らく置く。試みに欽山の与《ため》に箭《や》を発せよ、看《み》ん」。良、⑨擬議《ぎぎ》す。山、七棒を打して云く、「且らく聴《ゆる》す。這《こ》の漢、疑うこと三十年ならん」と。

師云く、⑩山堆《うずたか》く嶽積み来る。⑪瓦解氷消《がかいひょうしょう》の法は、則ち是れ人の知る有り。我が与《ため》に関中の主を放出せよ、看ん。且らく合《は》た

①良禅客＝『五』十三によると巨良《こりょう》禅客。禅客は住持上堂時の試問者、以下の古則は『景』十七、『五』十三の「欽山文邃」にある。また『碧』五十六にも載る。 ②欽山＝欽山文邃《ぶんすい》（生没年不詳、唐代の人）、洞山良价の法嗣。 ③一鏃破三関＝一本の矢で三つの関門を破壊すること。一言で一切の煩悩を断つ喩。『碧』五十六〝憐むべし、一鏃破三関的的、分明なり箭後の路〟 ④関中主＝関門内の主人。本来の面目の喩。 ⑤好箭＝みごと的中する矢。 ⑥且来＝さあ、来い。 ⑦闍梨＝63の⑤参照。 ⑧把住＝24の⑨参照。 ⑨擬議＝何か言おうとする。『碧』二十二〝擬議すれば、則ち喪身失命せん〟 ⑩山堆嶽積＝煩悩妄想が山積するさま。『碧』三十二〝定上座の疑情、山の堆く、岳の積れるが如し〟 ⑪瓦解氷消＝瓦が砕け、氷が融消する如く無くなるこ

作麼生《そもさん》。有る底道《ものい》わく、「当時便ち喝《かつ》し、当時便ち掌す。然《しか》れば則ち一期《いちご》瞎《かつ》し、用うれば則ち得。⑫要且《か》つ、未だ是れ関中の主在らざれば、還《ま》た体得するや。⑬堂に当り正坐せずんば、那《なん》ぞ⑭両頭の機に赴《つ》かんや。

と。『碧』十一〝瓦解氷消、龍頭蛇尾の漢〟 ⑫要且＝66の⑤参照。⑬当堂＝僧堂の主。文殊菩薩（聖僧）や仏祖の意にも用いる。『永平知事清規』〝堂に当り、正坐せずんば、那《なん》ぞ両頭の機に赴かんや〟 ⑭両頭機＝迷悟・有無などの二見相対の境に滞ること。

《訳》良禅客が欽山和尚に試問した。「一矢で三つの関門を打ち破る（一言で一切の妄想を断つ）時はどうですか」。欽山、「関門の中の主《あるじ》（本来の面目）を出してみよ。見てやろう」。良禅客、「関中の主を出すのなら、射破《しゃは》の失敗を改めて、射《い》なおします」。欽山、「いつ射なおすのだ。待てぬ、すぐやれ」。良禅客、「みごとに矢を放ったのですが、関中主の所に届きません」と言って、出て行ってしまった。欽山、「さあ戻《もど》って来い」。すると、良禅客は引き返して来た。欽山和尚は禅客をつかまえて、「一矢で三関を射破することは、さて置く。欽山《わし》に一矢《いっし》射てみよ」と言うと、禅客は何か言おうとした。欽山和尚は棒で七回殴《なぐ》って言った。「もう許してやろう。こんなヤツは三十年かかっても（自己の本来の面目が）わからんだろう」と。

この古則について、宏智禅師は次のように述べた。山のように疑団が高く積もっても、瓦が崩れ氷が融《と》けて消えるように、無に帰する方法を知っている者がある。「欽山《わし》の為めに、関門の主（本来の面目）を出してみよ、見てやろう」というのはどういうことか。ある者が言った、「あの時直下《じきげ》に喝し、直下に掌《しょう》打《だ》すると、生涯智慧の眼がなくなるが、用《もち》いると会得できるのだ」と。要するに、まだこの関門主（本来の面目）が無ければ、体得できるかな。僧堂で只管打坐《しかんたざ》しないで、どうして相対的二見に赴くのか。

⇩《評言》 関中主（自己本来の面目）は喝や掌打でなく、打坐《たざ》によって明らめ得るのです。いや、当堂正坐が即《そく》関中主であることを、宏智は述べているのでしょう。

81

挙趙州与遠侍者。闘劣不闘勝。州云。我似一頭驢。者云。我似驢胃。州云。我似驢糞。者云。我似糞中虫。州云。爾在裏許作什麽。者云過夏。州云。把将餅子来。

師云。高高標不出。低低望不及。眼自争先得。籌因打劫贏。

挙す。趙州《じょうしゅう》①、遠侍者②と劣を闘《たたか》い、勝を闘わず。州云く、「我れは一頭の驢に似たり」。者《しゃ》云く、「我れは驢の胃の似《ごと》し」。州云く、「我れは驢の糞に似たり」。者云く、「我れは糞中の虫の似し」。州云く、「爾《なんじ》は裏許《りこ》③に在って什麽《なに》を作《な》すや」。者云く、「夏《げ》を過ごす」。州云く、「餅子《へいし》を把《と》って将《も》ち来れ」と。

師云く、高高標④として出《い》でず、低低望⑤も及ばず。眼、自ら先に得ることを争い、籌《ちゅう》⑥、因《よ》って劫《こう》⑦を打して贏《か》つ。

①趙州＝24の①参照。以下の古則は『五』四「趙州従諗」と『趙州録』下にある。②遠侍者＝『趙州録』下は〝小師文遠〟と記す。③裏許＝この中、許は場所を表す助字。④高高標＝高くぬき出る。⑤低低望＝不明。高高標の対語で低い所を見ることか。⑥籌＝⑴かずとり、⑵くじ、⑶はかりごと。『碧』五十五〝却って是れ他一籌を贏ち得たり。〟⑦打劫＝ぬすむ。妄念を取り去る。『碧』五十五〝身に就き劫を打す〟（身体に添うて来て盗みを〈妄念を除去〉する）

《訳》 趙州と遠侍者が劣悪《れつあく》を競《きそ》い、勝《すぐ》れたものは争わなかった。趙州、「わしは一頭の驢馬《ろば》のようじゃ」。侍者、「私はろばの胃袋に似ています」。趙州、「わしはろばの糞のようじゃ」。侍者、「私は糞の中の虫に似ています」。趙州、「糞の中で何をしているのじゃ」。侍者「夏安居《げあんご》の修行をしています」。趙州、「（劣悪くらべに勝ったので、褒美《ほうび》に胃袋に入れれば糞になる）餅《もち》をやろう、持って来い」と言った。
この古則について、宏智禅師が述べた。師弟の二人は高くぬさ出ていないし、低い所を眺めているので、もない。二人の眼玉は、自分が先に真実を見得《けんとく》するを争っており、その籌《はかりごと》（劣悪争い）によって、妄念を取り去ることが成就したのである。

⇩《評言》趙州と遠侍者の師弟は、劣を競うという相対的二見に陥《お》ちているようですが、それは趙州の計画的はかりごとで、文遠は見事に妄見を脱去し得たのです。秋月龍珉《あきづきりょうみん》『禅の語録＝趙州録』（三七九頁、筑摩書房）と異なった解釈を、凡俗はしてしまいました。

82

挙玄沙示衆云。諸方尽道接物利生。忽遇三種病人来。如何接得。患盲者。拈推竪払。他又不見。患聾者。語言三昧。他又不聞。患瘂者。教伊説又説不得。若接此人不得。仏法無霊験。有僧請益雲門。門云。爾礼拝著。僧礼拝。門以拄杖挃。僧退後云。汝不是患盲。復喚近前来。僧近前。門云。汝不是患聾。乃云会麼。僧云不会。門云。汝不是患瘂。其僧於此有省。

師云。雲門平展。這僧実酬。且道。悟在什麼処。不救之疾。難為針艾。

挙す。①玄沙の示衆に云く、「②諸方尽《ことごと》く③接物利生《せつもつりしょう》を道《い》う。忽ち④三種の病人の来るに遇《あ》わば、如何が接得《せっとく》せん。患盲《げんもう》の者に⑤拈椎《ねんつい》

①玄沙＝[9]の①参照。以下の古則は『景』十八と『五』七の「玄沙師備」及び『碧』八十八にある。②諸方＝いろいろの人や所。『碧』五十二〝諸方の虚空を打破し〟③接物利生＝[3]の⑩参照。④三種病人＝[22]の③参照。ここは眼・耳・口を病む人。⑤拈椎竪払＝槌を持ち払子《ほっす》を立てる。師家が学人を接得すること。⑥語言三昧＝一切の事象は、真実を表わす言語であると

竪払《じゅほっ》すれど、他《かれ》、又た見ず。患聾《げんろう》の者に語言三昧⑥すれど、他、又た聞かす。患瘂《げんあ》の者に伊《かれ》⑦をして説かしむれど、又た説き得ず。若《も》し此の人を接して得ずんば、仏法に霊験⑧無からん。僧有り、雲門⑨に請益《しんえき》⑩す。門云く、「爾《なんじ》、礼拝著せよ」。僧、礼拝す。門、拄杖《しゅじょう》を以て挃《つ》けば、僧、退後す。門云く、「汝は是れ患盲ならず」。復《ま》た「近前来⑪」と喚《よ》べば、僧、近前す。門云く、「汝は是れ患聾ならず」。乃ち云く、「会《え》するや」。僧云く、「会せず」。門云く、「汝は是れ患瘂ならず」と。其の僧、此に於て省《せい》⑫有り。師云く、雲門、平展《へいてん》⑬すれば、這《こ》の僧、実に酬《こた》う。且《しば》らく道《い》え、悟は什麽処《いずこ》に在りや。不救の疾は、針艾《しんかい》⑭も為《な》し難し。

見ること。『無門関』二十四〝且らく語言三昧を離却して〟 ⑦伊＝梵字冠《イ》の音訳で、あらゆるものの根本原理を表わす語。法身仏に相当する。 ⑧霊験＝不思議なご利益。『碧』五十二〝仏法の奇特霊験を顕わす〟 ⑨雲門＝[11]の⑥参照。 ⑩請益＝教示を請うて、自己を益すること。『碧』二〝這裏に到って、作麽生か請益せん。〟 ⑪近前来＝前に来い（命令）。『碧』二十六〝〔馬〕祖云く、「近前来、爾に向かって道《い》わん。」〟 ⑫省＝省悟。悟ること。『碧』十六〝其の僧、豁然と省有り〟 ⑬平展＝すなおに肯定する。『碧』二十二〝爾若《も》し平展せば、平展するに一任す〟 ⑭針艾＝病気を治す鍼《はり》ともぐさ。

《訳》 玄沙和尚が大衆に説いた。「師家はみな《雲水の機根に応じて、接化する》と言っているが、突然、盲聾唖の三種の病人に出会ったら、どのように接化指導するのだろう。目の見えぬ雲水に、槌《つち》を執り払子をあげて動作で接化しても見えぬし、耳の聞こえぬ雲水に、自在に説法しても聞こえぬし、しゃべられぬ雲水に、法身仏に仏法を語らせても、その雲水は話せない。もしこんな人たちを接化できないのなら、仏法には、分別知の及ばぬ不思議なご利益《りやく》など無いだろう」と。――一人の僧が（三種の病人の接化につき）雲門和尚に教えを請うた。雲門が、「なんじ礼拝せよ」と命じると、僧は礼拝した。和尚が拄杖を突き出すと、僧はそれを見て後退した。雲門、「お前は盲目じゃない」。また、「前に来い」と呼ぶと、僧は近寄って来た。「お前は耳が聞こえぬことはないぞ」。そこで雲門が、「会得できたか」と問うと、僧は、「分りません」と答えた。「お前は唖ではない（答えられるじゃないか）」。僧はこの時、ハッと悟った。以上の古則について、宏智禅師が次のように述べた。雲門和尚が（「近前来」などと）平易に述べると、この僧は（前に進み出て）実際に応《こた》えたのである。ちょっと言ってみよ、〝悟り〟というのは何処《どこ》にあるのか。救済できぬ病は、鍼《はり》や艾《もぐさ》でも治らないのである。

⇩《評言》「近前来」と言えば「近前」するような、ありのままの行道、換言すれば平常心是道、日日是好日であって、救済できぬ病というものはなど、盲聾唖の人でも、日日是好日の日を送ることができるのです。まして、遭い難き微妙法《みみょうほう》（伊＝法身仏）に遇っている凡俗は、当然救われるのです。いや、既に救われて飯を喰い、眠っているのです。

83 挙僧辞大慈。慈問。向什麽処去。僧云。江西去。慈云。将老僧去。得麽。僧云。非但和尚。更有過於和尚者。亦不能将得去。師云。大慈合伴不著。這僧不如独行。也須是恁麽始得。真饒大慈古仏。也不柰這檐版漢何。且道。別有什麽長処。

挙す。僧、①大慈《だいじ》を辞す。慈問う、「什麽処《いずこ》に向かって去《ゆ》く」。僧云く、「②江西に去かん」。慈云く、「老僧を将《ともな》って去き得るや」。僧云く、「但《ただ》に和尚のみに非ず、更に和尚を過ぐる者有らば、亦《ま》た③将得《しょうとく》し去く能わず」と。

①大慈＝73の①参照。以下の古則は『五』四「大慈寰中」にある。②江西＝⑴長江中流の南の地方。⑵馬祖道一のこと。『碧』六十九〝当時馬祖、化を江西に盛んにし〟③将得＝連れて。持

師云く、大慈、合《は》た伴《とも》にし著《え》④ずんば、這《こ》の僧、独り行くに如《し》かず。也《ま》た須《すべか》らく是れ恁麼《いんも》にして始めて得べし。直饒《たとえ》大慈古仏なりとも、也た這の⑤檐版漢《たんぱんかん》を奈何《いかん》ともせざらん。且《しば》らく道《い》え、別に什麼《なん》の長処有らん。

って。『碧』六十六〝還た剣を将得し来るや〟④不著＝上の動詞の目的が達せられぬこと。〝えず〟と訓読。⑤檐版漢＝偏見にとらわれた男。『碧』十〝州云く、檐板漢〟

《訳》僧が大慈和尚の所を辞去した。大慈が尋ねた、「どこへ行くのじゃ」。僧、「江西に行きます」。大慈、「わしを連《つ》れて行くか」。僧、「和尚のみならず、和尚より勝れた方《かた》はお連れできません」。

この古則について、宏智禅師が言った。大慈和尚を江西に連れて行けないのなら、この僧は一人で江西に行った方がよい。独行して始めて仏法が会得できるのだ。たとえ大慈寰中が勝れた仏者だったとしても、この融通のきかぬ僧は、どうにもならぬだろう。ちょっと言ってみよ、この僧に、特別何の長所があるのだろう。

⇩《評言》「別に什麼《なん》の長処か有らん」の主語を、〝僧〟にして訳しましたが、〝大慈〟を主語にした方がよかったかも知れません。いやいや、大慈も僧も皆な長処（本来の面目）を具有しているのです。凡俗《わたし》は、〝一切衆生悉有仏性《いっさいしゅじょうしつうぶっしょう》〟の根本義を忘れるところでした。

84 挙僧問石霜。咫尺之間。為什麼不覩師顔。霜云。我道。遍界不曽蔵。僧復問雪峯。遍界不曽蔵意旨如何。峯云。甚麼処不是石霜。

師云。石霜雪峯相去多少。直是千里万里。若有人問長蘆遍界不曽蔵竟旨。向道什麼処是石霜。

挙す。僧、①石霜《せきそう》に問う、「②咫尺《しせき》の間、什麼《なん》と為《し》てか師の顔を覩《み》ざる」。霜云く、「我が道は、③遍界に曽《かつ》て蔵《かく》さず」と。僧、復《ま》た④雪峯に問う、「遍界曽て蔵さずの意旨如何」。峯云く、「甚麼処《いずこ》か是れ石霜ならざる」。

師云く、石霜と雪峯と⑤相い去ること多少ぞ。直《た》だ是れ⑥千里万里なり。若《も》し人有りて、⑦長蘆に、遍界曽て蔵さずの意旨を問わば、向《さき》に道《い》いし什麼処《いずこ》は、是れ石霜なりやと。

①石霜＝⑭の②参照。石霜山は湖南省長沙の東南の山。なお以下の古則は『景』十五、及び『五』五の「石霜慶諸」にある。②咫尺＝極めて近いこと。③遍界不曽蔵＝㉛の⑬参照。④雪峯＝⑪の①参照。⑤相去多少＝どれほども違わない。『碧』二十五〝且らく道え、仏法と道と相い去ること多少ぞ〟⑥千里万里＝距離の隔《へだた》りの甚《はなは》だしいこと。『碧』十五〝千里万里、爾が銜《くわ》え去るに随う〟⑦長蘆＝⑰の⑦参照。

《訳》僧が石霜和尚に質問した。「極めて近い所にいますのに、（明窓の外にいる）僧《わたし》に、なぜ和尚さまの顔が見えないのでしょう」。石霜、「わしの仏道は、全世界隠す所はないのだ」。僧はまた雪峰和尚に、「全世界に隠す所はないという言葉の意旨は何ですか」と問うと。雪峰は、「どこが、石霜山でない所があろうか」と答えた。

この古則について、宏智禅師が言った。石霜と雪峰と大した違いはない。湖南《こなん》省の石霜山と福建《ふっけん》省の雪峰山は千里万里も隔《へだ》っているが、もし人が長蘆《わたし》（宏智）に〝遍界不曽蔵〟の意味を問うたならば、先程述べた、「どこが石霜山なのか」と答えるだろう。

⇩《評言》石霜和尚の「甚麼処か是れ石霜ならざる」（天地一ぱいが石霜《わし》の仏法なのだ）の意旨は分りま

すが、宏智禅師は「ざる」の否定語を無視しています。つまり、（天地一ぱいが石霜の仏法ではないところは無い）と言っていて、凡俗は一瞬とまどいます。しかし、石霜和尚と宏智禅師のコトバの違いは、たとえば、即心即仏と非心非仏の関係のようなものでしょう。

85　挙三平頌云。

祇此見聞非見聞　更無声色可呈君
箇中若了全無事　体用何妨分不分

師云。正相逢没交渉。六戸不掩。四衢絶蹤。遍界是光明。通身無向背。機糸不掛梭頭事。文彩縦横意自殊。

挙す。①三平《さんぺい》の②頌《じゅ》に云く、

祇《た》だ此の③見聞は見聞に非ず　更に④声色の君に呈すべきもの無し
⑤箇中若《も》し了せば全く無事　⑥体用《たいゆう》何ぞ分不分を妨げん

師云く、正《まさ》に相い逢《お》うて⑦没交渉《もっこうしょう》。⑧六戸掩《おお》わず、⑨四衢《しく》蹤《あと》を絶つ。遍界是れ光明にして、通身⑩向背《こうはい》無し。⑪機糸《きし》、梭頭《さとう》に掛《か》けざる事、⑫文彩縦横《もんさいじゅうおう》にして、⑬意自《おの》ずから殊《こと》なる。

①三平＝43の②参照。頌は『五』五「三平義忠」と『碧』八十六にある。②頌＝禅旨を詠《うた》う詩。『碧』一〝雪竇の此の公案を頌するに拠らば〟③見聞＝見たり聞いたりする経験。『碧』二十六〝常に見聞声色をして、一時に坐断せしめ〟④声色＝見聞の対境。39の②参照。⑤箇中＝ここ、この中。言葉で表せない真実。『碧』二十八〝森羅及び万象、総て箇中に在って円《まどか》なり。〟6の⑧箇漢参照。⑥体用＝不変の真理実相（体）と作用。『頓悟要門』下〝体用不二、本迹殊なるに非ず。〟⑦没交渉＝関係がない。『碧』八十四〝務めて仏道を成ずと道わば、転《うた》た没交渉〟⑧六戸＝不明。六窓と同じく、眼耳鼻舌身意の六根か。『従容録』七十二〝室に六窓有り、中に一獼猴を安《お》く。〟⑨四衢＝四つ辻。⑩向背＝前を向いたり後を向いたり。差別相対観に陥ること。『碧』二十三〝深浅を見んことを要し、向背を見んことを要す。〟⑪機

糸云々＝機織《はたお》りの糸を梭《ひ》にかけない。何の比喩か不明。言語のあやを用いぬことか。ありのままのことか。⑫文彩＝布の模様。真実を表した文言。『碧』七〝文彩已に彰《あら》わる〟⑬意自殊＝意味はすばらしい。『碧』七十四〝清波を犯さず、意自ずから殊なり〟

《訳》三平義忠和尚の頌《じゅ》に次のように詠《うた》っている。

「ただこの見聞の体験は　見聞されている色や音声のありのままではない　そのありのままの音声や存在物を、あなたに呈示できない　これ（言葉で表せない真実）を悟了すると全く〝静寂無為《じょうじゃくむい》〟である　不変の真理・実相（体、色声）と作用（見聞）とは、とても分別《ぶんべつ》できず、体用不二である」と。

この頌について、宏智禅師は述べた。見聞《けんもん》作用と声色《しょうしき》の体とが出あっても、全く関係なく、六軒の家（色声香味触法の六境）はありのままに丸出《まるだ》しで、四辻《よつつじ》で自由自在で、しかも跡形《あとかた》も無い。全世界は真如の光で輝き、体全体は表裏の相対を絶している。機糸《はたいと》を杼《ひ》にかけず（言葉や動作を用いず）とも、（織布の）真如の模様（体）は表われて、素晴らしい。

⇩《評言》諸法実相即諸法空相を詠いあげています。凡俗の貧弱な言語能力（機織《はたお》り力）では、とうてい訳出できません。訳出せずとも、ありのままの真実は眼前に現成《げんじょう》し、凡俗もその一部なのです。それにしても。現代日本語で訳出できぬ仏法を、九十九％表現する漢詩の力に感服します。凡俗《わたし》が禅詩（文学）から離れ難い一因です。

真州長蘆覚和尚拈古

86 挙僧辞大随。随問。什麼処去。僧云。峩眉礼普賢去。随竪起払子云。文殊普賢祇在這裏。僧画一円相抛向背後。随云。侍者将一貼茶与這僧。

師云。識法者懼。欺敵者亡。水中択乳。須是鵝王。

挙す。僧、①大随《だいずい》を辞す。随問う、「什麼処《いずこ》にか去《ゆ》く」。僧云く、「②峨眉《がび》なり。③普賢《ふけん》を礼しに去く」。随、払子を竪起《じゅき》して云く、「④文殊《もんじゅ》・普賢は祇《た》だ這裏《しゃり》に在り」。僧、⑤一円相を画き、背後に⑥抛《ほう》向《こう》す。随云く、「侍者、⑦一貼茶《ちょうちゃ》を将《も》って這《こ》の僧に与えよ」と。師云く、⑧法を識る者は懼《おそ》れ、敵を欺《あざむ》く者は亡ぶ。⑨水中、乳を択《えら》ぶは、須らく是れ鵝王《がおう》たるべし。

①大随＝大隋とも記す。四川省彭《ほう》県に住した大随法真《ほうしん》（八三四〜九一九）。潙山霊祐の下で修行したが、長慶大安の法を嗣ぎ、蜀《しょく》（四川省）に帰る。以下の古則は、『景』十一、『五』四の「大随法真」、また『碧』十三にある。②峨眉＝四川省嘉定《かてい》の山で、普賢菩薩の霊場。李白「峨眉山月歌」は有名。③普賢＝文殊と共に釈迦如来の脇士で、仏の理・定・行の徳を代表する。『碧』四十三〝僧有り、洞山に問う、「文殊・普賢、来参の時如何」。〟[10]の⑩参照。

④文殊＝智慧第一の菩薩で、僧堂では聖僧として祀る。[1]の③参照。⑤一円相＝[4]の⑤参照。⑥抛向＝ほうり出す。『碧』一〝面前に抛向す。〟⑦一貼茶＝一服の茶。⑧識法者懼＝真理を知る者はおそれ慎しむ。『碧』十〝這の僧を点じて云く、法を識る者は懼る〟⑨水中択乳云々＝『正法念処経』（筆者未見）六十四に、鵝王（仏の三十二相の一つ）は、水（俗念）と乳（真理）がまじっていても、乳だけを択んで飲むという譬話がある。『臨済録』示衆〝水乳の合するが如し。鵝王は乳のみを喫す〟

《訳》　僧が大随和尚に別れを告げた。大随和尚が問う、「どこへ行くのじゃ」。僧、「峨眉山の普賢菩薩を礼拝しに行きます」。すると和尚は払子《ほっす》を立てて、「文殊も普賢も、この払子の中にあるぞ。（わざわざ峨眉山に行かずともよい）」。僧はその払子で一円相を描いて、背後に抛《ほう》り投げた。大随、「侍者よ、お茶を一服立てて、この僧に飲ませよ」と言った。

この古則について、宏智禅師が言った。仏法を識る者は懼《おそ》れ慎《つつ》しみ、相手を欺《あざむ》く者は亡《ほろ》んでしまう。俗念（水）の中から真理（乳）を択んで、鵝王のようにならねばならぬ。

⇩《評言》 竪払から大随の真の仏法を知らねばならぬことを、示しているのでしょう。道元も『正法眼蔵』仏教で、〝しるべし、恒沙の仏教は竹篦《しっぺい》・払子なり〟と述べています。即今只だいま、眼前のありのままの事実（竪払）が、真理なのです。事理不二です。

[87] 挙玄沙見鼓山来。画一円相。山云。人人出這箇不得。沙云。情知爾驢胎馬腹裏作活計。山云。和尚又作麼生。沙云。人人出這箇不得。山云。和尚恁麼却得。某甲為什麼不得。沙云。我得爾不得。

師云。玄沙大似倚勢欺人。以強陵弱。蓋他撥得転弄得出。両箇一般。為什麼道。我得爾不得。是真難掩。是偽不昌。

①挙す。②玄沙、③鼓山《こざん》を来るを見、④一円相を画《かく》す。山云く、「人人這箇《しゃこ》より出で得ず」。沙云く、「情《まこと》に知りぬ。爾《なんじ》は⑤驢《ろ》胎馬《たいば》腹裏《ふくり》に⑥活計を作《な》す」。山云く、「和尚、又た作麼生《そもさん》」。沙云く、「人人這箇より出で得ず」。山云く、「和尚、恁麼《いんも》に⑦却《かえ》って得る。某甲、什麼《なん》と為《し》てが得ざる」。沙云く、「我れは得、爾は得ず」と。

師云く、玄沙は大いに⑧勢に倚《よ》って人を欺き、強を以て弱を陵《しの》ぐ

①挙＝『大正蔵』に與（＝与）とあるが、これは誤植。 ②玄沙＝[9]の①参照。以下の古則は『五』七「玄沙師備」にある。 ③鼓山＝鼓山神晏《しんあん》（生没年不詳、唐末五代の人）。雲峰義存の法嗣、即ち玄沙師備の法弟。 ④一円相＝[4]の⑤参照。 ⑤驢胎馬腹裏＝⑴驢馬のような畜生の腹の中、⑵衆生済度のため六道に輪廻する喩。 ⑥活計＝[21]の⑨参照。 ⑦却＝[43]の⑤参照。心理や行動の意外なのを表す。 ⑧倚勢欺＝勢いに乗じて人を欺く。『碧』五〝勢に倚り人を欺く〟 ⑨撥得＝はねる、ひらく。 ⑩転弄得＝不明。転《ころ》がし弄し得か。 ⑪両箇一般＝どちらも同じ。

に似たり。蓋《けだ》し他《かれ》は⑨撥得《はっとく》し⑩転弄得して出づ。⑪両箇一般、什麼の道《ことば》をか為《な》す。我れは得、爾は得ず。是れ⑫真は掩《おお》い難く、是れ偽は昌《さか》んなり難し。

『碧』一〝廓然と不識と是れ一般か両般か〟 ⑫真難掩偽不昌＝真実はかくせないし、偽は盛んにならない。ありのままが真実であること。『碧』四十三

〝真は偽を掩わず、曲は直を蔵《かく》さず〟

《訳》玄沙師備は兄弟《ひんでい》の鼓山神晏が来るのを見て、一円相を描いた。鼓山が、「誰もこの円から出られない」というと。玄沙、「本当だ、鼓山《おまえ》は驢馬の腹の中で暮している（異類中で行じている）わい」。鼓山、「玄沙和尚はどうですか」。玄沙、「誰もこの円から出られんなあ」。鼓山、「和尚はこんなに会得している。某甲《わたし》はどうして会得できないのでしょう」。玄沙、「玄沙《わし》は会得し、鼓山《おまえ》は会得していないのじゃ」。

この古則について、宏智禅師が述べた。玄沙は（兄弟子《あにでし》の）威勢で人を欺《あざむ》き、（弟弟子《おとうとでし》の鼓山の）弱味につけこんでいる。たぶん一方は円相を撥《ひら》いたり転《ころ》がしたりして円相から出ているのだが、どちらも同じことを言っているのである。「玄沙《わし》は会得しているが、鼓山《おまえ》は会得していない」というのは、真実は掩《おお》い蔵《かく》せず、言葉だけの偽《いつわ》りは昌《あきら》かではないということである。

⇩《評言》「一円相」について、玄沙と鼓山とは、同じく「人人出這箇不得」と言っているのですが、言葉は同じでも、言葉の奥の境地は雲泥の差があるというのです。文字言語の徒の凡俗《わたし》には分りませんが、ありのままの真実に無分別に随っている玄沙と、観念的に言語分別する鼓山の、二人の境涯のちがいを示す古則だと思います。

88 挙雪竇挙。古徳云。眼裏著砂不得。耳裏著水不得。忽有箇漢。信

①雪竇挙＝雪竇が次のように述べた。

得及把得住。不受人瞞。祖仏言教。是什麼熱椀鳴声。便請高掛盋囊。拗折拄杖。管取一員無事道人。又云。眼裏著得須弥山。耳裏著得大海水。一般漢。受人商量。仏祖言教。如龍得水。似虎靠山。却須挑起盋囊。横担拄杖。亦是一員無事道。人復云。恁麼也不得。不恁麼也不得。然後没交渉。三員無事道人中。選一人為師。

師云。坐断乾坤。建立世界。和光混俗。各有長処且道。選那一人為師。驀拈起拄杖云。穿過了也。

挙す。①雪竇《せっちょう》挙す。②古徳云く、「③眼裏《げんり》に砂を著《つ》け得ず、耳裏《じり》に水を著け得ず。忽ち④箇漢有り、⑤信得及《しんとくきゅう》し、⑥把得住《はとくじゅう》し、人の瞞《まん》を受けずば、祖仏の言教《ごんきょう》、是れ什麼《なん》の⑦熱椀鳴声《ねつわんめいせい》ぞ。便《すなわ》ち請《こ》う、高く⑧盋囊《はつのう》を掛け、拄杖を拗折《ようせつ》して。一員無事の道人なることを⑨管取せよ」と。又た云く、「眼裏に須弥山《しゅみせん》を著得《じゃくとく》し、耳裏に大海水を著得す。一般の漢、人の⑩商量《しょうりょう》、仏祖の言教を受ければ、⑪龍の水を得るが如く、虎の山に靠《よ》るに似たり。却って須《すべか》らく盋囊を挑起し、⑫横に拄杖《しゅじょう》を担《にな》うべし。亦《ま》た是れ一員無事の道人なり」。復《ま》た云く、「⑬恁麼《いんも》も也《ま》た得ず、不恁麼も也た得ず、然《しか》る後、⑭没交渉《もっきょうしょう》なり。三員無事の道人、一人を選んで師と為《な》せ」と。

雪竇は[3]の⑦参照。 ②古徳＝[78]の①参照。誰か不明。 ③眼裏云々＝以下『碧』二十五にあり。[46]の②参照。 ④箇漢＝[6]の⑧参照。 ⑤信得及＝仏法を信じ会得すること。『碧』五十八〝徹骨徹髄、信得及し去らば、龍の水を得るが如く〟 ⑥把得住＝しっかり把握し会得すること。[24]の⑨参照。住は動作の固定を表わす助字。『碧』三十五〝若《も》し此の一句下に向かって截得断し把得住せば〟 ⑦熱椀鳴声＝椀に熱湯を注いだ時の音。無意味な言語の喩。『大慧書』上〝三乗十二分教、是れ甚麼《なん》の熱盌鳴声ぞ〟 ⑧掛盋囊＝行脚せずに、鉢盂を入れた袋を高所に掛けておく。『碧』二十八〝草鞋を踏破し、拄杖を拗折して、高く鉢囊を掛けよ。〟 ⑨管取＝保証する。受けあう。『碧』二十四〝如今の人問著すれば、管取して分疎不下〟 ⑩商量＝問答法論すること。『碧』七〝此箇の公案、諸方商量する者多く〟 ⑪龍得水＝自己本来の面目を得て自由自在であることの喩。

師云く、乾坤《けんこん》を坐断し、世界を建立《こんりゅう》す。⑮和光混俗、各々《おのおの》長処有り。且《しば》らく道《い》え、那《な》一人を選んで師と為す。驀《まっしぐ》らに拄杖を拈起《ねんき》して云く、⑯穿過《せんか》し了《おわ》る也。

⑤の用例文参照。⑫横担拄杖＝参学が終ったことの喩。『碧』七十七〝爾、諸人、横に拄杖を担うて、我が参禅学道と道うて〟 ⑬恁麼云々＝真実はこうだとも、こうでないとも言えない。『五』五「薬山惟儼」〝（石）頭曰く、「恁麼も也た得ず、不恁麼も也た得ず、恁麼も不恁麼も総て得ず。子は作麼生」。師（＝薬山）措く罔《な》し。〟 ⑭没交渉＝㊼の⑩参照。⑮和光＝⑧の⑩参照。⑯穿過＝穴をあける。『碧』三十〝穿過し了る也〟

《訳》雪竇和尚が古則を次のように述べた。古徳が云った。「目の中に砂をつけてはならぬ。耳に水をつけてはならぬ（分別して見聞してはならぬ）」と。するとⒶ一人の男が進み出て、「そういう境地を身につけ、把握して人にだまされないなら、仏祖のお説教も無意味な音声です。そうなると、行脚《あんぎゃ》のとき用いる鉢嚢は高所に引掛け、拄杖もへし折ってしまい、無事の道人となることを受けあって下さい」と述べた。また古徳が云った、「（前とは逆に）目の中に須弥山を入れ、耳の中に大海の水を入れる。Ⓑそんな男が、人の問答議論や、仏祖のお説教を受けると、龍が水を得たり、虎が山に自由に放たれたように、自己本来の面目によって自由自在である。そして高所に掛けて放置していた鉢嚢を挑《かか》げ、拄杖をしっかり携《たずさ》えて参学を終えるだろう。この（Ⓑも）無事の道人である」。また古徳が云った、「Ⓒ真実はこうであるとも言い表わさず、こうでないとも言い表わさないで、言語とは全く関係ない。以上の（ⒶⒷⒸの）三人の〝無事道人〟の中《うち》で、一人を撰んで自分の本師とせよ」と。

以上の古則について、宏智禅師が言った。（雪竇が説いた三人の無事の道人は）天下を尻《しり》にすえてしっかり坐り（＝Ⓐ）、三千大千世界を建立し（＝Ⓑ）、自己の徳を隠し世俗と和していて（＝Ⓒ）、それぞれ長所がある。ちょっと言ってみよ、どの一人を撰んで自分の本師とするのかを。まっすぐ拄杖を立てて、「これで学人の眼をあけ終ったぞ」。

⇩《評言》訳文で、目障《めざわ》りですがⒶⒷⒸの符号をつけました。無師の凡俗《わたし》は三人とも勝《すぐ》れた道人と思え、こんな師家の膝下《しっか》で、日常茶飯を過《すご》したいと、無いものねだりを望んでいます。そうは言うものの、ⒶⒷⒸの道人の相違を分別し、見究めたいとも思っていますが――。

89 挙洞山問密師伯。作什麼。密云把針。山云把針事作麼生。密云。針針相似。山云。二十年同行。作這語話。密云。長老又作麼生。山云。大地火発。

師云。大地火発。間不容髪。南海崑崙。天寒不韈。祖祖相伝。一頭搕𢶍。

挙す。①洞山、②密師伯に問う、「什麼《なに》をか作《な》す」。密云く、「③把針《はしん》す」。山云く、「把針の事、作麼生《そもさん》」。密云く、「④針針相い似たり」。山云く、「二十年同行《どうあん》し、這箇《しゃこ》の語話を作す」。密云く、「長老、又た作麼生」。山云く、「⑤大地、火発す」と。

師云く、「大地、火発す。⑥間《かん》、髪《はつ》を容《い》れず。⑦南海⑧崑崙《こんろん》、天寒く⑨韈《べつ》せず。⑩祖祖相伝するは、⑪一頭の搕𢶍《こうそう》なり。

①洞山＝5の①参照。宏智の属する曹洞宗の祖。②密師伯＝神山僧密《しんざんそうみつ》（生没年不詳、唐代の人）。雲巌曇晟《うんがんどんじょう》の法嗣。師伯は師兄のことで、洞山門下は常に彼を師伯と呼ぶ。以下の古則は『洞山録』行由、及び『五』五「神山僧密」にある。③把針＝縫いもの。④針針＝一針一針の縫い目。⑤大地火発＝（宇宙の初めのビッグバンのように）人間の分別知の及ばない悟境などのこと。⑥間不容髪＝⑴隙間のない喩、⑵甚だ早く急なこと、⑶主客が一体であること。枚乗「上書諫呉王書」〝出と不出と、間、髪を容れず〟⑦南海＝⑴南の海、⑵仏書の『南海寄帰伝』によると、南海諸国を漠然と崑崙という。⑧崑崙＝⑴中国の西方に在ると考えられた霊

山、⑵渾崙とも記し、鉄のかたまり。仏法の根本の喩。『碧』八十二〝渾崙擘《さ》けども破れず〟⑨韈＝足袋、たび。把針の縁語。⑩祖祖相伝＝祖師から祖師へと、（針針のように）仏法を伝えること。『碧』十五〝祖祖相伝して西天此土の三十三人。〟⑪搕𢶍＝ごみや糞。古則や公案の喩。『雲門録』上〝記得す、一堆一担の搕𢶍〟

《訳》洞山良价《とうざんりょうかい》が兄弟子《あにでし》の神山僧密に、「何をしているのですか」と問うと、「縫《ぬ》い物をしているのじゃ」と答えた。「縫い物とは何ですかⒶ」。「一針《ひとはり》一針同じように縫うⒷのじゃ。（仏祖から仏祖へと、仏法を正伝するのじゃ）」。洞山、「二十年間、同じく修行して、こんな話をするのですか」。僧密、「長老《あなた》はどうなのじゃ」。洞山、「大地に火が噴くように、真理を会得するのです（単伝直伝《たんでんじきでん》です）」と答えた。

この古則について、宏智禅師が言った。大地に火が発するように、（仏法の正伝は）間髪《かんはつ》を容《い》れないのだ。僻遠の南海の崑崙《こんろん》では、寒くても（一針一針縫うた）足袋は履《は》かぬ。（ありのままで、仏法、つまり大自然の摂理に随って、ごみや糞のような祖祖相伝の公案には執らわれぬ）。

⇩《評言》凡俗の分別知で、「大地火発」の仰山の語と、「南海崑崙天寒不韈」の宏智の語が解りませんでした。Ⓐは『五』五「神山僧密」では、〝大地火発底道理の如し〟となっていますし、『洞上古轍』上に、〝大地は人の縫うこと没《な》し〟とあるのを参考にして、口語訳しました。

90 挙陳操尚書与衆官。楼上遥見数僧従遠来。官云。数員禅客。陳云不是。官云。焉知不是。陳云。待与験過。僧至楼下。陳云大徳。僧挙首。陳云。不信道不是。官罔措。
師云。陳尚書当面白拈。瞞長蘆一点不得。

挙す。①陳操尚書《ちんそうしょうしょ》、衆官と楼上にて遙《はる》かに数僧の遠くより来るを見る。官云く、「数員の②禅客《ぜんかく》なり」。陳云く、「不是」。官云く、「焉《なん》ぞ不是を知らん」。陳云く、「待て、与《とも》に③験過《けんか》せん」。僧、楼下に至る。陳云く、「④大徳」。僧、首を挙《あ》ぐ。陳云く、「道《ことば》を信ぜざれば不是なり」。官、⑤措《お》く罔《な》し。

師云く、陳尚書は面に当って⑥白拈《びゃくねん》す。長蘆一点を瞞じ得ず。

①陳操尚書＝陳操（生没年不詳、唐代の人）、睦州龍興寺の陳尊宿（道明）に参禅した。尚書は大臣に相当する。以下の古則は、『景』十二の「睦州刺史陳操」及び『碧』三十三にある。②禅客＝80の①参照。③験過＝験《しら》べる。ためす。④大徳＝僧の第二人称。⑤罔措＝手足の置き所がなく、何が何だか分らないこと。⑥白拈＝⑴ぬすっと、⑵学人を接化する勝れた働き。

《訳》陳操尚書が多くの官人と高楼に上っていると、遙か遠くから数人の僧が来るのが見えた。官人が、「数人の禅客です」と云うと、陳操「そうじゃない」。官人、「なぜ、そうでないと仰せられるのですか」。陳操、「まあ待て、共に験《ため》してみよう」。僧達が高楼の下に来た。陳操、「もしもし、お坊さん」。と呼びかけると、僧は首をあげた。陳操、「わたしの言葉を信じないで（きょろきょろしたので）禅客じゃない」。官人は何が何だか分らなかった。

この古則について、宏智禅師が言った。陳操尚書は面と向かって接化《せっけ》したのである。長蘆《わし》だったら、少しもだまされないぞ。

⇩《評言》〝白拈す〟というのは、衆官と数僧と、どちらを接化したのでしょうか。眼識《げんしき》と耳識《にしき》に執らわれてキョロキョロしているようでは、禅客のねうちもないのです。さて凡俗《わたし》は？

91

挙雪峯在洞山作典座。一日淘米次。山問。淘砂去米。淘米去砂。峯云。砂米一時去。山云。大衆喫箇什麼。峯便覆却盆。山云。子他後別見人去在。

師云。雪峯祇管歩歩登高。不覚草鞋跟断。若也正偏宛転敲唱倶行。自是言気相合。父子相投。且道。洞山不肯雪峯意。在什麼処。万里無雲天有過。碧潭似鏡月難来。

挙す。①雪峯、②洞山に在って③典座《てんぞ》と作《な》る。一日、④淘米《とうまい》の次《とき》、山問う、「砂を淘《え》って米を去るか、米を淘りて砂を去るか」。峯云く、「砂と米、一時に去る」。山云く、「大衆、箇の什麼《なに》をか喫せん」。峯、便ち盆を覆却《ふっきゃく》す。山云く、「子、⑤他後《たご》、別に人に見《まみ》えて去在せよ」と。

師云く、雪峯は祇管《しかん》、歩歩高きに登り、⑥草鞋跟《そうあいこん》の断つるを覚えず。若《も》し也《ま》た、⑦正偏《しょうへん》⑧宛転《えんてん》し、⑨敲唱倶《こうしょうとも》に行かば、是れより言気相い合し、父子相い投《とう》ず。且《しば》らく道《い》え、洞山は雪峯の意を肯《がえ》んぜず、什麼処《いずこ》に在らん。⑩万里雲無く天に過有り、⑪碧潭《へきたん》鏡に似て月来り難し。

①雪峯＝[11]の①参照。以下の古則は『洞』[129]と『碧』五、及び『碧』四十八にある。　②洞山＝[5]の①参照。ここは江西省新昌県にある山名。　③典座＝禅院で食事を掌《つかさど》る役僧。　④淘米＝米を選《え》り別けること。　⑤他後＝他日、後日。　⑥草鞋跟＝わらじの踵《かかと》。　⑦正偏＝正（平等）と偏（差別）とを組み合せて、仏法の大意を示そうとした教え。『碧』四十三〝若し明弁得せば、始めて洞山下の五位。回互正偏、人を接すること妨げず、奇特なることを知らん。〟　⑧宛転＝[34]の⑥参照。　⑨敲唱＝学人が師家の門を敲《たた》いて道を問うと。師家は答えて唱える（接得する）こと。『碧』四十二〝敲唱倶に行ずるも銀山鉄壁〟　⑩万里無雲＝どこまでも雲がないという観念の世界。『五』十一「宝寿沼」〝僧問う、「万里雲無き時、如何」。師曰く、「青天も也た須らく棒を喫《きっ》すべし」。曰く、「未審、青天に甚麼《なん》の過有らん」。師、便ち打つ。〟　⑪碧潭＝青く澄んだ淵。『碧』十八〝澄潭には許さず、蒼龍の蟠まることを。……臥龍止水に鑒さず。無処には月有って波澄み……臥龍長《とこし》えに怖る碧潭の清きことを。〟

《訳》 雪峰義存は洞山で典座の職に就いた。ある日、米をより分けていると、洞山和尚が問うた、「砂（煩悩）をより分けて米（菩提）を捨てているのか、米をより分けて砂を捨てているのか」。雪峰、「砂も米も一しょに捨てています（迷悟の相対的二見を捨てています）」。洞山、「では、雲水たちは何を食うのじゃ」。雪峰は米と砂の入った盆を引っくり返した。洞山、「雪峰《おまえ》は後日。他《ほか》の師家の処に行け」と言った。

この古則について、宏智禅師が述べた。雪峰はひたすら一歩一歩高い所に登り、真実を求めて、草鞋《わらじ》の踵《かかと》も摺《す》り切れるのも頓着しなかった。もし、正位（絶対平等・真理）と偏位（ありのままの差別・事象）とが自在無礙《むげ》に転じて、師家と学人とが一如に行《ぎょう》じたなら、それから言語と気とが一体となり、父（師家）と子（学人）の意気がピッタリ合うのである。ちょっと言ってみよ、洞山は雪峰の意志を肯定せず、他のどこの師家の処へ行かせるのだろう、天空にどこまでも雲が無いのは、天空に罪があるのであり、碧潭が鏡のようでは、真如の月も映り難いのである。

⇩《評言》 **米砂の入った盆を覆《くつが》えした雪峰と、その雪峰を他師（実は徳山）へ逐《お》いやった洞山とを、最後の二句で示しているのですが、宏智の詩句を分別的言語では、とても訳出できません。**

真州長蘆覚和尚拈古

92 挙僧問芭蕉。有一人不捨生死。不証涅槃。師還提携也無。蕉云。
山僧粗識好悪。
師云。芭蕉雖然識好悪。且不能牽耕夫之牛。奪飢人之食。如今若有人問長蘆。便和声打。為什麽如此。我従来不識好悪。

挙す。僧、芭蕉①に問う、「一人有りて生死②を捨てず、涅槃③を証せず。

①芭蕉＝㊽の①参照。 ②生死＝⑴生と死、⑵涅槃の対語で、三界六道に流転すること。『碧』十七〝灑灑落落として、生死の所染を被らず〟 ③涅槃＝迷いの消滅した状態、さとり。 ④好悪＝好し悪し。好むことと憎むこと。『碧』二十〝洞山老漢、好悪を識らず〟

師、還《ま》た提携《ていけい》するや無しや」。蕉云く、「山僧、略《ほぼ》④好悪を識《し》る」と。

師云く、芭蕉、好悪を識ると雖然《いえど》も、且《しゃ》⑤、耕夫⑥の牛を牽《ひ》き、飢人の食を奪うこと能《あた》わず。如今、若《も》し人有りて長蘆に問わば、⑦便ち声を和して打《た》さん。什麽《なんす》為れぞ此《かく》の如き。我れ従来好悪を識らず。

⑤且＝ここは、⑴かつ、⑵且《しば》らくでなく。⑶語気をゆるめる発語。まあ、取りあえずの意。『臨済録』行録《あんろく》〝且、坐して茶を喫《の》め〟⑥牽耕夫之牛云々＝耕夫の大事な牛を牽《ひ》き、飢えた人の食物を奪う。煩悩も悟りも奪ってしまって無一物にさせる大きい働きの喩。臨済四照用の一。『従容録』三十七〝耕夫の牛を駆って鼻孔を拽廻し、飢人の食を奪って咽喉を把定す〟学人を大死一番させて大活させたり、執著する公案を奪取する接化の喩。⑦便和声打＝相手の声話と同時に殴打すること。『碧』三十七〝好《よ》し、声に和して便ち打たん〟

《訳》僧が芭蕉和尚に質問した。「ここに生死の迷いを捨てず、涅槃《さとり》も明らめない人がいます。和尚はこの人と手を携《たずさ》えますか、どうです」。芭蕉、「わしは好《よ》し悪《あ》しを知っている（そんな者とは提携しない）」。

この古則について、宏智禅師が云った。芭蕉和尚は好し悪しは知っているが、耕夫の牛を牽きまわしてこき使い、飢えた人の食物を奪う、このような（学人を大活させる）大きな接化をすることは出来ぬ。いま、もしこの長蘆《わし》（＝宏智）に、さきほどの僧が質問したら、その質問の声が終らぬうちに打ちすえてやる。なぜかというと、長蘆《わし》は、好悪など知らんからである。


⇩《評言》道元禅師は『正法眼蔵』で、〝ただ生死すなはち涅槃とこころえて、生死としていとふべきもなく、涅槃としてねがふべきもなし。〟（「生死」）とか、〝涅槃生死は、その法なりといへども、これ空華なり。〟（「空華」）と述べて、まさに宏智禅を正伝しています。ちなみに、芭蕉慧清《ばしょうえせい》の属する潙仰《いぎょう》宗は宋代に衰微し、臨済宗に合して跡を絶ちました。こんなことまで穿鑿《せんさく》して、法語を解しようとする凡俗の姿勢は誤まっているでしょう。

93

挙大慈示衆云。説得一丈。不如行得一尺。説得一尺。不如行得一寸。洞山云。説取行不得底。行取説不得底。雲居云。行時無説路。説時無行路。不行不説時。合行什麼路。洛浦云。行説倶不到。則本事在。行説倶到。則本事無。

師云。絶是非没蹤跡。相逢不識面。識面不相逢。諸尊宿。各有長処。如今舌頭上無十字関。脚跟下無五色線。要行便行。要説便説。若有人問長蘆。如何是要行便行。云歩。如何是要説便説。云啊。

挙す。①大慈の示衆に云く、「一丈《いちじょう》を説得②するは、一尺を行得③するに如《し》かず。一尺を説得するは、一寸を行得するに如かず」と。④洞山云く、「⑤行不得底を説取し、説不得底を行取す」と。⑥雲居《うんご》云く、「行時は説路無く、説時には行路無し。不行不説の時、合《は》た什麼《なん》の路にか行かん」。⑦洛浦《らくほ》云く、「行説倶《とも》に到らざれば則《すなわ》ち⑧本事在り。行説倶に到れば則ち本事無し」と。

師云く、是非を絶して⑨蹤跡《しょうせき》没《な》く、相い逢《お》うて面を識らず。面を識れども相い逢《あ》わず。諸尊宿各〻《おのおの》長処有り。如今、舌頭上に

①大慈＝73の①参照。以下の古則は『景』九の「大慈寰中」にある。また『洞』83にも記される。②説得＝十分に説く。③行得＝しっかり修行する。修行して体得する。④洞山＝5の①参照。⑤行不得＝⑴行けない、⑵実行不可能、⑶行《ぎょう》じつくして、行ずべき事のないこと『正』諸悪莫作《しょあくまくさ》〝八十の老翁に行不得の道あり。〟⑥雲居＝雲居道膺《どうよう》（?〜九〇二）。洞山良价の法嗣。⑦洛浦＝洛浦元安《げんあん》（八三四〜八九八）。夾山善会《ぜんね》の法嗣。『五』四では〝本分事〟と記す。⑧本事＝本来の面目。⑨没蹤跡＝あとかたが無い。『碧』二十六〝他の語下に又た蹤迹無し〟⑩無十字関＝不明。次の⑪無五色

⑩十字関無く、脚跟下《きゃっこんげ》に⑪五色線無し。⑫行かんと要すれば便ち行き、説かんと要すれば便ち説く。若《も》し人有りて長蘆に、「如何が是れ行かんと要して便ち行く」と問わば、云く、「歩」。「如何が是れ説かんと要して便ち説く」。云く、「⑬啊《あ》」と。

線の対語であろう。十字路に関門が無いように、自由自在をいうか。または、同じ処に帰着することか。⑪五色線＝五欲の煩悩。『碧』五十一〝脚跟下、猶お五色の線を帯ぶること在り。〟⑫要行便行＝行こうと思えばすぐ行く自由自在。『碧』六十一〝行かんと要すれば即ち行き、住《とど》まらんと要すれば即ち住まる〟 ⑬啊＝返事や感嘆・意外の声。

《訳》大慈和尚が雲水に説いた。「一丈《いちじょう》の長さを言葉で説明するよりは、（一丈の十分の一の）一尺を行動によって体得するほうがましだ。一尺を説明するのは、一寸《すん》を体得するのには及ばない」。洞山和尚は云った、「行持で会得できぬ処を言葉で説明し、説法で納得できぬ境地を修行で会得する」と。雲居和尚も、「修行中は説法の路《みち》はなく、説法の時は修行の道は無い。修行せず説法もしない時は、どんな道を行くのか」と云った。洛浦和尚は、「修行（上求《じょうぐ》）も説法（下化《げけ》）もしない処に、本来の面目があり、修行も説法も到達してしまうと、本来の面目も無いのである」と云った。

この古則について、宏智禅師は次のように述べた。是非善悪の相対を超絶して迹形《あとかた》がなく、出逢っても顔を知らず、顔を知っていても出逢わない。（大慈・洞山・雲居・洛浦の）和尚たちの言うことは夫々《それぞれ》長所がある。いま、舌の上の説法は、同じ本来の面目の処に帰着し、足元《あしもと》には五欲の煩悩はない。修行しようと思えば修行し、説法しようと思えば説法する（上求も下化も自由自在）。もし人がこの長蘆《わし》に、「修行しようと思えば修行するとは、どういうことですか」と問うなら、「歩く（行動する）ことじゃ」と答え。「説法しようと思えば説法するとは、どういうことですか」と問うなら、「あ、はい」と返答するのである。

⇩《評言》宏智禅師は、修行の時はただ歩行し、説法の時はただ「ははぁ」と感歎声を発するのみです。つまり、ただただ、あるがままに只管《しかん》なのです。

94 挙水潦和尚問馬大師。如何是仏法大意。馬祖与一踏倒。水潦豁然大悟。起来呵呵大笑云。百千法門。無量妙義。祇向一毫頭上。識得根源去。

師云。馬大師。不合放過。待伊起来恁麼道。但問祇這一毫。従什麼処得来。待伊擬議。更与一踏。

挙す。①水潦《すいろう》和尚、②馬大師《ばだいし》に問う、「如何が是れ仏法の③大意」。馬祖、④一踏倒《とうとう》を与《あた》う。水潦、豁然《かつねん》と大悟し、起来し呵呵《かか》大笑《たいしょう》して云く、「百千の⑤法門、⑥無量の妙義、祇《た》だ⑦一毫《ごう》頭上に向《おい》て根源を識取し去る」と。

師云く。「馬大師、合《は》た⑧放過せず、伊《かれ》の起来を待ち、恁麼《いんも》に道《い》う、⑨但《た》だ祇だ這《こ》の一毫を問う、什麼処《いずこ》より得来《え》ると。伊の⑩擬議するを待ち、更に一踏を与えん。

①水潦＝馬祖道一の法嗣の水老和尚（生没年不詳、唐代の人）。以下の古則は、『景』十八「洪州水老」及び『五』三「洪州水潦」にある。②馬大師＝馬祖道一《どういつ》。大師は祖師の尊称。17の①参照。③仏法大意＝仏法の根本義。『五』三では〝西来的的意〟とする。④踏倒＝踏み倒す。『碧』四十八〝雪竇の茶爐を踏倒するを看よ〟⑤法門＝涅槃に入る門、即ち教法。『碧』二十五〝妙峯孤頂は是れ一味平等の法門〟⑥無量妙義＝はかり知れぬすばらしい意義。『法華経』序品〝無量義処三昧に入る〟⑦一毫頭上＝細い一本の毛の上。『碧』七〝一毫頭上に於て透得して〟⑧放過＝ゆるす。『碧』二〝拈不出、却て放過せず〟⑨但祇＝ただ。但只や但唯と同じ。⑩擬議＝80の⑨参照。

《訳》洪州水潦が馬大師に質問した。「仏法の根本は何ですか」。馬大師は踏み倒した。水潦はカラリと大悟し、起き上ると大笑いして、「百千の法門は量《はか》り知れず素晴らしい。仏法の妙義も細い一本の毛の上にあって、その根源がわかりました」と言った。

この古則について、宏智禅師が述べた。馬祖和尚は水潦を放《ゆる》さず、彼が起き上るのを待って、このように質問した。「水潦《おまえ》が悟った一本の細い毛は、どこから来たのじゃ」と。水潦が答えようとすると、すかさずもう一度踏み倒すだろう。

⇩《評言》**「仏法の大意」は言語では伝えられぬことを、馬大師は「一踏倒」で示しますが、宏智禅すなわち黙照禅《もくしょうぜん》は、仏法の「根源の一毫頭」まで「一踏」してしまう峻厳《しゅんげん》なものでした。**

95 挙古徳云。長者長法身。短者短法身。

師云。且道。舜若多神。喚什麽作法身。良久云。還会麽。不可続鳧截鶴。夷岳盈壑去也。

挙す。古徳①云く、「長者は長法身《ちょうほっしん》、短者は短法身」②と。

師云く、且《しば》らく道《い》え、舜若多神《しゅんにゃた》③は什麽《なに》を喚《よ》んで法身④と作《な》すや。

良久《りょうきゅう》⑤して云く、還《ま》た会《え》するや。鳧《かも》⑥を続《つ》ぎ鶴を截《き》り、岳⑦を夷《たい》らげ壑《たに》を盈《み》たし去るべからず。

①古徳＝78の①参照。圜悟克勤《えんごこくごん》か。②長者長法身云々＝長い者はそのままで、短かい者もそのままで、ありのままの真実身である。『碧』五十〝長者は長法身、短者は短法身。〟『正』三十七品菩提分法〝観法無我（四念住の第四）は、長者長法身、短者短法身なり。……一切法無一切法を、観法無我と参学するなり。〟③舜若多神＝虚空の空性を神格化して称す。『碧』六〝弾指し悲しみに堪う舜若多〟④法身＝22の②参照。法界遍満の理性を人格身化したもの。⑤良久＝28の④参照。⑥続鳧截鶴＝短い鳧の脚をついだり、長い鶴の脚を切ること。ありのままを尊ぶべきをいう喩。『荘子』駢拇〝鳧脛短しと雖も、之を続げば則ち憂え、鶴脛長しと雖も、之を断っては則ち憂う〟⑦夷岳盈壑＝山を平らにしたその

土で、谷を埋める不自然なこと。出典不明。『肇論』般若無知論〝諸法不異者。豈曰続鳧截鶴。夷嶽盈壑。〟

《訳》昔の高徳の僧が言った。「長い者は長いままで真実身であり、短かい者もそのありのままで真実身である」と。

この古則について、宏智禅師が述べた。ちょっと言ってみよ、虚空神《こくうじん》の舜若多《しゅんにゃた》は、（虚空なので）何を真実身と称したのだろうか。しばらく黙《もく》してから言った。どうだ分ったか、自然のままの短い鳧《かも》の脚を継ぎ足して長くしたり、長い鶴の脚をわざわざ切って短くしたり、山を平にしたその土で谷を塡《うず》めるような不自然で無理なことをするなよ。

⇩《評言》『法華経』序品に、〝諸法実相の義は已《すで》に汝等の為めに説けり〟とあります。古徳も宏智禅師も、そして凡俗《わたし》も凡俗のままで真実体（仏）なのです。なんだか、南無帰依仏と同じです。

96

挙布袋和尚頌云。弥勒真弥勒。

師著語云。拸破面門。

分身千百億。

師著語云。築著鼻孔。

時時示時人。

師著語云。高著眼。

時人皆不識。

師著語云。当面諱却。師復拈云。憨皮袋欄街截巷。直是無

①布袋和尚＝布袋（?～九一六）。明州奉化《ほうか》県の人で契此《かいし》と自称。いつも布袋《ふたい》を杖に掛けて担って行乞《ぎょうこつ》し、弥勒の化身《けしん》といわれた。『景』二十七と『五』二の「布袋和尚」に、以下の遺偈《ゆいげ》（頌）が記される。②頌＝85の②参照。③弥勒＝釈尊の没後、五十六億七千万年後に閻浮提《えんぶだい》に下生《あさん》して成仏し、釈尊の

迴避処。還弁得麼。脳後見腮。莫与往来。

挙す。①布袋《ほてい》和尚の②頌《じゅ》に云く、③弥勒《みろく》は真の弥勒。

師の④著語《じゃくご》に云く、⑤面門を擗破《さっぱ》す。

身を分かつ千百億
師、著語に云く、⑥鼻孔《びくう》を築著《ちくじゃく》す。

時時、時人に示す。

師、著語に云く、⑦高く著眼《じゃくげん》せよ
時人、皆な識らず。

師、著語に云く、当面⑧諱却《ききゃく》す。師、復《ま》た拈じて云く、憨《おろか》なる⑨皮袋《ひたい》、街を欄《さえぎ》り巷を截《き》る。直に是れ迴避する処無し。還《ま》た弁じ得るや。⑩脳後に腮《さい》を見て、与《とも》に往来すること莫れ。


説法に洩れた一切衆生を救済するという菩薩。『碧』十二〝参じて弥勒仏の下生に到るとも〟④著語＝㊹の⑦参照。異本には〝拈じて云く〟とある。⑤擗破面門＝面目を叩きつぶして、恥をかかせる。⑥築著鼻孔＝⑴鼻の穴をふさぐ、⑵本来の面目を築く。⑦高著眼＝しっかり智慧の眼で見る。『碧』二十二〝看よ、高く眼を著けよ〟⑧諱却＝忌《い》み遠ざける。『碧』百〝為復《また》是れ当面に諱却するか〟⑨皮袋＝皮膚で包まれたもの、人間。ここは布袋を暗に示すか。⑩脳後見腮＝うしろから下顎《したあご》が見える骨相で、⑴賊心を有する**者、⑵油断のならぬ者をいう。『碧』二十五〝脳後に腮を見れば、与《とも》に往来する莫《なか》れ〟**

《訳》布袋和尚の頌に言っている。「弥勒《みろく》は正真正銘、弥勒であり（他の何者でもない）」〔本来の面目を叩きつぶす〕。「（衆生済度のために）弥勒は千百億もの多くの身に変化《へんげ》して現われる」〔衆生の鼻の穴（本来の面目）をふさいでいる〕。「いつも、その時その時の者に化身《けしん》を示現《じげん》している」〔智慧の眼でしっかり見抜けよ〕。「しかし、その時の人は、（自分も含めて）弥勒の化身である事を知らぬ」〔面と向かって、化身を忌《い》み嫌っている〕。また重ねて宏智《わんし》は寸評を加えた。〔愚かな人間の皮袋《かわぶくろ》をかぶった〕布袋和尚は、街道を攔《さえぎ》り、自由往来の四《よ》つ辻《つじ》を断ち切るように、（道路上に寝そべるので、通行人は）布袋（弥勒菩薩の救済）を避けて通れない。どうじゃ、会得できたかな。顎《あご》が張って、油断のならぬ布袋をみかけたら、彼れと一しょに往来するなよ。

⇩《評言》 従容菴主万松行秀《しょうようあんじゅばんしょうぎょうしゅう》（一一六六～一二四六）が、宏智頌古に著語し評唱した形式に倣《なら》って、訳読しました。宏智禅師はこの頌を托上《たくじょう》（称揚）したり、抑下《よくげ》（批難）したりしていますが、つまるところ、凡俗も〝自己即弥勒化身〟であることを見つめなければなりません。

97 挙趙州云。至道無難。唯嫌揀択。纔有語言。是揀択。是明白。老僧不在明白裏。是汝還護惜也無。時有僧問。和尚既不在明白裏。護惜箇什麼。州云。我亦不知。僧云。既不知為什麼。道不在明白裏。州云。問事即得。礼拝了退。

師云。這僧也如切如瑳。不能見機而変。趙州也如琢如磨。幾乎事不解交。衆中祇管道。退身有分。殊不知尽力提持。還体悉得麼。焦甎打著連底凍。

挙す。①趙州《じょうしゅう》云く、「②至道無難《しとうぶなん》、唯だ揀択《けんじゃく》を嫌う。纔《わず》かに語言有れば是れ揀択、是れ明白なり。老僧は③明白裏に在らず。是れ汝、還《ま》た④護惜《ごしゃく》するや無《いな》や」、時に僧有りて問う、「和尚既に明白裏に在らずんば、箇《こ》の什麼《なに》をか護惜せん」。州云く、「我れも亦《ま》た知らず」。僧云く、「既に知らずんば、什麼《なん》と為《し》てか道《い》う、

①趙州＝㉔の①参照。以下の古則は『趙州録』上、『五』四「趙州従諗」及び『碧』二にある。 ②至道無難、唯嫌揀択＝無上の大道は難かしいものでなく、ただ択《え》り好みしてはならぬ、『信心銘』冒頭の語。 ③明白裏＝心中に一点の曇がなく、相対的二見のない境地。『信心銘』〝但だ憎悪莫ければ、洞然として明白なり。〟 ④護惜＝大切にする。 ⑤如切如琢＝骨を切り牙を磨くように努め励むこと。『大学』〝切する如く瑳く如き者、学を道《い》うなり。琢する如く磨する如き者、自ら修むるなり。〟 ⑥見機而変＝機会を見て変化する。『碧』

『明白裏に在らず』と」。州云く、「事を問うことは即ち得たり。礼拝し了《おわ》って退け」と。

師云く、這《こ》の僧、也《ま》た切⑤する如く磋《みが》くが如くなれども、機⑥を見て変ずること能《あた》わず。趙州、也《ま》た琢《たく》⑦する如く磨《ま》する如くも、幾《ほと》んど事、交《まじ》わるを解《え》ず。衆中祇管《しかん》に道《い》い、身⑧を退けて分有り⑨。殊に提持《ていじ》⑩に尽力するを知らず。還た体、悉《ことごと》く得るや。焦甎打《しょうせんた》⑪著《じゃく》す連底《れんてい》⑫の凍《こおり》。

三十八〝錯を以て錯に就き、機を見て変ず〟 ⑦如琢如磨＝努め修行する喩、『詩経』衛風「淇奥」〝非君子有り、琢する如く磨くが如し。〟 ⑧退身＝身をひく。『趙州録』上〝師、乃ち退身して語らず〟 ⑨有分＝分際がある。『趙州録』中〝老僧分有り、闍梨分有り〟 ⑩提持＝学人の見解を否定し、向上への契機を与える手段。『碧』十九〝一問一答、当面に提持し、此の如く為人の処有り〟 ⑪焦甎＝焼けた瓦。師家の接化の喩。『従容録』四十七及び八十則、〝焦甎打著す連底の凍〟 ⑫連底凍＝底まで凍りついた氷、学人の疑団や妄想の喩。

《訳》 趙州和尚が言った、「無上の大道は難かしいものではない。ただ択《え》り好み（相対的な知見と感情）をするのがいけない。少しでも言葉が入ると、それは択り好みであって、はっきりしている。趙州《わたし》は明白の処（悟境）には居《お》らんぞ。お前はそういう所を大切に守れるか、どうじゃ」。僧が質問した、「和尚はもう悟境においでにならないなら、何を大切に守っておられるのですか」。趙州、「わしも知らんわい」。僧、「お知りにならないのなら、どうして《明白な悟境におらぬ》と言われるのですか」。趙州、「お前の質問の事はよく分った。まあ礼拝して帰るがよい」。

この古則について、宏智禅師が言った。この質問僧は、骨を切り牙《きば》を磨くように修行に励んでも、機《お》会《り》や機用《はたらき》を見て変化《へんげ》することが出来ず、趙州和尚は、玉や石を磨くように学人を接化しても、殆《ほと》んど師弟が交わることを理解しない。雲水の中で一途に仏法を語るが、身をひくのに分際というものがある。

特に、雲水の接化に尽力することを知っていない。どうだ体得できたか。焼けた瓦の如き師家が、底まで凍っている氷のように妄想に凝《こ》り固っている雲水にぶち当っている。

⇩《評言》 趙州和尚の、言語による接化の生半可なのを、宏智禅師は批判しているのでしょうか。師弟の〝すれちがい〟〝揀択《けんじゃく》〟を戒《いまし》めているのでしょうか。

98 挙睦州問武陵長老。了即毛端呑巨海。始知大地一微塵。作麼生。陵云。和尚問誰。州云問長老。陵云。何不領話。州云。我不領話。爾不領話。

師云。睦州武陵。総道不領話。其間。有貪観白浪失却手橈。乃竪起払子云。看。

挙す。①睦州《ぼくしゅう》、②武陵《ぶりょう》の長老に問う、「③了すれば即ち毛端は巨海《こかい》を呑み、始めて大地④一微塵《みじん》なることを知る。作麼生《そもさん》」。陵云く、「和尚、誰に問う」。州云く、「長老に問う」。陵云く、「何ぞ⑤領話《りょうわ》せざる」。州云く、「我れ領話せず、爾《なんじ》も領話せず」と。

師云く、睦州と武陵と、総《すべ》て領話せずと道《い》う。其の間、白浪を⑥貪観《とんかん》して⑦手橈《しゅじょう》を失却す。乃《すなわ》ち払子《ほっす》を竪起《じゅき》して云く、「看よ」と。

①睦州＝⑮の①参照。以下の古則は『景』十二の「睦州陳尊宿」にある。②武陵＝江西省余干県の山の名。武陵長老は不明。③了＝さとること。④一微塵＝微細な塵。『碧』八十〝一微塵の中に於て大法輪を転ず〟⑤領話＝わかる、了解する。『碧』九十九〝何ぞ領話せざる〟⑥貪観＝むさぼり見る。『碧』二十八〝這の漢、天上の月を貪観して、掌中の珠を失却す〟⑦手橈＝手に持つ櫂《かい》。

《訳》 睦州道明《どうみょう》が武陵の長老に質問した。「悟ると細い毛の端が大海の水を呑み、大地も一微塵であることを始めて知ると言いますが、どうなんですか」。武陵、「睦州《あなた》は誰れに問うているのですか」。「武陵長老《あなた》に質問しているのです」。武陵、「どうして（そんな事が）分からないのですか」。睦州、「私は分からないのです。あなたも分からないのです」。

この古則について、宏智禅師が云った。睦州と武陵とは、二人とも「全く分からない」といっている。そして問答している間《あいだ》、白い浪ばかりじっと見続けて、手元《てもと》の橈《かい》のことを忘れてしまっている。そこで宏智《わし》は払子を竪てていうのだ、「（この手元の）払子を見よ」と。

⇩《評言》睦州道明も武陵長老も、「了即毛端呑巨海……」という対象的な言語的分別にふりまわされて、手元の櫂《かい》（自己本来の面目）手元の竪払（仏性）を見ていないのです。巨海—白浪—手橈の縁語の連続の文学的表現を見逃すとしても——。

99 挙南泉因至荘。偶荘主預備迎奉泉云。老僧居常出入不与他知。何夙排弁至於如此。主云。昨夜土地神報。泉云王老師修行無力被鬼神覰見。侍者便問。既是大善知識。為甚却被鬼神覰見。泉云。土地前更添一分供養著。

師云。長蘆則不然。若見這荘主恁麼道。便与捉住云。放爾不得。何故如此。不見道来説是非者。便是是非人。

挙《こ》す。①南泉、因《ちな》みに荘に至る。偶ゝ《たまたま》荘主②、預《あらかじ》め迎奉に備えり。泉云く、「老僧、③居常《きょじょう》の出入、他知に与《あずか》らず。何ぞ夙《つと》に④排弁し

①南泉＝[4]の①参照。以下の古則は『景』八と『五』三の「南泉普願」にあり。文章は後者に近い。②荘主＝寺

て、此《かく》の如きに至るや」。主云く、「昨夜、土地神報じたり」。泉云く、「王老師の修行無力にして、鬼神に覷見《しょけん》⑤せらる」。侍者便ち問う、「既に是れ大善知識なり。甚《な》ん為《す》れぞ却《かえ》って鬼神に覷見せらる」。泉云く、「土地の前に、更に一分の供養を添え著《じゃく》せ」と。

師云く、「長蘆《ちょうろ》は則ち然《しか》らず。若《も》し這《こ》の荘主を見ば、恁麼《いんも》に道《い》わん。便ち与《とも》に捉住《そくじゅう》して云く、『爾《なんじ》を放《ゆる》し得ず。何の故に此《かく》の如き。道⑥うを見ずや、来⑦って是非を説く者は、便ち是れ是非の人なり』」と。

田を掌《つかさど》る者。③居常＝平常、つね日頃。『碧』二十三〝雪峯の会裏に在って、居常問答するは〟④排弁＝並べ処理する。⑤覷見＝うかがい見る。⑥不見道＝昔から言っているのを知らないのか。『碧』五〝爾、道うことを見ずや〟⑦来説是非者云々＝善悪を言う者は、是非善悪の二見に陥っている者である。『碧』七十四〝是れ賊、賊を識り、是れ精、精を識る。来って是非を説く者は、便ち是れ是非の人〟

《訳》南泉和尚がある時、寺の荘園に出かけた。荘園管理人がたまたま和尚を迎える用意をしていた。南泉和尚が、「わしは、ふだん動静は他の者に知らせていない。それなのに、どうして早々に迎える準備をしていたのか」と問うと。荘主、「昨夜、土地神が知らせたのです」。南泉、「わしの修行が無力だから、土地の鬼神に見ぬかれたのだな」と歎くと。南泉の侍者は、「和尚さまは立派な善知識です。どうして鬼神に窺《うかが》い見られるのですか」。南泉、「土地神の前に、もう少したくさん供養米を撒《ま》いておけ」と言った。

この古則について、宏智禅師が述べた。長蘆《わし》だったら南泉和尚のようにはせぬ。もしこの荘主にこの様《よう》に言われたら、荘主をひっ摑《つか》まえて、「荘主《おまえ》を放《ゆる》すことは出来ん。なぜこうしたのだ。昔から言っているではないか、〝是非を説く者は、結局是非の人（相対的見地の人）である〟」と。

⇩《評言》　宏智禅師は誰を念頭に置いて、「是非を説く者」と言っているのでしょう。荘主、土地神、侍者、それとも南泉和尚その人でしょうか。いやいや、そんな詮索よりも、凡俗自身《わたし》だと脚下照顧《きゃっかしょうこ》しなければなりません。

100　挙僧問洞山。時時勤払拭。莫使惹塵埃。為什麼不得他衣盋。山云。直饒道本来無一物。也未合得他衣盋。且道。什麼人合得。僧下九十六転語。不契。末後云。設使将来他亦不受。山深肯之。雪竇云。他既不受是眼。将来必応是瞎。師云。長蘆則不然。直須将来。若不得来。争知不受。直須不受。若不不受。争免将来。将来底必応是眼。不受底真箇是瞎。還会麼。照尽体無依。通身合大道。

拈古一百則竟

挙す。僧、①洞山に問う、「時時勤めて②払拭《ふっしょく》し、塵埃《じんあい》を惹《ひ》かしむること莫《なか》れ。什麼《なん》為《す》れぞ③他《かれ》の衣鉢《えはつ》を得ざる」。山云く、「直饒《たとえ》、④本来無一物と道《い》うとも、也《ま》た未だ⑤合《まさ》に他の衣鉢を得るべからず。且《しば》らく道え、什麼人《なんびと》か合に得べけん」。僧、⑥九十六の⑦転語を下せども契《かな》わず。⑧末後に云く、「設使《たとい》、将《も》ち来るとも、他も亦《ま》た受けざらん」。山深く之を肯《うべな》う。⑨雪竇《せっちょう》云く、「他、既に是の⑩眼

①洞山＝[5]の①参照。以下の古則は、『洞』[59]と『景』十五の「洞山良价」にある。　②払拭＝（塵埃を）払い拭う。『六祖壇経』上〝身は是れ菩提樹　心は明鏡台の如し　時時に勤めて払拭し、塵埃に染《けが》さしむること莫れ〟　③得他衣鉢＝かれ（五祖弘忍）の仏法を会得する。『碧』二十五〝唯だ盧《ろ》行者《あんじゃ》のみ有って、仏法を会せず、只だ道を会す。所以に他の衣鉢を得たり〟　④本来無一物＝真実の相は、元来執すべき一物もないということ。『六祖壇経』上〝本来無一物　何処にか塵埃を惹かん〟　⑤合＝[66]の⑨参照。多訓多義あるが、禅録では⑴「はた」と訓み、発問の語気を表す。⑵まさに……べし、と訓むことが多い。　⑥九十六＝仏道でない外道の概数。『碧』十三〝西天九十六種の

を受けず、将ち来れば必ず応《まさ》に是れ瞎《かっ》すべし」と。師云く、長蘆は則ち然《しか》らず。直《じき》に須《すべか》らく将ち来るべし。若《も》し不得来ならば、争《いか》でか不受《ふじゅ》を知らんや。直に須らく不受すべし。若し不受せずんば、争でか将ち来るを免れん。将ち来る底《もの》は、必ず応に是れ眼なるべし。不受の底は真箇是れ瞎なり。還《ま》た会するや。照尽の体は依ること無く、通身合に大道なるべし。

拈古一百則竟《おわ》り。

外道、汝に一時に降伏せられん。〟⑦転語＝言葉を自由にひねくりまわすこと。『碧』十八〝雪竇の四転語を下すが如くんば、又た作麼生か会せん〟⑧末後＝⑴命終の時、⑵一番最後。『五』十三「洞山良价」〝末後に一転して始めて師意に愜《かな》う。〟⑨雪竇＝3の⑦参照。⑩眼＝例えば『碧』八十に〝雪竇前面に頌《じゅ》して云く、「活中に眼有りて還た死に同じ」……雪竇、末後に人をして眼を著けて看せしむ……〟というように、雪竇には眼に関する記述が多い。

《訳》　僧が洞山和尚に質問した、「(明鏡台のような心を) いつも払拭につとめ、塵埃をつけないようにしよう (と頌《うた》った神秀《じんしゅう》は) なぜ他《かれ》(五祖弘忍《こうにん》) の法灯を得られなかったのですか」。洞山和尚が言った、「たとえ (慧能のように) 本来執《しゅう》すべき一物も無い真実を頌《うた》っても、まだ五祖の法を得ることはできない。ちょっと言ってみよ、誰が正法《しょうぼう》を得られるかを」。僧は九十六種も、仏道以外の語をひねくりまわして答えたが、真実にピッタリと当らなかった。九十六も語句をひねくり回して、その最後に僧は、「たとえ (真実の語を) もって来ても、他《かれ》(五祖) は受けないでしょう」と言った。洞山は深くうなづいた。ずっと後に、雪竇が云っている、「他 (五祖) はもうこの眼 (?) を受け容《い》れない。この眼をもって来ても、その眼をつぶすだろう」と。

この古則について、宏智禅師が述べた。長蘆《わし》だったらそうはせぬ。すぐ眼をもって来い。もし得られなかったら、どうして〝受け容れぬ〟と知ることができようぞ。すぐ受け容れるな、もし受けないということを否定すれば、どうして将《も》ち来ることを免《ゆる》せようぞ。将ち来るものは、きっとこの眼であろう。受け容れないものは、真に眼の無い者である。どうだ、わかるかな。体《たい》（?）を照らし尽くせば、全身がとりもなおさず仏法の大道なのである。

⇩《評言》　宏智禅師の拈古を口語訳しながら、自分自身何を書いているのやらサッパリ分らなくて、第百則の拈古に到って、凡俗の凡俗性を、いやというほど覚りました。その原因は、「将来」「不受」という他動詞の目的語が会得できていないからです。（それは多分、本来無一物なる真如＝法身仏＝あるがままの大自然の摂理＝這箇）

拈古《ねんこ》百則　竟《おわり》

〔付録〕

◇1 後序

余頃将漕淮南。夢僧導至一古寺基。有巨棟十数。大書其榜曰隰州。金碧煥然。覚而異之。嘗語人莫能占。

後数月。主普照者。衆訟抵獄。余生於泗。而又従官往来廿余年。憫禅席猥冗。因欲以振起之。其徒走権貴門。皆為之地。余志終不可奪。時雪峯了住長蘆。与比丘千五百人倶。

今天童覚居上首。与衆推出。余乃勧請力行祖道。無有怖畏。遠近帰依。戸外屨満。他日相見。問其郷里。則曰隰州人也。忽省昨夢若合符節。聞者莫不稽首賛歎。咸謂此事不可不書。而執筆輒嬾。退居清江之上二年矣。

恵慈上人。自天童由雪峯。持二老書来。問訊懃懇。出天童拈提古徳機縁。因記夢事之大略。題其後。不独可以砥礪禅流。且為叢林盛事云。

紹興四年十一月廿二日　　薌林居士　向子諲書

①余＝この後序の筆者の第一人称。すなわち向子諲。宋の臨江の人。両浙発運使の役であった。また薌林と称す。宋が金と和議するのに反対し、秦檜《しんかい》の意に忤《さから》って致仕した。『宋史』三七七

余、①頃《このごろ》将《まさ》に②淮南《わいなん》に③漕《はこ》ばんとするとき、夢に僧、導きて一古寺の基《もと》に至る。巨棟十数有り、其の④榜《ぼう》に大書して曰く、「⑤隰州《しつしゅう》」と。金碧煥然《かんぜん》として、覚《さ》めて之を異とす。嘗《かつ》て人に語れど、能《よ》く占うもの莫《な》し。

後数月、⑥普照《ふしょう》を主《つかさど》る者、衆訟《うった》えて獄に抵《いた》る。余は⑦泗《し》に生まれて、又た官に従って往来すること廿余年なり。禅席の猥冗《わいじょう》なるを憫《うれ》え、因《よ》って以て之を振起せんと欲す。⑧其の徒、権貴の門に走り、皆な之が地と為《な》る。余の志、終《つい》に奪うべからず。時に⑨雪峯了。

⑩長蘆《ちょうろ》に住し、比丘千五百人と倶《とも》にあり。

今、⑪天童覚、⑫上首《じょうしゅ》に居り、衆の推出に与《あずか》る。余、乃《すなわ》ち⑬勧請《かんじょう》すれば、祖道を力行し、怖畏《ふい》有ること無し。遠近より帰依し、戸外に屨《く》満つ。他日相見《しょうけん》して其の郷里を問えば、則ち曰く、「隰州の人なり」と。忽《たちま》ち昨夢を省《かえり》み、符節合するが若《ごと》し。聞く者、稽首賛歎《けいしゅさんだん》せざる莫《な》し。咸《み》な謂《い》えらく、「此の事、書かざるべからず」と。而《しか》れども筆を執《と》るは⑭輒《すなわ》ち嬾《ものう》く、⑮清江《せいこう》の上《ほとり》に退居すること二年なり。

⑯恵慈《えじ》上人、天童よりと雪峯よりとの二老の書を持ち来り、⑰問訊《もんじん》懃懇《ぎんこん》、天童の「古徳の機縁を拈提《ねんてい》せるもの」を出す。因《よ》って夢

に伝がある。②淮南＝淮水の南の地方。③漕＝船で貨物を送ること。発運使は米粟遭運《べいぞくしょううん》を掌る。④榜＝門に掛けた額。⑤隰州＝山西省隰県。ちなみに宏智正覚を隰州古仏と称す。⑥主普照者＝普照寺の住持。普照寺は江蘇省泗州の西にある寺で、宏智正覚は宣和六年（一一二四）に普照寺に入《じゅ》院《えん》。⑦泗＝泗州。江蘇省宿遷《しゅくせん》県の辺り。⑧其徒＝普照寺の禅僧たち。⑨雪峯了＝真歇清了《しんけつせいりょう》（一〇八九～一一五一）のこと。雪峰寺の住持であった。⑩長蘆＝江蘇省六合《りくごう》県南の寺で甲刹の一。77の⑦参照。⑪天童覚＝太白山天童景徳寺に住した宏智正覚。⑫上首＝ここは首座のこと。⑬勧請＝元来、開山でない僧を開山として迎えることだが、ここは住持就任を請うこと。⑭輒＝「すなわち」と訓じる字は則即乃便など多いが、『操觚字訣《そうこじけつ》』ニ〝輒《チョウ》ハ、ツイ心ヤスク、タヤスクノ意〟とある。⑮清江＝同名の地多く不明。江西省資渓《しけい》県の川か。⑯恵慈

事の大略を記し、其の後に題す。独り⑱禅流を砥礪《しれい》すべからず、
且《か》つ叢林《そうりん》の盛事の為めに云う。

紹興四年十一月廿二日　⑲薌林居士《きょうりんこじ》　向子諲《しょうしいん》　書

上人＝天衣義懐《ぎかい》の法嗣の澄照慧慈であろう。『五』十六に「平江府澄照慧慈禅師」の記述がある。⑰問訊＝敬礼、あいさつ。⑱砥礪＝テイレイとも訓む。とぎ磨く。⑲薌林＝向子諲の園林の名。雅号。薌は香と同義。

《訳》わたし（向子諲《しょうしいん》）は先年、官命で米粟を両浙に送る船に乗っていた時、一人の僧に古い寺の基壇《あと》に連れて行かれる夢を見た。大きな建物が十数棟あり、その額に「隰州」と大書しており、金碧色に輝いていた。夢からさめて不思議に思った。人に話したがその夢占《うらな》いが出来る者はいなかった。

その数箇月後、普照寺の住持が大衆に訴えられて、投獄された。向子諲《わたし》は泗州に生まれ、廿余年間官吏を勤めたが、普照寺の禅席が乱れるのを悲しみ、寺の再興をねがっていた。しかし、普照寺の雲水たちは権門貴人の門になびき、寺地はこれら権門の支配する所となった。しかしながら、余《わたし》の志は誰も奪えなかった。丁度その時、雪峰清了（真歇清了《しんけつせいりょう》）は長蘆寺に住しており、千五百人の雲水と修行していた。当今は、天童正覚（宏智正覚）が長蘆寺首座《しゅそ》で、大衆と共に住持に推挙した。余《わたし》も天童正覚を住持に招請すると。宏智禅師は仏祖の道を力《つと》め行持し、なにものをも怖《おそ》れない人だった。遠近を問わず世人が普照寺を訪れ帰依し、戸外まで帰依者の屨《くつ》があふれた。他日、余は宏智禅師にお目にかかり、郷里を質問すると、「隰州《しっしゅう》の者である」と答えた。そこで先日の夢を思い出し、符節がピッタリ合った。この夢物語を聞いた人は、みな敬礼し賛歎し、「この夢の事を書かずにはおれませんよ」と執筆を勧めた。しかし、筆を執《と》るのは気が進まず、清江の畔《ほとり》に致仕《ちし》退居《たいきょ》すること、二年であった。

澄照慧慈上人が、天童山と雪峰山とより、二老師の書を持参し、ご丁寧に挨拶なさって、天童の「古

徳の機縁を拈提《ねんてい》したもの」（即ち「宏智拈古百則」）を出した。そこで船中での夢の事の大略を記して、拈古百則の後に題した（「後序を記した）のである。単に禅門の人々を砥《と》ぎ磨くだけでなく、禅林の盛事を願って記した次第である。

紹興四年（一一三四）十一月廿二日　薌林居士《きょうりんこじ》　向子諲《しょうしいん》　書《しょ》す。

⇩《評言》「宏智拈古百則」は普照寺で書かれた（或は拈提された）のではなかろうか。百則の中で、長蘆の自称を頻用していることも、この推測を助ける。なお、『大漢和辞典』の「薌林」の項によると、紹興六年に「薌林」二字の玉書を、〝両浙漕向子諲〟は天子から賜わっている。

〈2〉 勅謚宏智禅師行業記 （『宏智禅師広録』巻九所収）

◉

宣和六年。向公子諲。使発運事。夢僧導至古寺。金其牓曰隰州。莫測也。秋九月。泗洲普照王寺。闕住持者。向公聞長蘆第一座僧正覚。倡曹洞宗衲子信嚮。具疏与帖。請補其処。既至。問其郷里曰隰州。始悟昨夢。愈加敬礼。師蓋自此七坐道場。名振天下。嗚乎達人大士。出応於世為人天師。夫豈偶然也哉。

①宣和《せんな》六年、②向公子諲《しょうこうしいん》、③使発運事《しはつうんじ》、僧の古寺に導き至るを夢む。其の牓《ぼう》に金にて曰く、「隰州《しつしゅう》」と。測《はか》ること莫《な》し。秋九月、④泗《し》州《しゅう》の普照王寺。住持の者を闕《か》く。向公聞くならく、⑤長蘆の第一座の僧、正覚、曹洞の宗を倡《とな》え、衲子《のっす》の信ありと。嚮《さき》に⑥疏《しょ》と帖とを具し、其の処を補さんことを請う。既にして至り、其の郷里を問えば曰く、「隰州なり」と。始めて昨夢を悟り、愈〻《いよいよ》敬礼を加う。師は蓋《けだ》し此より七たび道場に坐し、名は天下に振るう。嗚呼《ああ》、達人大士、出でて世に応じ、人天の師と為る。夫《そ》れ豈《あ》に偶然ならんや。

①宣和六年＝一一二四年。②向公子諲＝宋の臨江の人。号は酒辺居士。金と和議することを承知せず、致仕する。〈1〉の①参照。③使発運事＝米粟の運送を掌《つかさど》る官名。向子諲は両浙発運使であった。〈1〉の②③参照。④泗州普照王寺＝江蘇省泗県にあった大聖普照寺。古くは香積寺とか普光王寺と称す。⑤長蘆＝江蘇省六合《りくごう》県南にある長蘆寺。洪済寺とも称し、祖照道知《そしょうどうち》のあと真歇清了が住す。なお宏智正覚は長蘆と自称。⑥疏・帖＝ここは入寺を勧請する四六文と住持任命の公帖。

《訳》 宣和六年（一一二四）、向子諲《しょうしいん》は両浙発運使のとき、一人の僧に導かれて古寺に行く夢を見た。その寺の掛額に金文字で「隰州」と書いてあったが、何のことか分らなかった。同年秋九月、泗州の普照王寺は住持がいなかった。向公《しょうこう》はそれを知り、長蘆寺《ちょうろじ》首座《しゅそ》の宏智正覚が曹洞宗を倡《とな》えて禅僧たちの信頼を得ていると聞いて、入院《じゅえん》を勧請《かんじょう》する四六文の疏《しょ》と公帖を持って、住持就任を請うた。寺に至り正覚に郷里を問うと、「隰州です」と答えたので、先日の夢を思い合せて、ますます尊敬心を深く礼した。禅師はなお此の時から、七度も寺の住持となり（ⅰ泗州大聖普照寺《だいしょうふしょうじ》、ⅱ舒州太平興国《じょしゅうたいへいこうこく》禅院、ⅲ江州廬山円通崇勝《ろざんえんつうすうしょう》禅院、ⅳ江州能仁寺《のうにんじ》、ⅴ真州長蘆崇福《すうふく》禅院、ⅵ明州天童山景徳寺《けいとくじ》 ⅶ杭州北山霊隠寺《りんにんじ》）名声は天下に鳴り響いた。ああ、達人大士（菩薩）がこの世に応現して、人間界・天上界の師となったのは、偶然事ではない。

◉ 師姓李氏。母趙誕師之夕。光出於屋。人皆異之。七歳誦書日数千言。少日遂通五経。祖寂父宗道。久参積翠老南之子仏陀遜禅師。嘗指師謂其父曰。此子超邁不群。非塵埃中人。宜令出家。異日必為大法器。

師の姓は李氏、母は趙《ちょう》。師を誕《う》む夕べ、光、屋より出で、人皆な之を異とす。七歳、書を誦すること日に数千言、少日に遂に五経に通ず。⑦祖叔父宗道は、⑧積翠《せきすい》老南の子、⑨仏陀遜《ぶっだそん》禅師に久参《きゅうさん》す。嘗《かつ》て師を指し。其の父に謂いて曰く、「此の子、超邁《ちょうまい》にして群せず。塵埃《じんない》中の人に非ず。宜《よろ》しく出家せしめば、異日必ず

⑦祖叔父＝祖父の弟か。⑧積翠老南＝不明。積翠は浄業湖の別名。⑨仏陀遜＝不明。『景』十四に『鳳翔府法門寺仏陀和尚』の項がある。

や大法器と為《な》らん」と。

《訳》宏智禅師の俗姓は李氏、母は趙氏（宋の王室か？）である。師を産《う》む夕べ、光が屋根から出たので、人々は之を不思議に思った。七歳のとき、書を一日に数千語も誦し、短時日に五経（易・書・詩・礼・春秋）に通暁した。祖叔父の宗道は久しく仏陀遜禅師に参禅しており、ある時、師を指して、その父に「この子は人より勝れ抜群で、俗塵の中に過す人物ではない。出家させたら、必ずや大法器となるだろう」と予言した。

◉十一歳得度於同郡浄明寺本宗。十四歳得戒於晋州慈雲寺智瓊。十八歳出游諸方。訣其祖曰。若不発明大事。誓不帰矣。至晋絳間。或以無憑沮師。邑尹見師英抜。因以所執扇示之曰。為我下一転語。師応声援筆書偈其上。尹大喜為請憑以行。渡河之洛。坐夏於少室山。日擷蔬茹。供給病僧。蔬且尽則採薬苗継之。游龍門遇郷僧。挽師同帰。師曰。出家行脚。本為参尋知識了生死事。郷関非所懐也。腰包径至汝州香山。

十一歳、同郡の⑩浄明寺本宗にて得度し、十四歳、戒を晋《しん》⑪州慈雲寺の智瓊《ちけい》に得、十八歳のとき、諸方に出游《しゅつゆう》す。其の祖に訣《わか》れて曰く、「若《も》し大事を発明せずんば、誓って帰らじ」と。晋・絳《こう》⑫

⑩浄明寺本宗＝不明。 ⑪晋州＝河北県晋県か。 ⑫絳＝山西省絳県か。 ⑬憑沮＝不明。頼ったり阻んだりする

の間に至り、或は師を⑬憑沮《ひょうそ》する無きを以て、⑭邑尹《ゆういん》師の英抜なるを見、因《よ》って執《と》る所の扇を以て之に示して曰く、「我が為めに⑮一転語を下せ」と。師声に応じて筆を援《と》り、偈《げ》を其の上に書く。尹、大喜し憑《やどり》を請うが為めに以て行く。河を渡り洛に之《ゆ》き、⑯少室山に坐夏《ざげ》す。日に蔬《そ》を擷《つ》んで茹《くら》い、病僧に供給す。蔬且《しば》らくして尽くれば、則ち薬苗を採《と》り之に継《つ》ぐ。⑰龍門に遊んで郷僧に遇《あ》い、師を挽《ひ》きて同じく帰る。師曰く、「出家行脚《しゅっけあんぎゃ》は本《も》と知識に参尋し。生死の事を了《さと》らんが為めなり。郷閭《きょうろ》は懐《おも》う所に非ず」と。⑱腰包《ようほう》し、径《みち》、⑲汝州《じょしゅう》の香山に至る。

ことか。⑭邑尹＝村長。⑮一転語＝相手を翻然と悟らせる転機となる語句。『碧』二十五〝一転語を垂れ、且つ仏祖の恩を報じ〟⑯少室山＝河南省登封県西北の山。少林寺がある。⑰龍門＝洛陽の西南にある黄河の難所。近辺に香山寺など名寺がある。『碧』七〝魚有って龍門を透過すれば、頭上に角生じ〟⑱腰包＝行脚の時、腰につける包。⑲汝州香山＝河南省臨汝《りんじょ》県の香山寺。白楽天の墓がある。

《訳》十一歳、同郡の浄明寺本宗和尚のもとで得度し、十四歳、晋州慈雲寺の智瓊《ちけい》和尚につき受戒、十八歳の時、諸方に遊行《ゆぎょう》に出た。祖（宗道？）に訣別する時、「もし生死の一大事を明らめなかったら帰りません」と誓った。晋州と絳《こう》州の間で、宏智正覚が憑《たの》まれたり沮《はば》まれたりすることがないのを見て、村長が師の英抜なのを見ぬき、手中にある扇を出して、「私に一転語を与えよ」と言った。師はすぐ扇に偈を書いて渡した。村長は大よろびして、村に留ることを頼んだが、師は村を出た。黄河を渡って洛陽に行き、少室山で夏安居《げあんご》を過《すご》した。日々野草を摘《つ》んでたべ、病僧にも供給した。野菜がちょっと無くなると薬草を採って継《つな》ぎとした。その後、龍門に行き、故郷の僧に偶然あい、その僧が師を連れて帰郷した。しかし師は、「出家者の行脚は本来善知識に参侍修行し、生死の一大事を了悟《りょうご》する為めである。故郷は懐《なつ》かしむ所ではない」。と、腰に旅の荷包をつけて、汝州の香山寺に赴いた。

◉成枯木。一見深所器重。一日聞僧誦蓮経。至父母所生眼悉見三千界。瞥然有省。急詣丈室陳所悟。山指台上香合曰。裏面是甚麼物。師曰。是甚麼心行。山曰。汝悟処又作麼生。師以手画一円相呈之。復抛向後。山曰。弄泥団漢。有甚麼限。師云錯。山曰。別見人始得。師応喏喏。

⑳成枯木《じょうこぼく》、一見して深く㉑器重する所あり。一日、僧の㉒蓮経を誦するを聞き、㉓「父母所生の眼をもって、悉く三千界を見る」に至り、瞥然《べつぜん》として省有り。急ぎ丈室に詣《いた》り、悟る所を陳《の》ぶ。山、台上の香合を指して曰く、「裏面是れ甚麼《なに》物ぞ」。師曰く、「是れ甚麼《なん》の㉔心行《しんぎょう》ぞ」。山曰く、「汝の悟処、又た作麼生《そもさん》」。師、手を以て㉕一円相を画《かく》して之を呈し、復《ま》た向後に抛《な》ぐ。山曰く、「㉖泥団を弄《ろう》する漢、甚麼の限《かぎり》か有らん」。師曰く、「錯《しゃく》」。山曰く、「別に人に見《まみ》えて始めて得ん」と。師応喏喏《だくだく》す。

⑳成枯木＝枯木法成（一〇七一～一一二八）。芙蓉道楷《ふようどうかい》の法嗣、即ち丹霞子淳《たんかしじゅん》（後出㉗参照）の法弟で、汝州（河南省）香山で開堂す。『五』十四に伝がある。㉑器重＝法器であることを見ぬき、大切にする。㉒蓮経＝妙法蓮華経。㉓父母所生云々＝『法華経』法師功徳品〃父母所生眼悉見三千界〃（岩波文庫『法華経』下、九十二頁）。㉔心行＝心の働き、了簡。『碧』三十九〃是れ什麼の心行ぞ〃 ㉕一円相＝[4]の⑤参照。『碧』十三〃僧、一円相を画して、手を以て師に托呈し、又た背後に抛向す〃 ㉖弄泥団＝分別知をこねること。『碧』八十二〃泥団を弄し、什麼をか作《な》す〃

《訳》 枯木法成禅師は宏智正覚を一見して、法器であると珍重した。ある日、僧が『法華経』を読誦《どくじゅ》しているのを聞き、（法師功徳品の）「父母所生の眼で、悉《ことごと》く三千界を見る」という経文で、忽然と悟った。

急いで方丈に至り、所悟を和尚に述べた。すると香山和尚（枯木法成）は台上の香合を指して、「中味《なかみ》は何じゃ」と問うと、師は、「これはどういう心の機用《はたらき》ですか」と述べた。香山、「正覚《おまえ》の悟った所はどうじゃ」。すると師は、手で一円相を描いて和尚に見せ、そして後方に抛《ほう》り投げた。香山、「分別知をこね回す奴《やつ》め、限界が無いわい」。師、「まちがいです」。香山、「別の師家に参見せよ、会得できるだろう」。師は、「はい分りました」と応答した。

◉ 丹霞淳禅師。道価方盛。師乃造焉。霞問。如何是空劫已前自己。師曰。井底蝦蟆呑却月。三更不借夜明簾。霞曰。未在更道。師擬議。霞打一払子云。又道不借。師忽悟作礼。霞云。何不道取一句子。師云。某甲今日失銭遭罪。霞云。未暇得打爾。且去。時二十三歳矣。

㉗丹霞淳《たんかじゅん》禅師、㉘道価方に盛《まさ》ん、師、乃ち造《いた》る。霞問う、「如何なるか是れ㉙空劫已前《くうごういぜん》の自己」。師曰く、「井底《せいてい》の㉚蝦蟆《がま》、月を呑却《どんきゃく》し、三更㉛夜明簾《やみょうれん》を借らず」と。霞曰く、「㉜未在《みざい》なり。更に道《い》え」。師、擬議すれば、霞、一払子《ほっす》を打《た》して云く、「又た道《ことば》を借らざれ」。師、忽《たちま》ち悟り礼を作《な》す。霞云く、「何ぞ㉝一句子を道取《どうしゅ》せざらん」。師云く、「某甲、今日、㉞銭を失なって罪に遭《あ》う」。霞云く、「未だ爾《なんじ》を打し得る暇《いとま》あらず。且《しば》らく去れ」と。時に二十三歳なり。

㉗丹霞淳＝丹霞子淳《しじゅん》（一〇六四～一一一七）。芙蓉道楷《ふようどうかい》の法嗣。以下の宏智正覚との問答は、『永平広録』九－88にある。㉘道価＝仏道のほまれ。仏教界での評価。㉙空劫已前自己＝自己本来の面目のこと。『正』菩提分法〝空劫已前自己思惟あり〟㉚蝦蟆＝分別妄想に執らわれている者の喩。『碧』七十二〝蝦蟆窟裏より出で来る。〟㉛夜明簾＝69の⑰参照。㉜未在＝まだ駄目だ。㉝一句子＝18の⑦参照。

㉞**失銭遭罪＝損をした上に損を重ねること。『碧』八〝関字相い酬ゆ。失銭遭罪。〟**

《訳》丹霞子淳禅師の仏道の誉《ほまれ》は高く、師（宏智正覚）はその会下《えか》に参じた。丹霞和尚が質問する、「天地が開ける以前の正覚《おまえ》の面目はどんなだ」。師、「譬えば井戸の底の蝦蟆《がま》のような宏智《わたし》が月（真如）を呑みこんで、夜明簾の輝きなど不要な心境です」。丹霞、「それではまだ（自己本来の面目を言表するのに）不充分じゃ。もっと言ってみよ」。師が言葉を発しようとすると、丹霞は払子《ほっす》を一振《ひとふ》りして云った、「言葉を使うなッ」。師は忽然と悟って、和尚を礼拝した。丹霞が言う、「どうして仏道を端的に表す一句を言わんのじゃ」。師、「正覚《わたし》は今日は、失敗（損）した上に、又た失敗を重ねました」。と言うと、丹霞和尚は、「お前を打ちすえる暇はないわい。とっとと失《う》せろ」。時に正覚は二十三歳であった。

☆この項に関係する僧の法系は次の通り。

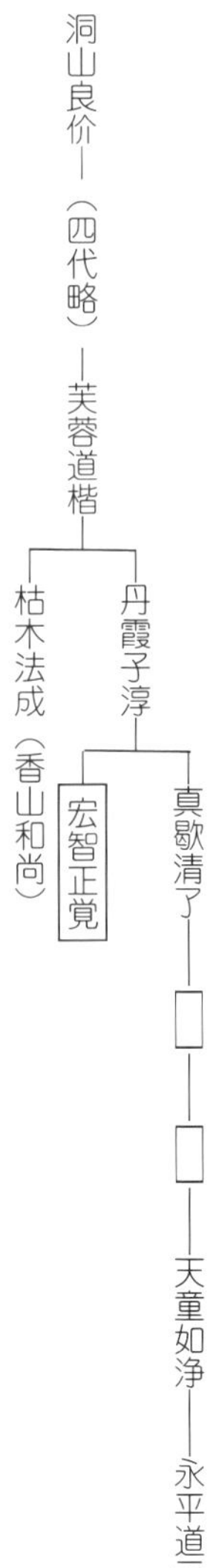

◉霞退居唐州大乘。師従焉。住山昇和尚。亦淳之嗣子。挙師立僧。霞住大洪。師掌記室。宣和三年。遷首座。時金粟智。雪竇宗保福悟。鳳山釗。皆参随之。明年分座於廬山円通照闡提席下。真歇住長蘆。聞師名遣書招之。撞鍾出迎。大衆聳観。師須眉奇古。傾然而黒。衣裓破弊。履襪皆穿。真歇遺侍者易以新履。師却之曰。吾豈為鞕而来耶。真歇与衆懇請。居第一座。時衆踰千七百。見師年少。初亦易之。至秉払老於参請者。無不心服。

霞、㉟唐州の大乗《だいじょう》に退居し、師従う。住山の㊱昇和尚も亦《ま》た淳の嗣子なり。師を㊲立僧《りっそう》に挙ぐ。霞、㊳大洪に住するとき、師、㊴記室を掌《つかさど》る。宣和三年、首座《しゅそ》に遷る。時に㊵金粟智《きんぞくち》、㊶雪竇宗《せっちょうしゅう》、㊷保福《ほふく》悟《ご》、㊸鳳山剣《ほうざんそう》、皆な之に従う。明年、廬山の㊹円通照闡提《せんだい》の席下に㊺分座す。㊻真歇《しんけつ》、㊼長蘆に住するや、師の名を聞き、書を遣《つか》わし之を招く。鐘を撞《つ》き出迎うる大衆聳観《だいしゅしょうかん》す。師の須眉《しゅび》奇古傾然として黒く、衣裓破弊《えこくはへい》、㊽履襪《りべつ》皆な穿《うが》つ。真歇、侍者をして新履を以て易《か》えしむ。師、之を却《しりぞ》けて云く、「吾れ豈に鞕《くつ》の為めに来《きた》らんや」と。真歇、衆と与《とも》に懇請し、第一座に居らしむ。時に衆は千七百を踰《こ》ゆ。師の年少なるを見、初めは亦た之を易《あなど》る。㊾秉払《ひんぽつ》するに至り、㊿参請《さんしん》者より老い、心服せざるもの無し。

㉟唐州大乗＝河南省唐河の大乗山。㊱昇和尚＝大乗利昇。㊲立僧＝正規の首座以外に、特に説法させる立僧首座のこと。㊳大洪＝湖北省随州の大洪寺。㊴記室＝書記の居室。㊵金粟智＝不明。㊶雪竇宗＝『五』十四に「明州雪竇聞庵嗣宗」がある。㊷保福悟＝『五』七に「漳州保福院超悟」がある。㊸鳳山剣＝不明。㊹円通照闡提＝不明。円通崇勝寺の闡提か。あるいは『五』十五の「廬山開先照禅師」をいうか。闡提は無仏性の者をいう。㊺分座＝住持に代り、説法する首座のこと。㊻真歇＝真歇清了《せいりょう》（一〇八九～一一五一）、丹霞子淳の法嗣。『如浄禅師語録』に「礼真歇塔」がある。㊼長蘆＝江蘇省六合《りくごう》県南にある甲刹の寺院。別に洪済寺ともいう。㊽履襪＝履き物と足袋《たび》。㊾秉払＝払子を秉《と》って、住持、またはその代理者（首座）が説法すること。㊿参請＝師家に質問して教えを受けること。『碧』七〝法眼の会中に在って、也た曾て参請入室せず〟

《訳》丹霞和尚は唐州の大乗山に退居し、師（宏智正覚）もこれに従った。大乗山住持の利昇和尚もやはり丹霞子淳の法嗣で、師を立僧首座に就かせた。その後、丹霞和尚が大洪寺住持になると、師は書記となり、宣和三年（一一二一）には首座に遷《うつ》った。その時、金粟智、雪竇宗、保福悟、鳳山釗たち皆なこれに随った。その明年、廬山《ろざん》円通照禅師のもとで、住持に代って説法した。真歇清了和尚が長蘆寺住持になると、宏智禅師の名声を聞き、書面で師を招き。鐘をつき鳴らして出迎え、雲水たちは仰ぎ見た。師の鬚《あごひげ》も眉も、古く傾いて黒く、衣は破れ履《くつ》も足袋も皆な穴があいていた。真歇和尚が侍者を遣《つか》わして新しい履にはき替《か》えさせようとすると、師は退けて、「わたしは履の為めに此の寺に来たのじゃないぞ」と言い放った。真歇和尚は大衆と一しょになって師に懇請して、師を第一座（首座）に就かせた。その時、大衆は千七百人以上であった。師が年若《としわか》いのを見て、最初は侮《あなど》ったが、師が払子を秉《と》って説法すると、参請者《さんしんしゃ》よりも老熟していたので、心服しない者は一人もいなくなった。

◉又二年住泗洲普照。実始出世嗣法淳和尚。前此分寺之半為神霄宮。而又両淮荐饑。斉厨空乏。二時所須。雑以菽麥。師至。命純以秔。庫僧辞不給。師命如初。已而檀施塡委。徽宗皇帝南幸。師領衆起居。上見寺僧千余。塡擁道左。方袍整粛。威儀可観。異之有旨召師面受。聖語還其故寺之半。師之受請而未至也。僧伽塔相輪中。香煙騰空。直亘東南。師入寺乃止。

又た二年(51)、泗州の普照(52)に住す。実に始めての出世にて、法を淳(53)和尚に嗣《つ》ぐ。此れより前、寺の半分を分ちて神霄宮《しんしょうぐう》(54)を為《つく》る。而して又た両淮荐饑《りょうわいせんき》し、斉《ひと》しく厨《くりや》空乏す。二時に用いる所、雑《まじう》

(51)二年＝〝六年〟とする異本あり。
(52)普照寺＝②の④参照　(53)淳和尚＝丹霞子淳。(54)神霄宮＝道教の寺観。『宋史』方技下「林霊素伝」〝天下皆な神霄

るに(56)菽麦《しゅくばく》を以てす。師、純に秔《うるち》を以て命ずれど、庫僧《こそう》辞して給せず。師の命、初の如し。(57) 已《すで》にして檀施塡委《てんい》す。徽宗《きそう》皇帝南幸し、師は衆を領して起居す。上、寺僧千余、道左《どうさ》を塡擁《てんよう》し、方袍《ほう》整粛にして威儀の観《み》るべきを見。之を異とし、旨有りて師を召し(58)面受す。聖語により、其の(59)故《もと》の寺の半を還《かえ》す。師の(60)受請未だ至らざるなり。(61)僧伽塔の(62)相輪中、香煙空に騰《あが》り直に東南に亘《わた》り、師の入寺乃《すなわ》ち止《や》む。

《訳》 また二年。宏智正覚は泗州の普照寺の住持となった。これは始めての出世（住持就任）で、丹霞子淳の法を嗣《つ》いだ。これより前、寺地の半分を分《わ》けて道教の神霄宮を造営した。また淮北《わいほく》淮南地方に凶作が続き、寺の厨房は空《から》になった。朝粥と午斎には豆麦をまぜた。師は秔《うるち》米ばかりにせよと命じたが、庫《くら》を預《あず》かる僧は供給しなかった。しかし師の命令は初めから同じだった。やっと檀那の布施で庫は一杯になった。徽宗皇帝が南方を行幸した時、師は雲水をとりしまって起居していたが、寺僧一千余人が行幸の道の東側を塡《うず》め、法衣が整然粛粛として、威儀の正しいのをご覧になってすばらしく思われ、徽宗帝は師を召して親しく法を聴聞された。聖諭によって、故《もと》の寺地半分（神霄宮）を返還した。師の入院《じゅえん》の請疏がまだ到来しないのに、寺塔の相輪に香煙が空中に立ち昇り、東南に流れていき、師が入寺すると香煙の流れはやんだ。

万寺宮を建つ〟なお、林霊素は徽宗から玄妙先生の号を賜わる。(55)菽麦＝豆と麦。(56)塡委＝積もり重なる。(57)方袍＝方形の袈裟。僧のこと。(58)面授＝仏法を親しく受ける。(59)故寺之半＝神霄宮のこと。(60)受請＝入寺の請を受けること。(61)僧伽塔＝不明。寺塔か。『景』二十七に「泗州僧伽大師」の項がある。(62)相輪＝塔上の九輪。

◉
建炎元年。住舒州太平。又住江州円通能仁。自能仁謝事游雲居。時円悟勤禅師住山。会長蘆虚席。大衆必欲得師。円悟与安定郡王令衿。力勉共行入寺。未幾知事以乏糧告。師不答。時大寇李在。抄界境上。領兵入寺。無不惶駭。師安坐堂上待其来。以善言誘之。在稽首信服。揮其衆輦金穀以供衆。一方亦頼以安。

建炎元年、(63)舒州《じょしゅう》太平に住し、又た(64)江州円通・能仁に住し、能仁より事を謝して(65)雲居《うんこ》に游ぶ。時に(66)円悟勤禅師住山し、(67)長蘆《ちょうろ》の虚席《きょせき》に会《あ》う。大衆必ず師を得んと欲す。円悟(68)安定郡王令衿《れいきん》と力勉して、共に行き入寺せしむ。未だ幾《いく》ばくならずして、知事乏糧を以て告ぐ。師答えず。時に大寇李在《りざい》、界境上を抄《かす》め、兵を領《ひき》いて寺に入る。惶駭《こうがい》せざるもの無し。師、堂上に安坐して其の来るを待ち、善言を以て之を誘えば、(69)在、稽首し信服す。其の衆を揮《さしず》して金穀を輦《にな》わせ、以て衆に供す。一方亦た頼《よ》く以て安んず。

(63)舒州太平＝安徽《あんき》省信寧《しんねい》県の太平興国禅院。『宏智広録』巻一では〝靖康二年（一一二七）四月二十二日入院〟とする。この年は所謂〝靖康の変〟の翌年。(64)江州円通能仁＝江西省潯陽《じんよう》県の円通崇勝禅院と能仁禅寺。(65)雲居＝江西省南康府の雲居山。洞山良价の法嗣の雲居道膺《どうよう》が開く。(66)円悟勤＝五祖法演の法嗣の圜悟克勤《えんごこくごん》（一〇六三～一一三五）。臨済宗楊岐《ようぎ》派に属す。(67)長蘆＝①の⑩参照。(68)安定郡＝安徽省の境にある郡。(69)在＝大寇（侵略者）の李在。

《訳》 建炎元年（一一二七）、師は舒州太平興国禅院に住し、次いで江州の円通崇勝禅院と能仁禅寺に住したが、能仁寺より一切の僧職を辞して、雲居山に掛錫《かしゃく》した。その時、圜悟克勤《えんごこくごん》が住持をしており、長蘆寺は住持を欠いていた。大衆は師（宏智正覚）の入寺を熱望していた。圜悟和尚は安定郡王の令衿《れいきん》と共に師の入寺実現に勉《つと》め、遂に（建炎二年九月十五日に）長蘆寺住持とさせた。住持となって間もなく、知事が食糧欠乏を報告したが、住持の師は応じなかった。その時期、侵略者の李在が郡境を抄《かす》めて長蘆寺に攻め入ったので、大衆はみな恐れおののいた。しかし、師は堂上に安坐して侵略兵を待ちうけ、すぐれた言葉で兵たちを導いたので、李在は頭を地につけ敬礼し信服した。そして大衆を指揮して金穀を輂《にな》わせて運び、大衆を供養した。かくして一方（すなわち万法）は頼《さいわ》いにも平安であった。

◉建炎三年秋。渡江至明州。欲泛海礼補陀観音。道由天童山之景徳寺。適闕主者。衆見師来。密以告郡。師微聞即遁去。大衆囲繞通夕不得行。不得已而受請。未幾虜人侵犯境内。諸寺皆謝遣雲游。師独来者不拒。或以為不可。師喩之曰。明日寇至。寺将一空。即今幸其尚為我有。可不与衆共之乎。已而寇至。登塔嶺以望。若有所見。遂斂兵而退。秋毫無所犯。人皆歓服。以為神助。伯庠聞師名旧矣。

建炎三年秋、江を渡り明州に至り、海に泛《うか》んで[70]補陀《ほだ》観音を礼せんと欲す。道は[71]天童山の[72]景徳寺に由る。適々《たまたま》主者を闕《か》く。衆は師の来るを見、密《ひそ》かに以て郡に告ぐ。師、微《かす》かに聞き即ち遁《のが》れ去るも、大衆《だいしゅ》、囲繞《いにょう》して通夕行くを得ず。已《や》むを得ずして請を受く。未だ幾ばくならざるに、[73]虜人《ふじん》境内を侵犯し、諸寺皆な謝

⑦⓪補陀観音＝浙江省舟山島は、印度の観音の住地フダラの名を取り、観音の霊地となる。『永平広録』十－45「詣昌海県補陀路迦山」　⑦①天童山＝浙江省鄞《ぎん》県東の山。晋代は太白山と称す。
⑦②景徳寺＝義興が開創してより寺名の

して雲游《うんゆう》せしむ。師、独り来る者は拒《こば》まず、或るひと以て不可と為《な》す。師之を喩《さと》して曰く、「明日寇至りて、寺は将《まさ》に一空《くう》ならんとす。即今幸いに其の(74)尚《しょう》我が有と為《な》る。衆と之を共にせざるべけんや」と。已《すで》にして寇至る。塔嶺《とうれい》に登り以て望めば、所見有るが若《ごと》し。遂に兵を斂《おさ》めて退き、秋毫も犯す所無し。皆な歓服し、以て神助と為す。(75)伯庠《はくよう》、師の名を聞き旧にす。

変遷があったが、景徳四年（一〇〇七）に景徳寺の勅額を賜う。中国五山第三位の名刹。(73)膚人＝不明。恐らく虜人《えびす》の誤字。(74)尚＝掌る。つまり住持の職にあること。(75)伯庠＝不明。郡守か？『大漢和辞典』に、伯与、伯容、伯庸など類似の人名あり。

《訳》建炎三年（一一二九）の秋、師（宏智正覚《わんししょうがく》）は長江を渡って明州（寧波《ねいは》）に至り、乗船して補陀洛迦《ふだらか》山《せん》の観音聖地を目ざした。道は天童山の景徳寺に通じていて、たまたま住持が欠けていた。大衆は師が来るのを知り、ひそかに郡庁に知らせた。師はその事を洩《も》れ聞いて逃《のが》れ去った。しかし大衆に囲まれ、一晩中通れなかった。やむを得ず入寺の勧請《かんじょう》を受け住持となった。間もなく、虜人《りょじん》（金軍か？）が境内を侵《おか》し、諸寺院は大衆を諸方に行脚させて空《あ》き寺となった。景徳寺の師だけは寺に来る者は拒《こば》まなかったので、或る人は、「それはいけません」と誡《いまし》めた。しかし宏智禅師はその忠告者を喩《さと》して言った、「明日にも金の軍兵が来たら、寺はすっかり空《から》になるだろう。しかしいま、幸いにも和尚《わたし》は健在だ。大衆と共に修行しないわけにはいかぬ」と。やはり侵略兵がやって来た。軍兵が塔の頂上に登ってみると、寺内には誰かいるようだったので、兵を撤収して髪の毛一本だに掠取《りゃくしゅ》しなかった。人々は皆な歓《よろこ》び心服し、天佑神助《てんゆうしんじょ》だと思った。伯庠（郡の長官？）は師の名声を聞き、旧《もと》どおりとした。

◉

歳在戊午。教授州学。始識其面。嘗訪師自小白捨舟道。松陰二十余里。雄楼傑閣。突出万山之中。固已駭所未見。入門禅毳万指。黙座禅床。無謦欬者（伯庠）頃侍老先参政。遍歴襄漢江西南嶽。未有如是盛也。聞之長老尊宿。皆云。天童旧衆不満二百。師之来四方学者。争先奔湊。如飛走之宗鳳麟。百川之赴滄海。今踰千二百衆矣。来者益多。甑釜将槁。主者惶懼不知所以為計。白師以僧糧垂尽。師笑曰。人各有口非汝憂也。言未既。閽者告嘉禾銭氏航米千斛艤於岸矣。

(76)歳戊午《ぼご》に在り。州学に教授し、始めて其の面を識る。嘗《かつ》て師を訪れしとき、(77)小白より舟を捨て、道は松陰二十余里、雄楼傑閣、万山の中に突出す。固已《もとすで》に未見の所に駭《おどろ》く。門を入れば(78)禅毳《ぜんせい》(79)万指、禅床に黙座し、謦欬《けいがい》する者無し。（伯庠は）頃《このごろ》先の(80)参政に侍し、(81)襄漢江《じょうかんこう》の西南の嶽を遍歴すれど、未だ是《かく》の如く盛なるものの有らざる也。之を長老尊宿に聞けば皆な云く、「天童の旧衆二百に満たず。師の来るや、四方の学者先を争って奔湊《ほんそう》し、(82)飛《ひ》走《そう》の鳳麟《ほうりん》を宗とし、百川の滄海に赴くが如し。今は千二百衆を踰《こ》ゆ」と。来る者益ゝ《ますます》多く、甑釜《そうふ》、将《まさ》に槁《か》れんとす。主《つかさど》る者惶懼《こうく》して、計を為《な》す所以《ゆえ》を知らず。師に白《もう》すに僧糧《そうりょう》の垂尽《すいじん》を以

(76)歳在戊午＝歳星が戊午《つちのえうま》の方に在る年、即ち一一三八年。(77)小白＝不明。太白山の地名であろう。(78)禅毳＝袈裟は材質により糞掃衣・衲衣・毳衣（毛織物の衣）の三種類がある。(79)万指＝万人に同じ。(80)参政＝宋代の官名。参知政事をいう。(81)襄漢江＝湖北省襄陽府の川の名。(82)飛走宗鳳麟＝鳥が鳳《おおとり》を、獣が麒麟《きりん》を尊崇する。(83)閽者＝門番。(84)嘉禾＝⑴穂が多い穀物、⑵福建省の県名。

てすれば、師笑って曰く、「人は各〻《おのおの》口有り、汝の憂うるところに非ざる也」と。言未だ既《おわ》らざるに、閽者《こんしゃ》[83]、嘉禾《かか》[84]銭氏航して、米千斛《ごく》を岸に艤す」と。

《訳》紹興八年（一一三八）、伯庠は州の学校で教授した時、はじめて宏智正覚と面識を得た。ある時、宏智禅師を訪れた時のこと、小白で舟から上陸すると、松並木が二十余里も続き、立派な楼閣が万重の山中に聳《そび》えている。これまで見たことのない景色に伯庠は驚嘆した。山門を入ると禅僧が多勢で黙々と禅床で坐禅し、しわぶき一つする者は無かった。伯庠は近ごろ参知政事に随侍して、襄漢江の西南の山々を遍歴したが、この景徳寺のように禅道が盛んな所はなかったので、この事を長老や尊宿に質《たず》ねると、みな言った。「むかし天童景徳寺の雲水は二百人に満たなかったが、宏智禅師が入院《じゅえん》すると、四方の修行僧が先を争って集まり、それは鳥獣が鳳麟を尊崇し、多くの川が大海に流入するようであった。今は千二百人を踰《こ》える雲水がいる」と話した。来寺する者は益〻多く、粥飯《しゅくはん》を炊《た》く釜は空《から》っぽになろうとしていた。雲水の食料を掌《つかさど》る者は、心配し恐れて、どう計《はか》ったらよいか分らず、住持の禅師に申し上げると、禅師は笑って、「人間はそれぞれ口をもっている。主者《おまえ》が心配することはない」。禅師の言葉が終らぬうちに、門番が報告に来た、「福建省嘉禾県の銭氏が、米千石を岸におろしております」と。

◉紹興八年九月。被旨住塩安府霊隠寺。将行大衆悲号。有鳥万数。亦哀鳴随師。踰数時乃散。十月。有旨還天童。前後垂三十年。寺屋幾千間。無不新者。異時長蘆雪峯。僧方盛時。各居一堂。別為四五。天童衲子既多。師以己意指授匠者。為一堂以処衆千二百人。悉皆容受。雄麗深穏。実所創見。即両山間障海潮而田之。歳入三倍於前。凡衆所須無不畢具。此雖有為事。然他人睥睨不敢措手者。師優游其間。即日趣弁。

紹興八年九月、旨を被り(85)塩安府霊隠寺《えんあんふりんにんじ》に住し、将《まさ》に行かんとすれば、大衆悲号す。鳥の万数有り、亦た哀鳴して師に随い、数時を踰《こ》えて乃《すなわ》ち散ず。十月、旨有りて天童に還《かえ》り、前後三十年に垂《なんな》んとす。寺屋幾千間《けん》、新ならざる者無し。異時、長蘆・雪峯の僧、盛時に方《あた》り、各〻《おのおの》一堂に居し、別に四五と為《な》る。天童の衲子《のうす》既に多く、師は己意を以て匠者に指授《しじゅ》して一堂を為《つく》り、以て衆千二百人を処《お》らしめ、悉《ことごと》く皆な容受す。雄麗にして深穏、実に創見する所なり。即ち両山の間、海潮を障《さえぎ》りて之を田とし、歳入は前に三倍す。凡《およ》そ衆の須《もち》いる所、畢《ことごと》く具えざるは無し。此れ(86)有為《うい》の事と雖然《いえど》も、他人睥睨《へいげい》して敢《あえ》て手を措《お》かざる者なり。師は其の間に(87)優游《ゆうゆう》し、即日趣弁す。

(85)塩安府霊隠寺＝臨安府（浙江省杭州市）の誤り。北山景徳霊隠寺で中国五山第二。　(86)有為＝作為された物事。　(87)優游＝ゆったりし、安静で無心のさま。

《訳》　紹興八年（一一三八）九月、勅旨により宏智禅師は臨安府の霊隠寺住持となり、入院に赴こうとすると、天童山の大衆は悲しみ号泣した。烏《からす》も多く哀鳴し、師について飛んで数時間後に飛散した。十月、勅旨によって天童に帰住し、三十年近くも住持を勤めた。寺院の建物は数十間に及び、どれも新しく建てられた。月日がたつと、長蘆寺や雪峰寺では盛時には一堂に雲水が起居し、別に四、五堂が造られた。天童山の雲水が多くなったので、師はご自身の意思で大工に指図して一堂を造り、大衆千二百人を全部収容した。その堂宇は雄大壮麗、深奥で穏やか、はじめて見るような趣きであった。二つの山の間の海潮をせき止めて田を作り、歳入穀物は三倍にふえて、大衆が必要とする物はすべて備えた。これらは人為的な物であったが、万事、他人の睥《うか》がう所ではなかった。禅師はそういう寺で、ゆったり無心の境地にひたり、日日接化指導し事を処理した。

◉二十七年秋九月。忽来城中。謁郡僚及素所往来者。又之越上謁帥守趙公令詪。因遍詣諸檀越家。若与之別。十月七日還山。飯客如常。八日辰巳間沐浴更衣。端坐告衆。顧侍者索筆作書。遺大慧禅師。属以後事。又書偈曰。夢幻空花。六十七年。白鳥煙没。秋水天連。擲筆而逝。龕留七日。顔貌如生。寿六十七。僧臘五十三。

二十七年秋九月、忽ち城中に来り、郡僚及び素《もと》より往来する所に謁す。又た越に之《ゆ》き、㊽帥守《すいしゅ》趙公令詪《れいこん》に上謁《じょうえつ》す。因《ちな》みに遍《あま》ねく諸檀越家に詣《いた》り、之と別るるが若《ごと》し。十月七日、山に還り飯容

㊽帥守趙令詪＝宋の太祖の次子趙徳昭の玄孫。『宋史』二百四十四に伝がある。帥守は安撫使の別名。㊾大慧禅師＝大慧宗杲《そうこう》（一〇八九〜一一六三）、圜悟《えんご》克勤《こくごん》の法嗣。公案禅を鼓吹して、黙

常の如し。八日、辰巳の間に沐浴《もくよく》して衣を更《か》え、端坐して衆に告げ、侍者を顧みて筆を索《もと》め、書を作って(89)大慧禅師に遺《のこ》し、以て後事を属《しょく》す。又た偈《げ》を書いて曰く、「夢幻(90)空花　六十七年　白鳥煙没　秋水天連（夢幻の空花《くうげ》　六十七年　白鳥煙に没し　秋水天に連なる）」と。筆を擲《なげ》て逝《ゆ》く。龕《かん》に留《とど》むること七日　顔貌生けるが如し。寿六十七、(91)僧臘《そうろう》五十三なり。

《訳》紹興二十七年（一一五七）秋九月、師は突然城内に来て、郡の官吏や昔から交際のある人に謁した。又た越州（浙江省紹興県）に行き、安撫使《あんぶし》の趙令詪に謁見《えっけん》を申し入れた。ついでに広く檀越の家を訪れ、別離を述べたようである。十月七日、天童山に還り、食事の姿は平常と変らなかった。八日、午前九時ごろ身体を潔《きよ》め衣を着かえ、端坐して大衆に別れを告げ、侍者に筆を持って来させて、大慧《だいえ》宗杲《そうこう》禅師宛《あて》の遺書を認《したた》め、死後の事を委嘱した。又た、遺偈《ゆいげ》を書いた、それは「夢や幻《まぼろし》そして空中の実在せぬ花の如き六十七年だった。白鳥は靄《もや》の中に姿を消し、（あとには）秋水が空（水平線）まで連なる大自然がある」という五言四句であった。筆を投げ出して遷化《せんげ》。七日間龕《ひつぎ》に納められたが顔かたちは生きているようであった。生年は六十七、法臘は五十三である。

◉ 大慧夜得書。即至山中。以十四日。奉師全身。葬東谷塔。道俗送者。増山盈谷。無不涕慕。自師之逝。風雨連日。及葬開霽。事

照禅を攻撃したが、宏智正覚とは道交を結ぶ。大慧禅師は当時、寧波の五山第五位の阿育王山広利禅寺の住持であった。(90)空花＝空華に同じ。眼疾者が空中に見る実在せぬ花。道元は『正』空華で、「空によって存在した真実在」と説く。(91)僧臘＝具足戒を受けてからの年数。安居の回数。

畢如初。

大慧、夜に書を得、即ち山中に至る。十四日を以て師の全身を奉じ、東谷塔に葬《ほうむ》る。道俗の送る者、山に増し谷に盈《み》ち、涕慕《ていぼ》せざるもの無し。師の逝《ゆ》きしより風雨連日、葬に及び開霽《かいせい》し、事畢《おわ》るや初めの如し。

《訳》大慧宗杲は夜に宏智禅師の遺書を読むと、すぐさま天童山に赴いた。十月十四日に亡き禅師の全身を東谷塔に葬ったのである。僧・俗の葬送する者は、山にも谷にも満ち、涙を流して慕わぬ者は一人もなかった。禅師が遷化した日から、連日風雨が続いていたが、葬儀の時だけからりと晴れて、葬礼が終るや、元のように風雨となった。

◉

師具大慈悲。誘接不倦。投籌入室。潜符密証者。不可勝紀。師於受施無貪。行施無厭。歳饑艱食。竭已之長。兼輟贍衆之余。頼以全活者。亡慮数千万人。居常施者金帛満前。悉帰於衆。丈室蕭然。弊衣糲食。不破中飡。以終其身。毎薙髪聚之。必生舎利五色。或髪貫其中。有得堕歯者。舎利生生不已。葬後人祈禱之。或得於茵薦。或得於衣履。不常其処。寺去水遠。師鑿石為畎。子母相銜。斎厨浴室。無不周遍。官家婦人。有入寺者。欲盥手畎中。忽陀躍而出。婦人驚倒。久之乃蘇。貴人子館法堂西。酒肉自随。或止之不従。俄而法鼓雷震堕地。貴人子惶懼而去。今有震跡存焉。

師、(93)大慈悲を具し、誘接して(94)倦《う》まず、籌《ちゅう》を投じて入室《にっしつ》し、潜符《せんぷ》密証《みっしょう》する者、勝《あ》げて紀《しる》すべからず。師、受施貪《むさぼ》ること無く、行施厭《いと》うこと無し。歳《とし》饑《う》え艱食《かんじき》なれば己の長を竭《つく》し、兼ねて(95)瞻《せん》衆《しゅう》の余を輟《や》む。頼《さいわ》いに(96)全活者亡《む》慮《りょ》数千万人なり。居常《こじょう》、施者の金帛、前に満てど、悉く衆に帰す。丈室蕭然として弊衣糲食《れいじき》、(97)中飡《ちゅうさん》を破らず、以て其の身を終る。薙髪《ていはつ》する毎《ごと》に之を聚《あつ》むれば、必ず舎利五色を生ず。或いは髪、其の中を貫き、堕歯を得る者有れば。舎利《しゃり》は生生して已《や》まず。葬後に人、之を祈禱《きとう》すれば、或いは茵席《いんせき》に得、或いは衣履《えり》に得、其の処を常とせず。寺は水を去ること遠く、師、石を鑿《うが》って畎《けん》を為《つく》り、子母相い銜《ふく》み、斎厨《さいちゅう》浴室、周遍ならざる無し。官家婦人の寺に入る者有りて、手を畎中《けんちゅう》に盥《あら》わんと欲せば、忽《たちま》ち蛇躍って出づ。婦人驚倒し、之を久しくして乃ち蘇《よみがえ》る、貴人の子、法堂《はっとう》の西に館《やかた》し、酒肉自ら随う。或もの之を止《とど》むれど従わず。俄《にわ》かに法鼓《ほうこ》雷震《らいしん》して地に堕《お》ち、貴人の子惶懼《こうく》して去る。今も震跡有りて存す。

(92)大慈悲＝大慈大悲。仏の広大無辺の慈悲。『碧』六十五〝世尊の大慈大悲、我が迷雲を開き〟 (93)投籌入室＝かず取り棒を入れて師家の室に入り、参問すること。優婆毱多《うばきくた》尊者は、一人を度《ど》す毎に一籌を石室に投じたという。(94)潜符密証＝こっそりと親密に証《さと》ることか、不明。(95)瞻衆＝豊かな大衆。(96)全活＝生は生として絶対であること。『正』説心説性〝活はたとひ全活なりとも、死の変じて活と現ずるにはあらず〟 (97)不破中飡＝中食（午斎）以後、食事をしない戒を破らぬこと。一日二食を守ること。

《訳》宏智禅師は大慈悲心をもち、大衆を接化して倦《う》むことなく、籌《ちゅう》を投じて師の室に入り、親しく密旨を証《さと》る者は数えきれなかった。師は財施を受けても貪《むさぼ》らず、法施をほどこすのを厭《いと》わなかった。饑饉《ききん》で食糧が欠乏すると、自分の余分の物をなげ出し、豊かな大衆の余分のものも輟《や》めさせた。幸いにして生を全《まっと》うする者は数千万人（大げさ）にのぼった。ふだん布施を受けた黄金や絹が座前に満ちたが、総《すべ》て大衆に与えた。師は方丈はひっそりとさびれ、破れ衣に黒米の飯をたべ、午斎以後は食事をせずに一生を終えた。剃髪する毎《ごと》に髪毛を集めると、必ず五色の舎利《しゃり》を生じた。ある時は五色の舎利を髪毛が貫通し、剃髪の中から亡き師の歯牙を得ることもある。舎利は次々と生じ、葬儀の後に祈禱《きとう》すると、或る者は敷物に舎利見つけ、或る者は衣や履物《はきもの》の中に見出し、処処方方に生じて一定でなかった。

　景徳寺は遠くから水を得ていたのを、師は石を穿《うが》って用水路を造った。そのため、近隣の子も母も水を飲み、厨房や浴室にも水が行きわたった。官家の婦人が寺に入って来て、用水路で手を洗おうとすると、突然蛇が出て来て婦人は驚き倒れ、久しくして息を吹き返すことがあった。貴族の子弟が法堂《はっとう》の西隣に邸館を建て、気ままに酒肉を飲食し、或る者がこれを制止しても聞き入れなかったが、俄かに法鼓が雷のように鳴り響くと、地に倒壊してしまった。貴人の子弟は恐れて立ち退《の》き、その震倒の跡は今でも残っている。

◉一日小行者。僵仆於地言曰。我護伽藍神也。与太白神角力。可令僧衆誦呪助我。或曰。何不以告堂頭。神曰。我聞覚和尚住此十余年矣。毎至寝堂欲見之。即戦慄不能前。竟未之識也。

一日、小行者《あんじゃ》、地に僵仆《きょうふ》し言いて曰く、「我れは伽藍を護る神なり。太白神と角力《かくりょく》す。僧衆をして(98)誦呪《じゅじゅ》せしめ我れを助けよ」。或もの曰く、「何ぞ以て堂頭《どうちょう》に告げざる」。神曰く、「我れ聞く、覚和尚は此に住して十余年なり。(99)寝堂《しんどう》に至る毎《ごと》、之に見《まみ》えんと欲すれど、即ち戦慄して前《すす》む能《あた》わず。竟《つい》に未だ之れ識らざるなり」と。

(98)誦呪＝陀羅尼《だらに》（真言）を口で唱えること。(99)寝堂＝住持の寝室。

《訳》ある日、未得度の行者が地上に倒れていた。彼曰く、「私は景徳寺の守護神で、この太白山の神と力競《くら》べをしている。どうか大衆に陀羅尼《だらに》を誦《とな》えさせて、私が勝つように助けてくれ」。と言った。ある人が、「どうして住持和尚に告げぬのだ」と問うと、「私の聞く所によると、宏智正覚和尚はこの景徳寺に住して十余年、寝堂に行かれる度にお目にかかろうと思うのだが、体がふるえて前に進むことができず、とうとうまだ面識を得ていないのである」と。

◉其為文初不経意。下筆即成。中書舎人潘公良貴。請銘大用菴。親為書石。歎曰。与三祖信心銘相後先矣。師去世之五月。詔諡宏智禅師。塔曰妙光。参知政事周公葵。為之銘。凡師応世之跡。見於塔銘者。茲不復叙。嗚乎此特師之事業。可形於言者爾。

若乃妙用縦横。不痕不跡。全超空劫之前。洞徹威音之外。不可得而擬議者。又非文字之所能載也。

乾道二年六月日

左朝奉大夫侍御史　王伯庠　記

比丘悟遷開板

戊午年刊記

其れ文を為《つく》るに、初め意を経ず、筆を下せば即ち成る。[100]中書《ちゅうしょ》舎人《しゃじん》潘公良貴《りょうき》[101]、大用菴《だいゆうあん》に銘するを請う。親しく為めに石に書し、歎じて曰く、「三祖の信心銘[102]と相い後先す」と。師、世を去りし五月、詔して宏智《わんし》禅師と諡《おくりな》し。塔は妙光と曰う。参知政事[103]周公葵《き》、之が銘を為《つく》る。凡《およ》そ師の応世[104]の跡、塔銘に見え、茲《ここ》に復《ま》た叙《の》べず。嗚乎《ああ》、此は特に師の事業の、言に形《あら》わすべき者《こと》のみなり。若乃《しかし》、妙用《みょうゆう》縦横にして不痕不跡《ふこんふせき》、全く空劫《くうごう》[105]の前を超え、威音《いおん》[106]の外を洞徹す、得《う》べからずして擬議する者、又た文字の能《よ》く載《の》する所に非ざるなり。

乾道《けんどう》[107]二年六月日　左朝奉大夫侍御史[108]　王伯庠《おうはくよう》[109]記

戊午年[110]刊記[111]　比丘悟遷《ごせん》開板

(100)中書舎人＝中書省には舎人五人がいて、詔誥制勅を司る。(101)潘公良貴＝宋の金華の人。向子諲（①の①参照）を弾劾して去り、後に官は徽猷閣《きゆうかく》侍制に至る。『宋史』三百七十六参照。(102)信心銘＝三祖道璨《どうさん》（？〜六〇六）撰。四言百四十六句より成る。(103)参知政事＝①の(82)参政と同じ。(104)応世＝時世に応じた事蹟。(105)空劫＝世界が破滅し絶無になり、まだ成立期（成劫）にならない時期。(106)威音＝威音王仏。過去荘厳劫の最初の仏で、無量無辺の極遠期の喩。(107)乾道二年＝一一六六年。日本の永万二年に当る。(108)左朝奉大夫侍御史＝左朝奉は諫官の一、侍御史は殿中の給事を司り、御史は不法を糾弾する官。(109)王伯庠＝『大漢和辞典』に、〝王伯某〟の名多し。(110)戊午年＝紹興八年（一一三八）。(111)刊記＝出版発行した次第の記。

《訳》そもそも禅師が文章を作る場合、最初はあまり心を使わず、筆を下すとすぐ文章ができる、中書舎人の潘良貴公が大用菴の銘文を請うたところ、石に書き刻んで「三祖が作った信心銘に勝《まさ》るとも劣らぬ」と感歎した、宏智禅師が示寂なさった五箇月後、高宗は詔を下して〝宏智《わんし》禅師〟と諡《おくりな》を賜い、塔を妙光と称した。参知政事の周葵公が妙光の塔銘を作った。師の経歴は皆この塔銘に記されているので、今、更《あらた》めて叙述しない。ああ、この「行業記」は特に師の事業を文言にまとめただけである。そして、師の玄妙な縦横自在の機用《はたらき》は文言に表せず、全く空前絶後で、筆にすることは不可能である。師の行績を推《お》し測《はか》って叙述しようとする者も、とても、文言で記載することは出来ないのである。

乾道二年（一一六六）六月日　左朝奉大夫《さちょうほうたいふ》侍御史《じぎょし》、王伯庠記　比丘悟遷開板

紹興八年（一一三八）刊行記

⇩《評言》「こんな文章を、労力を使って口語訳するのじゃなかった」。と後悔しながら、『行業記』の筆を走らせました。高僧伝につき物の生誕時の奇瑞、少年期の秀才ぶり、遍参行脚のエピソード等々――特に一八四頁二行目以下の饑饉譚、舎利物語、景徳寺の水利事業、それに伽藍守護神の奇譚等々、王伯庠の文章は拙劣、宏智禅師に抱く凡俗《わたし》たちの敬慕のイメージを汚すものでした。（やはり、禅僧への私の偏見がそうさせるのでしょう）

こんな文人官僚の作為的なほめ言葉で、この小著の筆を擱《お》くわけにはいきません。あと味が悪いのです。『五灯会元』十四「宏智正覚」の前半は『行業記』と重複していますが、後半の上堂法語は宏智禅をよく表わし、凡俗《わたし》の求道的執着心（そんな執着からも超脱しなければなりませんが――）を励ましてくださる法語ですので、巻尾に③として付記致します。筆者の恣意をどうぞお許し下さい。

◇③ 上堂法語

◉ 上堂。黄閣簾垂。誰伝家信。紫羅帳合。暗撒真珠。正恁麼時。視聴有所不到。言詮有所不及。如何通得箇消息去。夢回夜色依俙曉。笑指家風爛熳春。

①上堂。黄閣簾《こうかくれん》垂れて、誰か家信②を伝えん。③紫羅《しら》帳合して暗に真珠を撒《ま》く。正に恁麼《いんも》の時、④視聴も至らざる所有り、言詮も及ばざる所有り。如何が⑤箇《こ》の消息に通じ得去《えゆ》かん。夢は回る、夜色⑥依俙《いき》たる曉《きょう》、笑って家風⑦を指す爛熳の春。

①上堂＝この上堂法語は『宏智広録』一「泗州大聖普照禅寺語録」にある。また『大智偈頌』の「玄路」にある。②家信＝家からの便り。ここは⑦の〝家風〟の対応語。③紫羅帳＝紫の絹の帳（とばり）。貴人の居所。㊺の④参照。④視聴有所不到＝見たり聞いたりしても到達できない境地。『碧』十六〝法は見聞に非ず、言思逈絶す〟⑤通得箇消息＝この境地がよく会得できる。『碧』二十五〝懐を開いて、箇の消息に通ぜん〟⑥依俙曉＝ぼんやりしている白日の光。⑦家風＝禅家一門の風儀、②の〝家信〟の縁語。

《訳》普照寺法堂に上る。殿閣の簾《すだれ》が垂れて誰も家の便り（わが黙照禅の家風）を伝える雲水《もの》は無く、紫絹の帳《とばり》を閉じて（言語の及ばない所で）暗《ひそ》かに真珠（真実の仏法）をまいている。正《まさ》にそういう時、耳目の及ばぬ境地や、言語では伝えられぬ（黙照禅の）境涯があるのである。どのようにしてこの境地が会得できるのだろう。——夢から醒《さ》めずに迷夢の中、ぼんやり白日の光の朝が来た、笑って我《わ》が宏智の宗風をさし示す春である。

⇩《評言》宏智の黙照禅が、まだ黄閣簾中や紫羅帳内に在って、普照寺の雲水に会得されぬ〝もどかしさ〟を述べているようです。

◉ 上堂。心不能縁。口不能議。直須退歩荷担。切忌。当頭触諱。風月寒清古渡頭。夜船撥転琉璃地。

上堂。心⑧も縁《よ》る能《あた》わず、口も議する能わず。直《た》だ須《すべか》らく退歩⑨荷⑩担すべし。切に忌む、当頭、諱⑪に触るるを。風月寒清なり古⑫渡の頭《ほとり》　夜船⑬撥転《はってん》す琉璃《るり》の池。

⑧心不能縁＝心に手がかりを得ることが出来ぬ。『碧』三十三〝心縁ぜんと欲して慮《りょ》せず、口談せんと欲して辞喪す〟　⑨退歩＝反省して自己本来の面目に帰ること。『碧』三〝須らく是れ自家に退歩し看て〟　⑩荷担＝担荷と同じ。⑴肩にかつぐ、⑵人の為に力をつくす。『碧』二十七〝須らく是れ全身担荷して〟　⑪触諱＝相手が嫌うことに触れる。『碧』四十三〝正中来……但だ能く当今の諱に触れず〟　⑫古渡＝古い渡船場。『三体詩』劉滄「煬帝行宮」〝古渡月明らかにして棹歌を聞く〟　⑬撥転＝（法輪を）転じること。『碧』六十〝若《も》し能く話頭を撥転し、要津を坐断すとも〟

《訳》　普照寺の上堂法語。（真実は）心も手がかりにする事ができず、言葉で論議することも出来ず、ただただ自己本来の面目に帰って、人の為めに尽くすべきである。真《ま》正面から他人《ひと》のいやがる事に触れるな。――（人を真実の彼岸に渡す）古い渡し場では、寒風の中に月が澄み　瑠璃《るり》の如き美しく青い池では夜の船が（真実の方に）方向を転じている。

⇩《評言》　真如は、心も言葉も手がかりにすることの出来ぬ、ありのままの真実です。強いて表わすとすれば、〝風月寒清云々〟の大自然の叙景にならざるを得ないのでしょう。詩の功用です。

◉ 上堂。空劫有真宗。声前問己躬。赤窮新活計。清白旧家風。的

⑭空劫＝『行業記』②の(105)参照。　⑮

的三椉外。寥寥一印中。却来行異類。万派自朝東。

上堂。⑭空劫《くうごう》⑮真宗有り、⑯声前《しょうぜん》⑰己窮《こきゅう》を問う。⑱赤窮の新活計、⑲清白の旧家風　的的たる⑳三乗の外　寥寥《びゅうびゅう》たる㉑一印の中、㉒却来《きゃくらい》㉓異類を行じ　㉔万派自ら東に朝す。

真宗＝不明、真実の宗旨か。⑯声前＝言語で説明できないもの。『碧』七〝声前の一句は千聖不伝〟⑰己窮＝本来の自己。『碧』十七〝上、攀仰無く。下、己窮を絶す〟⑱赤窮＝不明。あるがままの已窮か。⑲清白＝清廉潔白。『従容録』二十八〝翻って思う、清白伝家の客〟⑳三乗＝声聞、縁覚、菩薩の三つの教法。㉑一印＝唯一絶対の法。㉒却来＝絶対平等の空の世界から、相対差別の世界に来ること、『碧』八十七〝（善財は）却《かえ》り来って白《もう》して云く〟㉓異類行＝異類（仏果位以外の菩薩や衆生）の中に自己を投げ入れて、利他行をすること。『趙州録』上〝須らく異類中に向《おい》て行くべし〟㉔万派朝東＝あらゆる川が、東の海に流入するように、万法が一義に帰すこと。59の⑭⑮参照。

《訳》　真州長蘆寺の上堂法語。三千大千世界（大宇宙）が破滅したとき真実の宗乗がある。言語では説けない本来の自己を問題にする（それが宏智《わたし》の仏法なのだ）窮極の赤心《まごころ》（空我の自己）の新しい生計《くらし》や　清廉潔白の旧宗風（古仏の教え）は三乗の外にあって仏乗に執らわれず　静寂な唯一絶対の法の中で　利他行を俗界で行《ぎょう》じると　あらゆる河川が東海に流入するように自然法爾《じねんほうに》の境になるのである。

⇩《評言》　**読者もお気付きでしょうが、この上堂法語は五言八句の詩型で、宗・躬・風・中・東の韻をふんでいます。そして、これまでの上堂法語の末の大自然描写の詩句でなく、観念的思想詩です。**

◉　上堂。今日是釈迦老子降生之辰。長蘆不解説禅。与諸人画箇様子。祇如在摩耶胎時作麼生。以払子画此○相曰。祇如以清浄水浴金色身時。又作麼生。復画此㊌相曰。祇如周行七歩。目顧四方。指天指地。成道説法。神通変化。智慧弁才。四十九年。三百余会。説青道黄。指東画西。入般涅槃時。又作麼生。乃画此㊉相。復曰。若是具眼衲僧。必也相許。其或未然。一一歴過始得。

上堂。今日は是れ釈迦老子降誕《ごうたん》の辰《とき》なり。長蘆は禅を説くを解《え》ず、諸人と箇の様子を画《かく》す。㉕祇《た》だ㉖摩耶《まや》㉗の胎に在る時の如し。作麼生《そもさん》。払子《ほっす》を以て此の○㉘相を画して曰く、祇だ清浄水を以て、㉙金色身を浴する時の如し。又た作麼生。復《ま》た此の㊌相を画して曰く、祇だ周行七歩㉚して四方を目顧《もくこ》し、天を指し地を指して成道す。説法は神通変化し、智慧弁才あり。四十九年㉛三百余会《え》、青を説き黄を道《い》い、東を指し西を画し、㉜般涅槃《はつねはん》に入る時のごとし。又た作麼生。乃《すなわ》ち此の㊉相を画して、復た曰く、若《も》し是れ具眼の衲僧《のうそう》ならば、必ずや相い許さん。其れ或いは未だ然らずんば、一一歴過して始めて得ん。

㉕画＝線を引いたり円を画《えが》くこと。 ㉖祇如＝只如と同じ〝ただ～のごとし〟例をあげる時によく用いる語。 ㉗摩耶＝摩耶夫人《ぶにん》。釈尊を産んで七日後に死亡し、忉利天《とうりてん》に生まれる。『永』四－320「浴仏」〝摩耶灌沐す誕生の身〟 ㉘○＝欠字で不明。円の字か？ ㉙金色身＝仏の三十二相の一に身金色相がある。 ㉚周行云々＝『大唐西域記』六〝菩薩生まるるや扶けられずに四方に行きて各七歩〟 ㉛四十九年云々＝釈尊は正覚成道してから、四十九年間、三百余の法会で説法した。『碧』八十七〝世尊四十九年三百余会、機に応じて教を設く。〟 ㉜般涅槃＝完全な涅槃。即ち円寂すること。

《訳》 真州長蘆崇福《すうふく》禅院（長蘆寺のフルネーム）の上堂法語。今日は釈迦如来降誕日《ごうたんび》で、長蘆《わたし》（＝如浄）は禅を説くことが出来ぬ。「諸人とこの時の様子を描いたが、例えば摩耶夫人《まやぶにん》の胎内におられた時のような（心境）である。どうじゃな」。払子《ほっす》でこの○相を描いて言う、「ただ清浄な甘露水で、金色の嬰児《えいじ》の仏身を洗浴する時のような（心境）である。どうじゃな」。払子でこの㊌相を描いて言う、「ただ七歩周《めぐ》り歩いて四方を眺め、天地を指して仏道を成就した。釈尊の説法は神通変化《じんづうへんげ》し、智慧・弁舌・才智があった。四十九年間に三百余りの法会《ほうえ》を開き、色々とありのままの真実をお説きになり、寂滅《じゃくめつ》なさった時のような（心境）である。どうじゃな」。そこで長蘆《わし》はこの㊉相を描いて、重ねて言う、「もし、眼玉のある禅僧なら、きっとうなずいて、宏智《わし》を許すだろう。もし、そうでなかったら、一つ一つ（胎内時・灌浴時・周行時・説法時・般涅槃《はつねはん》時）を順に経験して、やっと会得するだろう」。

⇩《評言》　宏智禅師は、釈尊の一生と長蘆《じぶん》とを重ね合せて、正法を伝受していることを説いているのだろう――と恣意的に、不遜な解釈をしました。凡俗《わたし》はこの程度の在俗居士です。しかし、百尺竿頭《かんとう》を竿先《さおさき》に向かって、尺取り虫のように匐《は》いずりまわって、禅語録に参究している時、〝生（つまり死への）〟充実感を味わっているのです。百尺竿頭の先にあるのは、たぶん空華《くうげ》の幻影でしょうが……。ああ、またコトバ遊びをしてしまいました。『五灯会元』が、◯、㊌、㊉、と分別しているイミが分りません。

◉上堂。僧問。如何是向去底人。師曰。白雲投壑尽。青嶂倚空高。曰。如何是却来底人。師曰。満頭白髪離巌谷。半夜穿雲入市鄽。曰。如何是不来不去底人。師曰。石女喚回三界夢。木人坐断六門機。乃曰。句裏明宗則易。宗中弁的則難。良久曰。還会麼。凍雞未報家林暁。隠隠行人過雪山。

㉝向去底人＝本来具有の仏性に向かって行持している人。『五』十四「真歇清了」〝功を転じ位に就くは是れ向去底人……位を転じ功に就くは是れ却来底人〟　㉞白雲＝㉖の⑤参照。なお『洞』79に〝青山は白雲の父、……白雲は青

上堂。僧問う、「如何なるか是れ㉝向去底《こうきょてい》の人」。師曰く、「㉞白雲、壑《たに》に投じて尽き、青嶂《せいしょう》、空に倚《よ》って高し」。曰く、「如何《いか》なるか是れ㉟却来底《きゃくらいてい》の人」。師曰く、「満頭の白髪、巌谷を離れ、半夜雲を穿《うが》って市鄽《してん》に入る」。曰く、「如何なるか是れ㊱不来不去底の人」。師曰く、「㊲石女、三界の夢を喚回し、木人、㊳六門の機を坐断す」。乃ち曰く、「句裏に宗を明らめるは則ち易く、宗中に的を弁ずるは則ち難し」。良久して曰く、「還《ま》た会するや。凍雞《とうけい》未だ報ぜず家林の暁、㊴隠隠として、行人雪山を過ぐ」と。

⑴かすかなさま、⑵憂うるさま。『碧』四十三〝正中偏……隠隠として猶お旧日の嫌を懐く。〟

山の児、……白雲終日倚る、……青山総に知ず〟の偈がある。㉟却来＝㉒参照。㊱不来不去底人＝不明。向去にも却来にも執らわれない人か。㊲石女＝情識を超えた非思量の人、木人と連用する。『宝鏡三昧歌』（洞山良价著）〝木人方に歌い、石女起って舞う〟㊳六門＝六妙門。禅定に必要な六つの門。⑴数息《すそく》門、⑵随意門、⑶止心門、⑷修観《しゅかん》門、⑸還《げん》門、⑹浄門。㊴隠隠＝

《訳》舒州太平興国禅院の上堂法語。僧が質問した。「本来具有している仏性で、行《ぎょう》じている人はどんな人ですか」。禅師、「白雲を谷に投げ入れてしまい、青々とした山が空に聳《そび》えている、そんな者じゃ」。僧の問い、「空《くう》の世界から色《しき》の世界に帰る人はどんな人ですか」。禅師、「白髪の人が岩山から離れて、夜中に雲をおし開いてにぎやかな市街に入って来るような人じゃ」。僧の質問、「真実の絶対境（悟り）に到りもせず去りもしない人はどんな人ですか」。禅師、「情識を絶した石女が凡夫世間の迷夢をめぐらせ、思慮分別を超えた木人が六妙門の禅境に坐《すわ》りきっているような者じゃ」。そして禅師は述べた、「言語の中に宗旨を明らかにする（看話禅《かんなぜん》）は容易じゃが、宗旨の中でズバリソノモノを明らかにするのは難かしい」。禅師はしばらく黙っていたが、また述べた。「どうだ分ったか。寒くて凍えている鶏は、家（黙照禅《もくしょうぜん》）の暁《とき》を告げず、薄暗い中を行脚《あんぎゃ》する者は（雪山童子のように）雪山《ヒマラヤ》を通過してゆくのじゃ」。

⇩《評言》僧の質問に、禅師は直叙的に答えず、殆んど対句の偈頌で教えており、木人石女になりきれぬ凡俗にも、深く味わえます。漢詩の妙用でしょう。

◉　僧問。一糸不著時如何。師曰。合同船子並頭行。曰。其中事作麼生。師曰。快刀快斧斫不入。

僧問う、[40]「一[41]糸著《じゃく》さざる時、如何」。師曰く、「[42]合同船子、頭を並べて行く」。曰く、「其の中の事、作麼生」。師曰く、「[43]快刀快斧、斫《き》れども入らず」と。

㊵僧問云々＝『宏智広録』四、『明州天童山覚和尚語録』では、この語の前に〝憑侍郎請〟の四字があり、〝斫不入〟の次には〝僧云く、「如何が是れ云々〟と、宏智禅師との長い問答が続く。

㊶一糸不著＝一糸不挂に同じ。煩累が少しも無いこと。『碧』八十七〝坦蕩として一糸毫を掛けず〟　㊷合同船＝凡聖や貴賎などの差別のないこと。『碧』十八〝無影樹下の合同船、……瑠璃殿上の知識無し〟　㊸快刀快斧斫不入＝一切平等の世界は、分別知ではさばけない喩。『碧』八十三〝乾坤観ること莫し。刀斫れども入らず〟

《訳》僧が質問した。「少しも悩みや束縛が無い時は、どのようですか」。禅師が答えた。「凡聖や貴賎などを、差別なく乗せる船が、船首を並べて航行するようなものじゃ」。僧の質問、「その船の中、つまり、心の中はどのようですか」。禅師、「よく切れる刀や斧（鋭い理論・公案禅）では、どうにもならぬ」。

⇩《評言》不立文字《ふりゅうもんじ》の境地を端的に述べています。

◉　問。布袋頭開時如何。師曰。一任塡溝塞壑。問。清虚之理畢竟無身時如何。師曰。文彩未痕初。消息難伝際。曰。一歩密移玄路転。通身放下劫壺空。師曰。誕生就父時。合体無遺照。曰。理既如是。事作麼生。師曰。歴歴纔回分化事。十方機応又何妨。曰。恁麼則塵塵皆現本来身去也。師曰。透一切色。超一切心。曰。如理如事又作麼生。師曰。路逢死蚍莫打殺。無底籃子盛将帰。曰。入市能長嘯。帰家著短衫。師曰。木人嶺上歌。石女渓辺舞。

問う、「㊹布《ふ》袋頭《たいとう》開く時如何」。師曰く、「溝㊺を塡《うず》め壑《たに》を塞《ふさ》ぐに一任す」。問う、「㊻清虚《せいきょ》の理、畢竟《ひっきょう》身無き時如何」。師曰く、「文㊼彩未だ痕《こん》せざる初め、消息伝え難き際なり」。曰く、「一歩密《ひそ》かに移して玄㊽路転じ、通身放下す劫壺㊾《ごうこ》の空」。師曰く、「誕生して㊿父に就《つ》く時、合体して遺照(51)無し」。曰く、「理《り》既に是《かく》の如し、事《じ》作麼生《そもさん》」。師曰く、「歴歴纔《わず》かに回れば化事(52)を分つ。十方の機応又た何をか妨げん」。曰く、「恁麼《いんも》なれば則ち塵塵(53)《じんじん》皆な本来身を現《げん》じ去る」。師曰く、「一切の色《しき》を透《とお》り、一切の心を超ゆ」。曰く、「(54)如理《にょり》如事《にょじ》、又た作麼生」。師曰く、「路《みち》に死蚍(55)《しだ》に逢《あ》うとも(58)打殺《たさつ》する莫《なか》れ。無底(56)籃《らん》子に盛り、将《まさ》に帰らんとす」。曰く、「市に入りて能《よ》く長嘯《じょうしょう》し、家に帰って短衫(57)《たんさん》を著《つ》く」。師曰く、「木人は嶺上《れいじょう》に歌い、石女(58)は渓辺に舞う」と。

㊹布袋頭開時＝安居が終る時。40の③参照。㊺塡溝塞壑＝誰も分らないことの喩。『碧』十六〝溝を塡め壑を塞ぎて人の会すること無し。〟㊻清虚＝清らかで何も無いこと。なお、この語以下の法語は、『宏智広録』四の天童語録（大正蔵四十八巻三十九頁下段）にある。『碧』六十二〝曹山に問う、清虚の理、畢竟身無き時如何〟㊼文彩＝立派な文章語句。『碧』七〝文彩已に彰わる〟（一句の言句に真実が表われている）㊽玄路＝洞山三路の第二。迷悟や有無などの二見を超えた空寂の路。『碧』九十九〝洞山和尚人を接するに三路有り。所謂玄路、鳥道、展手なり。〟㊾劫壺＝人（主）と境（客）とが分れない以前の別天地の境地。悟りの世界。『葛藤語箋』三〝劫壺は空劫已前の壺中の別春なり。〟㊿就父時

合体＝師弟の意気がピッタリ合うこと。『碧』六十四〝他の父子相投じ、機鋒相合す〟 (51)遺照＝後世に残す法の恵み。 (52)化事＝⑴接化すること、⑵遷化（死）すること。 (53)塵塵＝一切の事象。『碧』五十〝如何なるか是れ塵塵三昧〟 (54)如理如事＝あるがままの理と事。 (55)死虵＝油断すると生き返って、心の許せぬもの。『碧』六十六〝死蛇を弄するを解するは〟 (56)無底籃子＝底の無いかご。一切の執着を離れた境地の喩。『碧』四十三〝洞下に此の石女木馬、無底籃、夜明珠、死蛇等の十八般有り。〟 (57)短衫＝僧が着る短かい上衣。長嘯の対語。ここは青州の七斤の布衫（森羅万象が一に帰す。その一の象徴）を暗示するか。 (58)木人・石女＝㊲参照。

《訳》 僧が質問した。「結制（安居《あんご》）が終った時はどのようですか」。宏智禅師の答、「溝《みぞ》を塡《うず》め谷を塞《ふさ》ぐようで、人は何とも思わぬ（第三者には理解できぬ境地じゃ）」。僧が問う、「清らかな空《くう》の道理、つまり身体が無い（五蘊皆空《ごおんかいくう》）時はどのようですか」。禅師の答、「立派な文章でも表わせず、その境地は伝え難いのじゃ」。僧、「こっそりと一歩移動し、洞山良价《とうざんりょうかい》和尚が言う玄路（相対的二見を超えた空《くう》の路）に全身転じて、空劫《くうごう》以前の境地も投げ捨てるのですか」。師の答、「此の世に生まれて師父につく時、ピッタリと契合して後世に遺《のこ》す法の恵みも無いのじゃ」。問、「道理《ことわり》はそのようですが、差別界《しゃべつかい》の事象はどうですか」。師の答、「事がらはハッキリしていて、少しでも動くと接化するのである。その十方界の働きは何ものも妨《さまた》げない」。僧、「そうしますと、一切の事象は皆な本来の自分自身を現成《げんじょう》するのですか（天地同根、万物一体ですか）」。禅師の答、「道に死蛇がいても打ち殺してはならぬ。（起死回生する雲水は師家に任せておけ）。底《そこ》の無い籃《かご》（無執著《むしゅうじゃく》の境地）に雲水をほうりこんで、帰るだけじゃ」。僧の問、「繁華街で声を引きのばして歌い、家に帰ると短い上衣を着る（平常心是道となる）のはどうですか」。宏智禅師の答、「情識絶無の木の人形が山上で歌い（長嘯の対）、石の女が谷川の岸で舞う（著短衫の対）ようなものじゃ」。

⇩**《評言》 質問僧は、仏法の大意を言語で教示してもらおうと努め、宏智禅師はそれを否定し尽く**

しハグラカシている。丁々発止の禅問答の典型で、凡俗はその醍醐味をヒトナメするのみです。

◉ 上堂。諸禅徳。呑尽三世仏底人。為甚麼開口不得。照破四天下底人。為甚麼合眼不得。許多病痛。与你一時拈却了也。且作麼生得十成通暢去。還会麼。擘開華嶽連天色。放出黄河到海声。

上堂(59)。諸禅徳(60)、三世仏(61)を呑尽《どんじん》する底《てい》の人、甚麼《なん》の為めに開口(62)し得ざる。四天下(63)を照破する底の人、甚麼の為めに合眼(64)し得ざる。許多《あまた》の病痛(65)を你《なんじ》と一時に拈却《ねんきゃく》し了《おわ》る也。且《か》つ作麼生《そもさん》か十成(66)通暢《つうちょう》(67)を得去る。還《ま》た会《え》するや。華嶽(68)連天色を擘開《へきかい》し、黄河の海声に到るを放出す。

(59)上堂＝以下の上堂法語は『宏智広録』四「天童語録」（大正蔵三十五頁下段）にある。なお、底本の『五』十四の「宏智正覚上堂法語」は、『宏智広録』所収の上堂法語と、かなり順序が違っている。(60)諸禅徳＝禅徳は禅僧の尊称。(61)三世仏＝過現未の三世に現われる諸仏の総称。『碧』八十四〝設使《たとえ》三世諸仏も也た口を開くを得ず〟(62)開口＝口を開いて説法すること。看話禅を暗示か？ (63)四天下＝東西南北の洲。北洲は三乗の化が到らぬというが、ここは無関係。『碧』八十五〝頂門に光を放ち、四天下を照破す。是れ衲僧の金剛眼睛なり。〟(64)合眼＝眼をつぶること。虚無に陥ること。黙照禅を暗示か？ 『碧』九十九〝切に忌む、閉目合眼する会《え》を作《な》すことを〟(65)病痛＝『碧』七十三〝八十四員の善知識、一様に這般の病痛を患《うれ》う。〟ここは開口や合眼をさすか？ (66)十成＝⑴完全な成就、⑵ある物全て。『碧』九十一〝只だ八成を道《い》い得たり。若し十成を要せば〟(67)通暢＝滞る所がない。とおる、とおす。(68)華嶽＝太華山と嶽山。陝西《せんせい》省の境にある山。『碧』三十二〝分破す華山の千万重とは、巨霊神、手を以て太華を擘開し、水を放って黄河に流入す。〟ちなみに、一八〇頁の〝両山の間、海潮を障《さえぎ》りて之を田とし、歳入は前に三倍す。……〟の宏智の事績を想起する。

《訳》 明州天童山の上堂法語。諸禅徳で、三世諸仏を呑み尽くすような師家が、どういうわけで、口を開いて真実の仏法を説き得ないのだろうか。全世界を照らすような（金剛眼力のある）師家が、どういうわけで、眼をつぶって真実を見ぬけないのか。多くの病を雲水たちと共に一ぺんに取り除いてしまったぞ。どうじゃな、完全に通透したぞ。どうだ会得したか。太華山が聳《そび》え連なっているのを擘《き》り開いて黄河が水音をたてて海まで流れるように放出したぞ。（大自然の摂理のままに随うようにしたのだ）

⇩《評言》語注で、？を付したとはいえ、禁断の（看話・黙照の）相対的二見をとり入れて訳してしまいました。「宗論はどちらが勝っても釈迦の恥」です。真実の仏法は、分別的言語では表わせず、大自然の摂理（因縁の道理《ことわり》）に従って、只管打坐《しかんたざ》すべしと説いているのでしょう。

（上堂法語　終り）

主要語句索引

語注を通し番号か、頁ナンバーで統一表記すればよかったのですが、凡俗《わたし》の読解の便のために、索引カードを手作りにしましたので、次のような表示になっており、利用しにくくなりました。

ゴシック体の語句は個有名詞です。

i　単なる数字のみ　拈古百則の□内の作品番号
ii　（ ）内に語注番号数字　拈古百則後序の語注番号
iii　○内に語注番号数字　宏智禅師行業記語注番号
iv　｛ ｝内に語注番号数字　上堂法語語注番号

あ行

さ行

た行

な行

は行

ま行

や行

ら行

索引　終

◎　索引カードを作り、五十音順に並べかえ、転記清書しながら、「私は何を無駄なことをやっているのだろう。不立文字の禅を求めているのに――」という自慚の念に駆られ続けました。無駄とか有用とか、まだまだ二見に執らわれているのです。

あとがき

「蔭木くん、ゲラ刷りの校正には、原稿（ノート）を書く以上に労力を使わんと、いけないよ」。

定時制高校教師と二足のわらじをはく凡俗《わたし》を指導して下さった大学院教授の声を、生《なま》々しく思い出しながら、この〝あとがき〟を、老人ホームの図書室で書いております。

思えば『宏智拈古全評釈』のノートは、一年半まえ、神戸市塩屋台の書斎（空華庵）で作成しました。シン（身・心・深）読に疲れたり行きづまったりすると、近くの里山（一の谷の源平古戦場）を散歩（＝経行《きんひん》）して、宏智禅師の一語一句を反芻し参究したものでした。それ以後、筆者の知力も体力も、大自然（三千《みち》大千《おおち》世界）の法則に随って老朽化していきました（しかし菩提心は衰えなかったつもりです）。『如浄禅師偈頌評釈抄』の『大法輪』誌連載、『凡俗による如浄禅師語録全評釈』の上梓が終ったあと、道元─如浄─宏智の禅思想のルーツを求めて、しばらく『洞山良价禅師語録』を精読していましたが、昨秋、老人ホームに転居した部屋に、どさりとこの『宏智拈古全評釈』の初校ゲラが送られて来ました。

老人ホームに持って来た机は狭く、架蔵書も限られていましたので、まだ売れずに残っている塩屋台の空華庵とを往復したり、ホームの立派な図書室に籠もったりして（殆ど一人〉、指導教授の声を甦らせながら、校正の赤ペンを握りました。それは、凡俗の至福？の時間でもありました。

校正の目が痛くなると、近くの、通称〝ダンク山〟経行《きんひん》に出ました。この〝ダンク山〟は、幼い少年を、「酒鬼薔薇」と名のる中学生が、〝人間の死にざま〟を体験したくて、殺人を犯した忌《い》まわしい山です。老人ホームでの生活は、私自身を含めて〝人間の老い〟を見つめつつの校正の日々でもありました。人間の生・老・病・死を直視した思いを、随筆的に掘りさげてみたいと思ったりもしますが、人間のありのままの真如相は、とても相対的言語に塗《まみ》れている凡俗の筆では、到底表現できないことを、宏智正覚禅師は説いておられますので、断念しています。

なんだか、身辺雑記の如き〝あとがき〟になってしまいました。読者諸兄姉の一大鉗鎚をお願い致します。

なお、最後になって礼を失しましたが、『凡俗による如浄禅師語録全評釈』に引き続き、当小著の内校と編集に、ひとかたならぬお力添えを頂いた、谷村英治氏に、心より篤く御礼申し上げます。

平成二十二年一月吉日

神戸市須磨区タンク山山麓空華庵　蔭木英種居士

【著者略歴】

蔭木　英雄（かげき　ひでお）

1927 年　神戸市湊東区荒田町に生まれる。
1944 年　陸軍予科士官学校で、殺生戒を犯す訓練中に喀血、陸軍病院入院。
1947 年　国立兵庫療養所で所内の参禅会に入り、青原寺和尚より英種居士の法名を頂く。成功確率の低かった胸廓成形手術を受け、片肺となったが、健康を回復する。
1948 年　兵庫県揖保郡太市小学校助教諭をふり出しに、小・中・高校（全日制・定時制）に勤務しつつ大学二部・大学院に通う。
1970 年　関西大学大学院博士課程修了。
1995 年　相愛大学定年退職、名誉教授となる。

《主要著書》　中世禅林詩史（学位論文・笠間書院）、一休和尚全集第二巻（春秋社）、良寛詩全評釈（春秋社）、一筋の道・小説良寛（考古堂）、法華転・法華讃全評釈（考古堂）、凡俗がよむ道元偈頌全評釈〈正・続〉（大蔵出版）、凡俗による如浄禅師語録全評釈（大法輪閣）など。

凡俗による
宏智拈古全評釈

発行日　平成 22 年　3 月 10 日　初版第 1 刷発行ⓒ

著　者　蔭　木　英　雄
発行人　石　原　大　道
印刷所　三協美術印刷株式会社
製本所　株式会社 若林製本工場
発行所　有限会社 大　法　輪　閣
東京都渋谷区東 2 − 5 − 36　大泉ビル
Tel (03)5466 − 1401（代表）
振替　00130 − 8 − 19 番

ISBN978-4-8046-1298-0　C3015　Printed in Japan

大法輪閣刊

蔭木英雄 著
凡俗による 如浄禅師語録全評釈
深い理解・博証な用例で、道元禅の根源と中国禅を探る人におくる労作。
A5判二九六頁　定価四二〇〇円

内山興正 著
正法眼蔵 生死を味わう
坐禅一筋の人生をふまえて、「生死」の巻をやさしく解き明かす。
四六判二〇〇頁　定価一九九五円

酒井得元 著
道元禅の解明 —酒井得元老師著作集(二)—
道元禅師の宗旨の根本を、多くの経論・祖録をもとに学問的に明かした。
四六判三六〇頁　定価二六二五円

新装改訂版
澤木興道 提唱
正法眼蔵講話 渓声山色
宋の詩人・蘇東坡の詩をもとに一切が仏と説く。道元禅の真髄。
B6判二二八頁　定価二三一〇円

鈴木格禅 著
CDブック 正法眼蔵 生死 提唱
眼蔵会の提唱を完全収録のCDと忠実な活字化で再現した肉声説法。
B6判112頁+CD3枚　定価二九四〇円

水野弥穂子 著
『正法眼蔵 袈裟功徳』を読む
袈裟の重要さ・功徳・縫い方等を説き、道元の袈裟への信仰を明かす。
四六判二三二頁　定価二二〇五円

青山俊董 著
道元禅師・今を生きることば
道元禅師の教え一筋に歩み続けてきた尼僧が語る人生折々の気づき。
四六判二七二頁　定価一八九〇円

月刊『大法輪』
昭和九年創刊。宗派に片寄らない、やさしい仏教総合雑誌。
毎月十日発売
A5判　定価八四〇円(送料一〇〇円)

定価は5%の税込み、平成22年3月現在。　書籍送料は冊数にかかわらず210円。